Edition Fachdidaktiken

Die Reihe ‚Edition Fachdidaktiken' reagiert auf die inter- und multidisziplinär wachsenden Diskurse, die sich in den Schnittmengen fachwissenschaftlicher und erziehungswissenschaftlicher Zusammenhänge verdichten.Fachdidaktiken stehen mehr und mehr im Dialog und es zeichnen sich innovative und moderne Formen zunehmender Kommunikation und Kooperation ab.Die Buchreihe will diese Forschungsentwicklung fördern und eine wissenschaftliche Publikationsfläche bieten, auf der Fachdidaktiken aller Disziplinen eine interdisziplinäre Öffnung in fachübergreifenden Arbeitskontexten ermöglichen.

Weitere Bände in der Reihe http://www.springer.com/series/16243

Martin Giese

Inklusive Didaktik

Eine symbol- und bildungstheoretische Skizze

Martin Giese
Berlin, Deutschland

ISSN 2524-8677　　　　　　　ISSN 2524-8685　(electronic)
Edition Fachdidaktiken
ISBN 978-3-658-26601-1　　　ISBN 978-3-658-26602-8　(eBook)
https://doi.org/10.1007/978-3-658-26602-8

Die Deutsche Nationalbibliothek verzeichnet diese Publikation in der Deutschen Nationalbibliografie; detaillierte bibliografische Daten sind im Internet über http://dnb.d-nb.de abrufbar.

Springer VS
© Springer Fachmedien Wiesbaden GmbH, ein Teil von Springer Nature 2019
Das Werk einschließlich aller seiner Teile ist urheberrechtlich geschützt. Jede Verwertung, die nicht ausdrücklich vom Urheberrechtsgesetz zugelassen ist, bedarf der vorherigen Zustimmung des Verlags. Das gilt insbesondere für Vervielfältigungen, Bearbeitungen, Übersetzungen, Mikroverfilmungen und die Einspeicherung und Verarbeitung in elektronischen Systemen.
Die Wiedergabe von allgemein beschreibenden Bezeichnungen, Marken, Unternehmensnamen etc. in diesem Werk bedeutet nicht, dass diese frei durch jedermann benutzt werden dürfen. Die Berechtigung zur Benutzung unterliegt, auch ohne gesonderten Hinweis hierzu, den Regeln des Markenrechts. Die Rechte des jeweiligen Zeicheninhabers sind zu beachten.
Der Verlag, die Autoren und die Herausgeber gehen davon aus, dass die Angaben und Informationen in diesem Werk zum Zeitpunkt der Veröffentlichung vollständig und korrekt sind. Weder der Verlag, noch die Autoren oder die Herausgeber übernehmen, ausdrücklich oder implizit, Gewähr für den Inhalt des Werkes, etwaige Fehler oder Äußerungen. Der Verlag bleibt im Hinblick auf geografische Zuordnungen und Gebietsbezeichnungen in veröffentlichten Karten und Institutionsadressen neutral.

Springer VS ist ein Imprint der eingetragenen Gesellschaft Springer Fachmedien Wiesbaden GmbH und ist ein Teil von Springer Nature.
Die Anschrift der Gesellschaft ist: Abraham-Lincoln-Str. 46, 65189 Wiesbaden, Germany

L., N. & S.
Danke

Inhaltsverzeichnis

1 **Einleitung** 1
2 **Zum Forschungsstand im Inklusionsdiskurs** 5
   2.1 Der Inklusionsbegriff 6
      2.1.1 Etymologische Wurzeln des Inklusionsbegriffs 6
      2.1.2 Bildungspolitische Entwicklungslinien 7
      2.1.3 Autonomie als einendes Band 9
   2.2 Wirkungsfelder inklusiver Konzepte 11
      2.2.1 Inklusives Leben – eine soziologische Perspektive 12
      2.2.2 Inklusives Lernen – eine pädagogische Perspektive 14
      2.2.3 Eine terminologische Bilanzierung 19
   2.3 Index für Inklusion 20
      2.3.1 Der Index für Inklusion: eine Produktbeschreibung ... 21
      2.3.2 Der Index für Inklusion: eine Prozessbeschreibung ... 23
      2.3.3 Der Index für Inklusion: eine kritische Würdigung ... 25
   2.4 Inklusive Didaktik – auf der Suche nach dem Forschungsstand ... 26
      2.4.1 Didaktische Ansätze im Inklusionsdiskurs 27
      2.4.2 Eine anthropologische Sichtung 34
      2.4.3 Zwischenfazit 37
3 **Semiotische und bildungstheoretische Überlegungen – eine kulturanthropologische Skizze** 43
   3.1 Anthropologiekritik 47
      3.1.1 Philosophische, pädagogische und historische Anthropologie 47
      3.1.2 Anthropologiekritik in der Behindertenpädagogik 49
      3.1.3 Thematischer Exkurs: Anthropologische Diskurse in der Sport- und Bewegungspädagogik 50

		3.1.4	Eine Apologie pro pädagogischer Kulturanthropologie....	54
	3.2	\multicolumn{2}{l	}{Ernst Cassirers Philosophie der symbolischen Formen.........}	57

		3.1.4 Eine Apologie pro pädagogischer Kulturanthropologie....	54

    3.1.4 Eine Apologie pro pädagogischer Kulturanthropologie.... 54
 3.2 Ernst Cassirers Philosophie der symbolischen Formen.......... 57
    3.2.1 Der Mensch als animal symbolicum.................. 59
    3.2.2 Synthesis symbolischer Formen..................... 61
    3.2.3 Symbolische Prägnanz – ein transzendentales
           Basisphänomen 65
    3.2.4 Die fundamentale Relationalität von Sinn
           und Sinnlichem 67
    3.2.5 Kursorische Anwendungsperspektiven in der Sport- und
           Bewegungspädagogik 68
    3.2.6 Zwischenfazit................................... 72
 3.3 Der Inklusionsdiskurs im Lichte des symboltheoretischen
      Paradigmas... 73
    3.3.1 Inklusion – eine semiotische Sichtung................. 74
    3.3.2 Von der Genese überdauernder Bewusstseinsformen 80
    3.3.3 Überdauernde Bewusstseinsformen als Funktion der
           produktiven Einbildungskraft....................... 87
    3.3.4 Die Bedeutung der Bewegung für die Synthesis symbolischer Formen 92
 3.4 Tragfähige Fundierungen? Eine Überleitung.................. 94

4 Didaktische Perspektiven.................................... 97
 4.1 Sinn- und Erfahrungsorientierung im inklusiven Unterricht...... 98
    4.1.1 Erfahrung: Ein terminologisches Konvolut 99
    4.1.2 Erfahrung und Inklusion – semiotische
           Präzisierungsversuche 106
    4.1.3 Bildungsdidaktische Konsequenzen................... 110
    4.1.4 Grenzen der Sinn- und Erfahrungsorientierung im
           Inklusionsdiskurs............................... 117
    4.1.5 Zwischenfazit.................................. 125
 4.2 Inklusive Didaktik im Spiegel der Hirnforschung – ein neurophysiologischer Exkurs...................................... 126
    4.2.1 Die Bedeutung der Autopoiese für die erfahrungs- und
           bildungsorientierte Theoriebildung 127
    4.2.2 Neurodidaktische Analogien 129
    4.2.3 Sinn- und Erfahrungsorientierung im Spiegel der
           Neurodidaktik.................................. 131
    4.2.4 Autopoiese – ein kompatibles Konstrukt?.............. 133
    4.2.5 Zwischenfazit.................................. 135

4.3	Die Bedeutung der Bewegung für inklusive Bildungsprozesse....	136
	4.3.1 Anthropologische Legitimationslinien................	137
	4.3.2 Soziologisch-gesellschaftliche Legitimationslinien.......	138
	4.3.3 Motorisch-gesundheitliche Legitimationslinien	141
	4.3.4 Neurophysiologische Legitimationslinien..............	143
4.4	Inklusive Didaktik im Spiegel Allgemeiner Didaktik und empirischer Lehr-Lernforschung..........................	143
5	**Fazit**	147
Literatur.		153

Abbildungsverzeichnis

Abb. 2.1   Euler-Diagramm.................................... 7
Abb. 2.2   Übersicht Index für Inklusion......................... 22
Abb. 2.3   Der Index-Prozess 24
Abb. 3.1   Genesemodell überdauernder Bewusstseinsformen.......... 85
Abb. 4.1   Vermittlung des oberen Zuspiels beim Volleyball 101

Einleitung 1

Der Inklusionsdiskurs bedarf einer grundlagentheoretischen Fundierung, was auch eine Versicherung über die immanente Menschenbildfrage impliziert. Gehört es dabei, wie Herz (2014, S. 4) konstatiert, zu einer der Besonderheiten der deutschsprachigen Inklusionsdebatte, dass Inklusion in erster Linie als schulische Strukturdebatte geführt wird und eng an die Frage nach dem Existenzrecht der Förderschulen und an die konsekutiven Veränderungen in den Regelschulen gebunden ist, kann es aufgrund des Systemdrucks, den die UN-Behindertenrechtskonvention auf die Bildungseinrichtungen erzeugt, nicht verwundern, dass sich die bisherigen Arbeiten in erster Linie mit virulenten Fragen nach konkreten Unterrichtsbeispielen, mit bildungspolitischen Fragestellungen, mit der Einstellungsforschung oder mit schulstrukturellen Überlegungen beschäftigen.

Es fehlt dagegen sowohl an grundlagentheoretischen bzw. kulturanthropologischen Analysen, die sich mit dem zugrunde liegenden Menschenbild beschäftigen, als auch an einer einheitlichen Didaktik, die auf einer elaborierten Kulturanthropologie fußen könnte.[1] Liegen für den inklusiven Unterricht zumindest aus behindertenpädagogischer Perspektive zwar gewinnbringende Zusammenfassungen inklusiver Fachdidaktiken vor (Riegert und Musenberg 2015), bleibt dabei doch weitestgehend offen, wie diese konzeptionell und bildungstheoretisch zusammenzuführen sind bzw. ob tatsächlich jedes Unterrichtsfach über eine eigene inklusive Fachdidaktik verfügt oder ob daneben zusätzlich förderschwerpunktspezifische Fachdidaktiken oder doch nur eine allgemeine inklusive Didaktik existiert (vgl. Abschn. 4.4).

---

[1] Zum hier verwendeten Verständnis des Begriffs „Kulturanthropologie" vergleiche Abschn. 3.1.4.

© Springer Fachmedien Wiesbaden GmbH, ein Teil von Springer Nature 2019
M. Giese, *Inklusive Didaktik*, Edition Fachdidaktiken,
https://doi.org/10.1007/978-3-658-26602-8_1

Die insinuierte Theorieabstinenz und die damit einhergehende Praxisfixierung haben ihrerseits darüber hinaus auch Auswirkungen auf die Theoriebildung (Giese 2015): So begünstigt der weitgehende Theorieverzicht übertriebene Heilsversprechen, führt zu einer Beliebigkeit didaktischer Konzeptionen und es steht zu befürchten, was Thiele bereits im Hinblick auf den Erfahrungsdiskurs zu bedenken gibt, dass „mit fortschreitender Dauer zunehmend, […] eine solche Vogel-Strauß-Mentalität mit Blick auf eine pädagogische Legitimation dysfunktional wirken muß" (Thiele 1996, S. 147). In ähnlicher Diktion weist Reich im Kontext seiner inklusiven Didaktik darauf hin, dass es an der Zeit sei „wieder größere und weitreichend pädagogisch und psychologisch begründete (vor allem auch kulturkritische) Ansätze zu bilden, also Theorieschulen mit praktischen Anwendungen zu begründen, um nicht ein Stückwerk an Didaktiken zu einem Stückwerk von Unterrichtsstrategien mit kurzer Reichweite werden zu lassen" (Reich 2014, S. 49).[2]

Wird der Zielvorstellung einer weitreichenden pädagogischen Begründung der Inklusionsdebatte, wie sie in ähnlicher Diktion auch von Gruschka (2014, S. 165) formuliert wird, und insbesondere einer inklusiven Didaktik hier zwar grundsätzlich gefolgt, geht Reich dabei jedoch von einem gesamtgesellschaftlichen Inklusionsverständnis aus, in dem die Frage nach der Chancengerechtigkeit von Menschen mit Behinderungen nur als eines von fünf Standards der Inklusion in den Blick gerät (Reich 2014, S. 36). Weil Behinderung selbstverständlich nur eine Form von Heterogenität darstellt und der Inklusionsdiskurs genauso selbstverständlich nicht als ein exklusives Thema der Behindertenpädagogik betrachtet werden kann (vgl. Abschn. 2.2.2), ist in diesem Vorwort – im Sinne methodologischer Transparenz – zu erwähnen, dass die vorliegende Arbeit dem gesamtgesellschaftlichen ja quasi globalen Anspruchs Reichs inklusiver Didaktik nicht folgt. Kleiner und bescheidener und in dem Bewusstsein, dass es sich dabei lediglich um *einen* Blickwinkel bzw. um *eine* Perspektive handelt, geht es im Folgenden explizit um die Frage, welche Konsequenzen sich aus der UN-Behindertenrechtskonvention für eine inklusive Unterrichtsdidaktik im Kontext von des schulischen Fachunterrichts ergeben.

---

[2]Dabei ist zu erwähnen, dass Reich (2014) in seiner Monografie *Inklusive Didaktik* von einem sehr weiten Didaktikverständnis ausgeht, „in dem alle Aspekte der Schulentwicklung und der Lehr- und Lernentwicklung einer inklusiven Schule enthalten sind" (Reich 2014, S. 41), während der Didaktikbegriff in der vorliegenden Arbeit in der engeren Konnotation als Unterrichtsdidaktik verstanden wird (vgl. Abschn. 4.4).

1 Einleitung

Auch der direkte Bezug zur Lehr-Lernforschung oder der heutzutage quasi obligate empirische Wirksamkeitsnachweis sind kein intendierter Teil der vorliegenden Analyse, die damit als ein anachronistischer Rückfall hinter empirische Mindeststandards erscheinen mag. Das Erkenntnisinteresse der vorliegenden Arbeit liegt, wie in Abschn. 4.4 dargestellt wird, allerdings quer zu legitimen, empirisch messbaren Wirksamkeitsinteressen, weshalb sie im fachwissenschaftlichen Diskurs möglicherweise als ein alternativer und nicht als ein atavistischer Zugang verstanden werden mag.

In diesem Sinne wird in der vorliegenden Arbeit gefragt, wie eine grundlagentheoretische und kulturanthropologische Fundierung einer inklusiven Didaktik aussehen kann. Dabei kommt ein interdisziplinärer Forschungsansatz zur Anwendung, der an der Schnittstelle von Behindertenpädagogik sowie Sport- und Bewegungspädagogik verortet ist und ein originär sport- und bewegungspädagogisches Paradigma, das sog. „symboltheoretischen Paradigma" (Drexel 2002, S. 184), mit der Hoffnung in die Behindertenpädagogik importiert wird, damit einen Zuwachs an Verstehen zu generieren.

Der interdisziplinäre, methodologische Zugriff nimmt seinen Ausgangspunkt bei dem Bestreben, dem Inklusionsbegriff selbst nachzuspüren, um dadurch eine transparente und plausible Verständigungsbasis für die nachfolgenden Ausführungen zu gewinnen (vgl. Kap. 2). Wird in diesem Kontext auch der Forschungsstand zur inklusiven Didaktik innerhalb der Behindertenpädagogik referiert, zeigt sich bereits an dieser Stelle, dass die fehlende grundlagentheoretische Klärung bzw. die terminologischen Unklarheiten im Hinblick auf den Inklusionsbegriff und in Bezug auf die Unterschiede zum Integrationsbegriff ein solches Unterfangen zusätzlich verkomplizieren.

In Kap. 3 wird schließlich der Versuch unternommen, die divergenten Argumentations- und Wissensbestände zur inklusiven Didaktik auf der Basis des sportsemiotischen Paradigmas zusammenzuführen. Dabei geht es darum, eine kulturanthropologische Fundierung einer inklusiven Didaktik zur Diskussion zu stellen, die sich einerseits an der strukturellen Verfasstheit des Inklusionsbegriffs und andererseits an der philosophischen und behindertenpädagogischen Anthropologiekritik orientiert. Mit der interdisziplinären bzw. disziplinübergreifenden Konzeption der vorliegenden Untersuchung verbindet sich die Hoffnung, Wissensbestände aus beiden Disziplinen systematisch aufeinander zu beziehen und interdisziplinäre Erkenntnisgewinne zu generieren.

Vor dem Hintergrund dieser grundlagentheoretischen Überlegungen geht es in Kap. 4 um die Frage, wie eine inklusive Didaktik aussehen könnte, die auf den kulturanthropologischen und strukturgenetischen Grundlagen fußt, wie sie in Kap. 3

angedacht wurden. Die Hinweise in Bezug auf eine inklusive Didaktik prätendieren dabei, dass ein sinn- und erfahrungsorientierter Unterricht, wie er sich auch schon im Kontext des Sport- und Bewegungsunterrichts mit hochgradig sehbehinderten und blinden Menschen als fruchtbar erwiesen hat (Giese und Scherer 2010), besonders geeignet erscheint, den grundlagentheoretischen und kulturanthropologischen Vorannahmen gerecht zu werden.

Zum Forschungsstand im Inklusionsdiskurs

Konstatiert Schumann (2009), dass der Inklusionsbegriff in der deutschen Öffentlichkeit noch weitgehend unbekannt sei und selbst in pädagogischen Kreisen „erstaunlich viel Unsicherheit darüber [herrsche, MG], was eigentlich damit gemeint ist" (Schumann 2009), so hat diese Bekundung bis dato offensichtlich kaum an Aktualität verloren, wenn nach Ahrbeck noch nicht einmal eine „auch nur annähernd konsensfähige Definition dessen vorliegt, was denn nun unter Inklusion zu verstehen sei" (Ahrbeck 2014, S. 7). Diese Einschätzung, die hier ausdrücklich geteilt wird, muss vor dem Hintergrund aktueller bildungspolitischer Überlegungen und Entwicklungen verwundern, haben doch erste Bundesländer bereits Aktionspläne, inklusive Schulgesetze und entsprechende sonderpädagogische Verordnungen verabschiedet.[1]

Augenscheinlich gibt es eine unübersehbare Diskrepanz, eine Art Hiatus: Auf der einen Seite findet sich die prosperierende Verwendung des Inklusionsbegriffs in der (behinderten-)pädagogischen Fachliteratur sowie seine bildungspolitischen Bedeutung und auf der anderen Seite die uneinheitliche Verwendung des Begriffs in der – auch pädagogischen – (Fach-)Öffentlichkeit. Vor dem Hintergrund dieser paradoxen Bestandsaufnahme erscheint es angeraten, zunächst eine terminologische Basis zu schaffen (vgl. Kap. 2), um die Anschlussfähigkeit der Arbeit zu sichern und die eigene Position zu verdeutlichen.

---

[1]Zudem existieren neben einem nationalen Aktionsplan zur Umsetzung der UN-BRK der Bundesregierung Aktionspläne der Bundesländer. Mit dem Monitoring dieses Prozesses ist das Deutsche Institut für Menschenrechte in Berlin beauftragt, das in dem sog. Eckpunkte-Papier den Rahmen für die Umsetzung der Inklusion in Deutschland abgesteckt hat (Deutsches Institut für Menschenrechte 2011).

In einem ersten Schritt wird dazu die Ideen- und Wirkungsgeschichte sowie die bildungspolitische Entwicklung des Inklusionsbegriffs überblicksartig dargestellt (vgl. Abschn. 2.1). Dabei wird sich zeigen, dass der Autonomie von Menschen mit Behinderungen in der hier verfolgten Argumentation eine zentrale Bedeutung zugesprochen wird. Wegen dieser exponierten inhaltlichen Bedeutung fungiert die Betonung der Autonomie und die Begründung dieser Betonung als methodologischer Ariadnefaden, der die weitere Untersuchung strukturiert.

In Abschn. 2.2 wandert der bis dahin eher terminologisch orientierte Blick vom Inklusionsbegriff zu Gesellschaftsbereichen, in denen inklusives Denken Veränderungen bewirken soll. Neben dem gesellschaftlich-soziologischen Bereich gerät an dieser Stelle auch die (Behinderten-)Pädagogik in den Blick, auf der im weiteren Verlauf der Arbeit – im Sinne der Suche nach einer inklusiven Didaktik – der Fokus der Betrachtungen liegen wird. Weil die Verbreitung inklusiver Bildungsstrukturen in behindertenpädagogischen Kontexten eng an den *Index für Inklusion* gebunden ist, wird dieser in einem eigenen Kapitel dargestellt und vor dem Hintergrund seiner kulturanthropologischen Fundierung kritisch reflektiert (vgl. Abschn. 2.3). Im Sinne der fortführenden Engführung der Thematik im Hinblick auf eine inklusive Didaktik wird im Abschn. 2.4 der bisherige Forschungsstand zur inklusiven Didaktik dargestellt, was allerdings durch die unklare, bisweilen hochgradig divergente terminologische Gemengelage zwischen Integration und Inklusion erschwert wird.

2.1 Der Inklusionsbegriff

Im Sinne einer genetischen Annäherung an den Inklusionsbegriff werden zunächst etymologische Wurzeln und bildungspolitische Entwicklungslinien dargestellt, die bereits die besondere Bedeutung der Autonomie der Individuen für inklusive Prozesse deutlich machen.

2.1.1 Etymologische Wurzeln des Inklusionsbegriffs

Etymologisch ist die Präposition *inklusiv* dem mittellateinischen *inclusivus* entlehnt und seit dem 16. Jahrhundert mit der Bedeutung *einschließen, schließen* bzw. *versperren* bekannt (Kluge 1999, S. 401). Die gemeinhin positiver konnotierte und heute wohl eher assoziierte Bedeutung *einschließlich* bzw. *inbegriffen* entwickelte sich vor diesem terminologischen Hintergrund aus der Situation des Eingeschlossen-Seins des Mönchs oder des Eremiten in seiner Selbstkasteiung.

Abb. 2.1 Euler-Diagramm. (© Giese modifiziert nach Ritter 1976, S. 383)

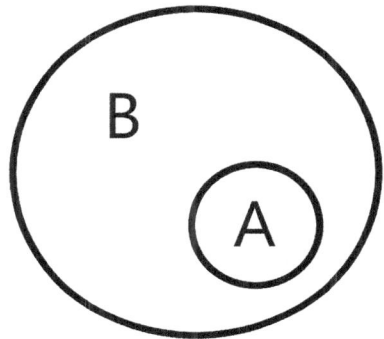

Das neulateinische *inclusivum* mit seiner Bedeutung *eingeschlossen* lässt diesen Bedeutungswandel bereits erkennen und verweist wertneutral auf das Enthaltenseins eines Elements in einer größeren Menge (Kraif 2007, S. 625).

Sprachgeschichtlich ist der Inklusionsbegriff dabei keineswegs ein pädagogischer Begriff. Ausgehend von der Philosophie wird er vielmehr in der Mathematik – aber auch in der Mineralogie – verwendet: Inklusion besteht danach zwischen „zwei Klassen K und L, wenn K (echter oder unechter) Teil von L ist, d. h. wenn alle Elemente von K auch Element von L sind" (Ritter 1976, S. 383). In einem sog. Euler-Diagramm wird dieser Sachverhalt durch zwei Kreise dargestellt (vgl. Abb. 2.1), wobei in der Logik zwischen Enthaltensein von A in B (strikter Inklusion) und der Gleichheit von A und B (Inklusion) unterschieden wird (Menne 2001, S. 80).

Wie sich im Verlauf des Kapitels zeigen wird, greift die behindertenpädagogische Verwendung des Inklusionsbegriffs diese Begriffstradition nicht systematisch auf und übergeht dabei die in der Logik diskutierten Details bzgl. der Frage, was das Enthaltensein einer Klasse in einer anderen an divergierenden Deutungsmöglichkeiten sprachlogisch zulässt. Dadurch werden terminologische Chancen zur Differenzierung unterschiedlicher Ausprägung der Inklusion ohne Not vergeben, was die terminologische Klarheit der Debatte nicht befördert (vgl. Abschn. 2.2.2).

2.1.2 Bildungspolitische Entwicklungslinien

Werden die historischen und bildungspolitischen Entwicklungslinien des Inklusionsdiskurses dargestellt, wird selbst in kürzesten Zusammenfassungen in der Regel zumindest auf zwei zentrale bildungspolitische Ereignisse verwiesen, die auch im Mittelpunkt der folgenden Ausführungen stehen: Zum einen wird auf die UNESCO *World Conference on Special Needs Education* verwiesen, die 1994 in Salamanca stattfand und zu der in englischer Sprache verfassten Abschlusserklärung, dem *Salamanca-Statement,* führte (UNESCO 1994b); zum anderen auf die 2006 im Original ebenfalls in Englisch verabschiedete *UN-Konvention über die Rechte von Menschen mit Behinderungen* (Bundesministerium für Arbeit und Soziales 2011a, b; United Nations 2006).

Der *UNESCO World Conference on Special Needs Education* im spanischen Salamanca wird generell eine zentrale Bedeutung für die Verbreitung inklusiven Denkens zugesprochen, weil der Inklusionsbegriff in der Abschlusserklärung explizit verwendet wird und erst infolgedessen zu einem international anerkannten behindertenpädagogischen Fachterminus avanciert. Sander weist allerdings darauf hin, dass der Inklusionsbegriff im angloamerikanischen Sprachraum auch schon vorher verwendet wurde, „vor Salamanca hingegen die Gleichsetzung von Integration und Inklusion" (Sander 2002, S. 143) üblich war.

Ist in der Salamanca-Erklärung zwar durchweg von Inklusion die Rede, wird dort allerdings nicht definiert, was unter diesem Terminus konkret verstanden werden soll. So geht bei der deutschsprachigen Übersetzung des Salamanca-Statements durch die österreichische UNESCO-Kommission der Inklusionsbegriff sogar gänzlich verloren, da Inklusion durchgängig mit Integration übersetzt wird (Sander 2002, S. 144).

Der Text der UN-Behindertenrechtskonvention (kurz: UN-BRK) und das dazugehörige Fakultativprotokoll (United Nations 2006), die von 2002 bis 2006 durch einen Ad-hoc-Ausschuss erarbeitet worden sind, wurden am 13. Dezember 2006 von der Generalversammlung der Vereinten Nationen zur Ratifizierung freigegeben. Beide Dokumente wurden von der Bundesregierung am 30. März 2007 unterzeichnet. Nachdem Deutschland die Ratifizierungsurkunde am 24. Februar 2009 bei den Vereinten Nationen in New York hinterlegt hatte, ist die Konvention inklusive des Zusatzprotokolls seit dem 26. März 2009 für Deutschland rechtsverbindlich gültig. Rechtsgrundlage ist dabei die zwischen Deutschland, Liechtenstein, Österreich und der Schweiz abgestimmte Übersetzung: *Übereinkommen über die Rechte von Menschen mit Behinderungen* (Bundesministerium für Arbeit und Soziales 2011a).[2]

---

[2]Neben der offiziellen Übersetzung existiert auch eine Version in Leichter Sprache, die vom Bundesministerium für Arbeit und Soziales (2011b) in Auftrag gegeben worden ist und herausgegeben wird.

2.1 Der Inklusionsbegriff

Die politische Brisanz des Inklusionsdiskurses zeigt sich nicht zuletzt in dieser deutschsprachigen Übersetzung der UN-Konvention über die Rechte von Menschen mit Behinderungen. So weist u. a. Frühauf kritisch darauf hin, dass „zentrale Begriffe des englischsprachigen Originals wie ‚inclusion' und ‚accessibility' mit ‚Integration' und ‚Zugänglichkeit' übersetzt werden und nicht – wie von Vertretern behinderter Menschen nachdrücklich gefordert – mit ‚Inklusion' und ‚Barrierefreiheit'" (Frühauf 2008, S. 14). Frühauf vermutet hinter diesem Vorgehen, dass mit diesen Übersetzungen die Reichweite der UN-Konvention wissentlich beschränkt werden soll, weil die Verwendung des Integrationsbegriffs keinen weiteren Handlungsbedarf am und im bestehenden Schulsystem nahelegt. Unabhängig davon, ob diesen Übersetzungen ein bildungspolitisches Kalkül zugrunde liegt, muss konstatiert werden, dass sowohl die Übersetzung des Salamanca-Statements als auch der UN-BRK durch das Wegfallen des Inklusionsbegriffs gekennzeichnet sind, was eine einheitliche Verwendung des Inklusionsbegriffs im deutschsprachigen Sprachraum bis heute erschwert.

Unabhängig von diesen terminologischen Überlegungen wird die UN-Konvention über die Rechte von Menschen mit Behinderungen generell als Meilenstein in der Behindertenpädagogik verstanden, weil sie über den allgemeinen Grundansatz hinausgeht, dass Menschen mit Behinderungen dieselben Bürgerrechte zuzusprechen sind wie Menschen ohne Behinderungen. Sie stellt „Inklusion nicht nur in den Kontext der Bürgerrechte, sondern der Menschenrechte" (Lindmeier 2008, S. 94).

2.1.3 Autonomie als einendes Band

Zum Innovationspotenzial der UN-BRK führt Bielefeldt in kongenialer Diktion aus, dass die Konvention

„den internationalen Menschenrechtsschutz auf die besondere Gefährdungslage von Menschen mit Behinderungen hin konkretisiert und präzisiert. […] Die Behindertenkonvention bedeutet aber weit mehr als eine Ergänzung des bestehenden Menschenrechtsschutzsystems durch die besondere Berücksichtigung der spezifischen Belange behinderter Menschen. Beachtung verdient insbesondere die starke Akzentsetzung auf soziale Inklusion, die *ausdrücklich vom Postulat individueller Autonomie* [kursiv, MG] her gedacht und von dorther von vornherein als eine freiheitliche Inklusion definiert wird" (Bielefeldt 2009, S. 16).

Diese Betonung ist für die vorliegende Arbeit wie eingangs bereits erwähnt von zentraler Bedeutung, weil in dem Moment der Autonomie auch die kulturanthropologische Grundlage der zu entwickelnden Didaktik gesehen wird (vgl. Abschn. 3.1).[3]

Bezeichnenderweise wird die Förderung der Autonomie von Menschen mit besonderen Bedürfnissen auch in der Salamanca-Erklärung explizit betont und gefordert. So wird bereits in der Einleitung darauf verwiesen, dass jede Person mit Behinderung das Recht hat, ihre eigenen „Wünsche in Bezug auf ihre Bildung, soweit das feststellbar ist, auszudrücken" (UNESCO 1994a, S. 6). Die Betonung der Selbstständigkeit beschränkt sich dabei keineswegs auf das Individuum, sondern impliziert in der Verlängerung der Wirksamkeit des Einzelnen auch die Organisationen von Menschen mit Behinderungen (UNESCO 1994a, b, S. 18). Konkret angedacht werden dazu Trainings, in denen Schülerinnen und Schüler mit Behinderungen „Selbstbestimmung und Leitung im Behinderungsbereich angeboten bekommen, damit sie an der Gestaltung von Politik, die sie in ihrem späteren Leben betreffen wird, mitwirken können" (UNESCO 1994a, S. 14).

In dem expliziten Bemühen, die Autonomie von Menschen mit besonderen Bedürfnissen explizit zu erhalten und möglichst zu fördern, kann somit das einende inhaltliche bildungspolitische Band zwischen der Salamanca-Erklärung und der UN-Konvention über die Rechte von Menschen mit Behinderungen gesehen werden. Es liegt damit aus ideengeschichtlicher und institutioneller Perspektive nahe, diesen Gedanken auch der Konstitution einer inklusiven Didaktik zugrunde zu legen. Selbstredend kann dies nur auf Basis einer Kulturanthropologie geschehen, die die primordiale Autonomie des Menschen explizit zur Grundlage ihres Menschenbildes macht (Saldern 2012, S. 228; Abschn. 3.2).

Die Forderung nach der Förderung der Autonomie von Menschen mit Behinderungen ist dabei keine originäre Idee der Inklusionsdebatte. So weist beispielsweise von Saldern (2012, S. 121) darauf hin, dass auch in integrativen Settings betont wurde, dass bei der Zusammenarbeit von Regel- und Sonderschulen darauf geachtet wurde, dass die Autonomie von Menschen mit Behinderungen nicht untergraben werden darf. Und auch Prengel (2006, S. 191) betont in ihren Elementen einer Pädagogik der Vielfalt die Bedeutung der Autonomie.

„Die Auseinandersetzung mit den Themen Integration und Inklusion in der Pädagogik ist nur auf dem Hintergrund dieses Paradigmenwechsels von der Betreuung zur Autonomie zu verstehen" (Hölter 2008, S. 98).

---

[3]Zur Diskussion eines differenzierten Autononmiebegriffs im Kontext einer inklusiven Didaktik, der auch konstitutive Verletzlichkeit, Begrenztheit und Angewiesenheit des Individuums beachtet, vergleiche Giese (2019b).

Zu beachten ist dabei, dass die Betonung der Autonomie in der hier vertreten Argumentationslinie nicht als Epiphänomen bildungspolitischer, ideologischer, normativer oder pädagogischer Überlegungen verstanden wird, sondern vielmehr als deren Grundlage. Aus struktureller Perspektive bildet das Bemühen um den Erhalt der Autonomie den primordialen Ausgangspunkt aller Überlegungen, an dem sich alle weitere Überlegungen – wie auch die Suche nach einer strukturell kompatiblen grundlagentheoretischen Fundierung – ausrichten müssen.[4]

In kongenialer Diktion, dass Autonomie „nicht nur anthropologisch vorgegeben, sondern auch pädagogisch *aufgegeben*" (Zirfas 2012, S. 80) ist – worauf in Abschn. 3.1 noch ausführlich einzugehen ist – argumentiert auch Zirfas, denn „der Mensch zeichnet sich dadurch aus, dass er sich seine Bestimmung selbst zu geben hat; die Bestimmung des Menschen liegt, so der Tenor des pädagogischen Denkens der Neuzeit, in der Selbstbestimmung" (Zirfas 2012, S. 80).

> „Er [der Pädagoge, MG] *muss* Autonomie als *regulativen* Horizont seines Denkens und Handelns verstehen, um der Offenheit und Bildungsfähigkeit der Menschen gerecht zu werden." (Zirfas 2012, S. 80)

2.2 Wirkungsfelder inklusiver Konzepte

Diente das vorangehende Kapitel dazu, die Ideen- und Wirkungsgeschichte sowie die institutionelle Verankerung des Inklusionsbegriffs kurz darzulegen, weitet sich der Blick im nachfolgenden Kapitel vom Inklusionsbegriff auf inklusive Konzepte und damit auf Gesellschaftsbereiche, in denen inklusives Denken nachhaltige Veränderungen anstrebt.

In diesem Zusammenhang werden im Folgenden zwei Bereiche unterschieden, in denen inklusives Denken seinen Niederschlag findet: Zum einen ist der Ruf nach Inklusion aus *soziologischer Perspektive* mit Bestrebungen verbunden, das Leben von Menschen mit Behinderungen oder sonstigen Einschränkungen nachhaltig zu verändern und ihre Teilhabe an der Gemeinschaft

---

[4]Die besondere Hochschätzung der Autonomie hat auch im Kontext des Stichworts Empowerment bereits nachhaltigen Eingang in die Debatte gehalten, womit letztlich ein Art „Selbst-Bemächtigung" von Betroffenen im Sinne der Selbsthilfe zu verstehen ist, denn „die lautstärksten Zweifel an der besonderen Behandlung kamen dabei von den Betroffenen selbst" (Hölter 2008, S. 97).

zu fördern. Zum anderen geht es aus *pädagogischer Perspektive* um Veränderungen beim Lehren und Lernen und damit um die Konstitution inklusiver Schulsysteme.

2.2.1 Inklusives Leben – eine soziologische Perspektive

Das Ringen um Inklusion ist von Anfang an eng an die Überzeugung gebunden, dass es nötig ist, die Lebens- und Wohnsituation von Menschen mit besonderen Bedürfnissen sowie ihre Anbindung an die Gemeinde zu verbessern, was in der Regel mit dem Begriff des *Community Care* verbunden wird. Dahinter verbirgt sich die Idee, dass die Gemeinde für alle ihre Bürger möglichst weitgehend die Verantwortung übernimmt, was auch „die praktische Unterstützung für behinderte Mitbürger in der Gemeinde (Bürgerschaftliches Engagement) [einbezieht, MG]. Spezielle Angebote von Fachleuten werden nur ‚nachrangig' in solchen Bereichen vorgesehen, in denen die Community Care nicht ausreicht, um die speziellen Bedürfnisse von Menschen mit einer Behinderung sicher zu stellen" (Frühauf 2008, S. 22).

In Anlehnung an Taylor u. a. beschreibt Lindmeier (2008) drei große Entwicklungslinien in der Diskussion und Forschung zum Leben von Menschen mit Behinderung in den Gemeinden der USA, die in ähnlicher Form auch in den europäischen Ländern wiederzufinden sind (Lindmeier 2008, S. 91).

In einer ersten Phase, die Ende der 60er Jahre des letzten Jahrhunderts zu datieren ist, ging es im Gegensatz zur Unterbringung in großen Institutionen um die Förderung des gemeindenahen Lebens und Wohnens. Auslöser für diesen Paradigmenwechsel war die gesellschaftliche Kritik an den staatlichen Institutionen und Änderungen in der Gesetzgebung, die in Folge des öffentlichen Drucks institutionelle Praktiken untersagt. Gerade in Deutschland ist diese Phase nach Lindmeier (2008, S. 92) nicht nur später, sondern vor allem auch anders verlaufen, da die großen Einrichtungen bzw. Anstalten eher umstrukturiert als aufgelöst wurden.

In der zweiten Phase verschob sich der Fokus von der Auflösung großer Anstalten auf die Gestaltung des Lebens von Menschen mit Behinderungen in der Gemeinde. Das Leben von Menschen mit Behinderungen in der Gemeinde sollte so „normal" wie möglich sein, was sich auch darin ausdrückt, dass sie an den Einrichtungen und Angeboten des Gemeindelebens unbeschränkt partizipieren können. Wurde im schulischen Bereich der USA dafür das Gesetz zum *mainstreaming* verabschiedet, das eine „möglichst weitgehende Eingliederung behinderter Kinder in den ‚mainstream' der Erziehung und Bildung vorsah"

(Lindmeier 2008, S. 92), so wurde im Gemeindeleben das Prinzip des *least restrictive environments* (LRE) installiert.[5]

Ermöglichte das *least restrictive environment* vielen Menschen mit Behinderungen eine gemeindenahe Unterbringung, war das Konzept jedoch auch dadurch gekennzeichnet, dass eine wohnortnahe Unterbringung nicht in allen Fällen für möglich gehalten wurde, und in diesen Fällen Fachleute über die Möglichkeiten der Unterbringung entschieden. Die Hintertür für eine restriktive und wohnortferne Unterbringung von Menschen mit Behinderungen war dadurch weiterhin geöffnet und wurde umfassend benutzt. Lindmeier resümiert in diesem Sinne kritisch, dass „also nur andere Zuschnitte der Kategorisierung und Grenzziehung etabliert wurden, mit deren Wahl neue Ausgrenzungsprozesse wirksam wurden" (Lindmeier 2008, S. 93).

Die dritte Phase ist dadurch charakterisiert, dass der Unterschied fokussiert wird, der zwischen dem *Leben in der Gemeinde* und *Teil der Gemeinde zu sein* besteht. So ist gerade die Gefahr der Vereinsamung für Menschen mit Behinderungen in der Gemeinde hinreichend dokumentiert und es fehlt nicht an Vorschlägen, wie die *Community Care* solchen Tendenzen entgegentreten kann. In der Bundesrepublik Deutschland wird in diesem Kontext in der Regel auf das persönliche Budget oder die zunehmende Ambulantisierung der Unterstützungssysteme verwiesen.

Die UN-Konvention über die Rechte behinderter Menschen betont in Artikel 19 dementsprechend explizit, dass behinderte „Menschen gleichberechtigt die Möglichkeit haben, ihren Wohnsitz zu wählen und zu entscheiden, wo und mit wem sie leben, und nicht verpflichtet sind, in besonderen Wohnformen zu leben." Damit wird auch im Kontext der *Community Care* die besondere Bedeutung der Autonomie von Menschen mit Behinderungen betont, deren Anerkennung und Erhalt als conditio sine qua non einer anthropologischen Fundierung einer inklusiven Didaktik verstanden wird (vgl. Abschn. 2.1), was die kurze Diskussion dieser Fragestellung aus methodologischer Perspektive rechtfertigt. Übergreifende Zielperspektive ist dabei weniger die Integration einzelner gesellschaftlicher Gruppen, die „von sozialem Ausschluss bedroht sind, sondern

---

[5]Das Prinzip des *least restrictive environments* wird im deutschsprachigen Raum üblicherweise als am *wenigsten eingrenzende Umgebung* übersetzt. Dieser Ansatz ist von Beginn an allerdings sehr umstritten. So weist u. a. Hinz auf die Problematik des Umkehrschusses hin: „Diese Logik bedeutet bei schwererer Behinderung eine stärkere Aussonderung, die wiederum zur Folge hat, dass die Sonderschulen, die Kinder und Jugendliche mit schweren Behinderungen aufnehmen, zur Restschule degenerieren" (Hinz 2002, S. 356).

eine umfangreiche Teilhabe aller Menschen am Leben der Gemeinde, größere Autonomie sowie Wahl- und Entscheidungsmöglichkeiten" (Lindmeier 2008, S. 97).

Eng verknüpft mit der Frage nach einer stärkeren Sozialraumorientierung ist auch die Konstitution entsprechender Beschulungssysteme, die ihre Angebote vor Ort anbieten. So wurde beispielsweise in der Bremer Integrationskonzeption „eine strikte Stadtteilorientierung durch das Aufnahmekriterium einer Kindertageseinrichtung erreicht, die darin bestand, dass die Einrichtung von zu Hause aus zu Fuß in zehn Minuten erreichbar sein muss" (Stein 2008, S. 80).

2.2.2 Inklusives Lernen – eine pädagogische Perspektive

Neben den Bemühungen zur Förderung der Teilhabe von Menschen mit Behinderungen am Leben in der Gesellschaft existieren von Anfang an auch Bestrebungen, das Lernen in Bildungseinrichtungen inklusiv zu gestalten. Sowohl Boban und Hinz (2004) als auch Frühauf (2008) beziehen sich in ihren Ausführungen zur Entwicklung der Behindertenpädagogik in Deutschland auf das fünfstufige Entwicklungsmodell von Sander (2003), an dessen ersten vier Stufen sich auch die folgenden Ausführungen orientieren. Da es im Folgenden allerdings in erster Linie um ein diachrones Verständnis der Entwicklungslinien hin zum Inklusionsbegriff im pädagogischen Kontext geht, wird die von Sander als „Allgemeine Pädagogik für alle Kinder" genannte fünfte Stufe nicht thematisiert.

Die erste Phase, die Phase der **Exklusion**, ist durch einen expliziten und generellen Ausschluss von Menschen mit Behinderungen aus der Gesellschaft und deren Subsystemen wie Schule oder Arbeitsmarkt gekennzeichnet. Weil diese Phase weder für den weiteren Verlauf dieser Arbeit noch für die gesellschaftliche Realität von Relevanz ist, wird sie im Folgenden nicht weiter diskutiert.

Seit Anfang der 60er Jahre des vorigen Jahrhunderts existieren der Exklusion entgegen stehende Bemühungen, Menschen mit Behinderungen die Teilhabe an der Gesellschaft zu ermöglichen. Diese Gegenbewegung muss vor dem Hintergrund ihrer historischen Entwicklung verstanden werden, sie „wandte sich gegen den Versuch, die mit der Industrialisierung entstandene soziale Frage über Institutionalisierung derjenigen zu lösen, die den modernen Anforderungen der entstehenden kapitalistisch orientierten Leistungsgesellschaften nicht entsprechen konnten." (Stein 2008, S. 74). Eine erste Phase dieser Bemühungen wird in der Regel mit dem Begriff der **Segregation** bezeichnet. Nach Merz-Atalik (2008,

2.2 Wirkungsfelder inklusiver Konzepte

S. 13) war in diesem Kontext bis in die 70er Jahre das Paradigma[6] der Differenzierung für die Behindertenpädagogik handlungsleitend. Entlang allgemeiner gesellschaftlicher Differenzierungstendenzen erfuhr auch die Behindertenpädagogik eine zunehmende Differenzierung. Den Besonderheiten bzw. dem besonderen Förderbedarf einzelner Schüler wurde begegnet, indem immer differenziertere Schulformen und Ausbildungsgänge geschaffen wurden. Getragen wurde diese homogenitätsorientierte Segregation durch spezialisierte Pädagogen und das Bemühen, homogene und kleine Leistungsgruppen zu schaffen (Fediuk und Hölter 2003, S. 22). Damit verband sich die Hoffnung nach einer stärkeren Individualisierung und Differenzierung des Unterrichts und damit nach einer effizienteren Förderung, als es in der Regelschule für möglich erachtet wurde. In der Folge dieses Ansatzes etablierte sich häufig eine „durchgängig besonder(nd)e Lebensbiografie: Sonderkindergarten → Sonderschule → Werkstatt für behinderte Menschen → Wohnheim" (Frühauf 2008, S. 16; vgl. auch Hölter 2008, S. 97).

> „Integration bleibt in dieser Phase [der Segregation, MG] letztlich eine eher unverbindliche freiwillige ‚Spielwiese' im Vergleich zu der für das Wohl behinderter Menschen eigentlich für bedeutsam erachteten Förderung in Sondersituationen." (Frühauf 2008, S. 15)

Die Gesamtschuldebatte, die Ende der 60er Jahre begann und die schulpolitische Diskussion wesentlich mitbestimmte, wird allgemein als erster grundsätzlicher Bruch „mit dem Dogma der erfolgreicheren Förderung von Leistung in homogenen Lerngruppen, respektive segregativen Schulstandorten" (Merz-Atalik 2008, S. 13) gesehen. Dabei galt allerdings weiterhin unhinterfragt, dass alle Schülerinnen und Schüler trotz unterschiedlicher Lernausgangslagen zielgleich unterrichtet werden sollten.

Erst Mitte der 70er Jahre kamen zieldifferente Integrationsmodelle auf, die der Unterschiedlichkeit der Schülerinnen und Schüler auch in ihren Zielvereinbarungen

---

[6]Der Begriff des Paradigmas wird in Anlehnung an Kuhn (1976) verstanden, der ein wissenschaftliches Paradigma durch die Art der Fragen definiert, die in Bezug auf einen Untersuchungsgegenstand gestellt werden und in Bezug darauf, wie die Ergebnisse der wissenschaftlichen Untersuchung zu interpretieren sind.

Rechnung trugen.[7] Für die Behindertenpädagogik bedeutete dies gleichzeitig den Übergang zum Paradigma der **Integration,** wobei der Übergang keineswegs einstimmig vollzogen wurde. Rückblickende Darstellungen der damaligen Debatten betonen im Gegensatz dazu vielmehr einhellig die große Emotionalität, mit der diese Debatten beispielsweise unter dem Dach der Lebenshilfe geführt wurden (Frühauf 2008, S. 17; Müller-Erichsen 2008, S. 267). Kleinster gemeinsamer inhaltlicher Nenner dieser Debatten war das Bestreben von Betroffenen, Eltern und Fachleuten, die oben geschilderte Eindimensionalität der Lebenswege von Menschen mit Behinderungen aufzubrechen und weitestgehend selbstbestimmte Wahlfreiheiten zu ermöglichen.

Ab Mitte der 90er Jahren wurde der Begriff der Integration infolge internationaler bildungspolitischer Entwicklungen zunehmend vom Begriff der **Inklusion** verdrängt (vgl. Abschn. 2.1.2). Im angloamerikanischen Raum wurden dabei „zuvor verwandte Begriffe für den gemeinsamen Unterricht von Kindern mit und ohne Beeinträchtigung, wie *Mainstreaming* oder *Integration*" (Merz-Atalik 2008, S. 24) sogar gänzlich von dem Begriff der Inklusion abgelöst. Auch dieser Wechsel der Begrifflichkeiten ist allerdings keineswegs unproblematisch oder einheitlich verlaufen und erscheint nicht selten als reiner Etikettenwechsel.

Für den deutschsprachigen Raum muss insbesondere im Kontext der Behindertenpädagogik eine deutliche Schieflage zwischen der prosperierenden, bisweilen sogar omnipräsenten und damit auch inflationären Verwendung des Inklusionsbegriffs einerseits und dessen insuffizienter theoretischer Klärung bzw. dessen uneinheitlicher Verwendung andererseits konstatiert werden. Inklusion

---

[7] Zu nennen wären hier in erster Linie die bekannten Schulversuche an der Fläming- und der Uckermarkschule in Berlin. In Folge des Besuchs erster integrativer Kindertagesstätten entstand bei Betroffenen und Eltern die Forderung nach der Fortführung dieser Ansätze in den Grundschulen, und es entstanden Mitte der 70er Jahre vereinzelt erste Integrationsklassen an staatlichen Regelschulen. „So auch eine Gruppe des Kinderhauses Friedenau inklusive zweier Kinder mit Lernbeeinträchtigung und einem Kind mit Down-Syndrom, welche 1976 an der Flämingschule (eine staatliche Grundschule in Berlin) eingeschult wurde und damit die erste offiziell dokumentierte *zieldifferente Integrationsklasse* in der Bundesrepublik darstellte. In der Folge startete 1982 an der Uckermarkschule ein Schulversuch zur *wohnortnahen Integration*; die Schule nahm alle Kinder des Einzugsgebiets – unabhängig von der Art und dem Grad der Behinderung – auf und war somit die erste Schule in Deutschland, die dem Anspruch, ‚eine Schule für alle' zu sein, nahe kam. Beide Schulstandorte gelten als Urheber bzw. als Modell für die heute bestehenden Klassenfrequenzmodelle in Integrationsklassen (15+5=Flämingmodell; 20+2=Uckermarkmodell) und gehen weit über das Land Berlin hinaus." (Merz-Atalik 2008, S. 14).

ist en vogue und kaum eine aktuelle behindertenpädagogische Veröffentlichung scheint ohne einen Verweis auf diese Thematik auszukommen (Haeberlin 2007). Die uneinheitliche Verwendung und die divergierenden Bedeutungskonstrukte, die mit dem Begriff der Inklusion allerdings verbunden werden, kumulieren letztendlich darin, dass bis dato keine einheitliche Definition des Begriffs vorliegt, oder sind – je nach Perspektive – dessen Folge.

So wird die Frage, welche inhaltliche bzw. konzeptionelle Weiterentwicklung mit der Ablösung des Integrationsbegriffs durch den Inklusionsbegriff im deutschsprachigen Raum verbunden ist, kontrovers diskutiert, was nach Moser (2012, S. 8) auch wissenschaftspolitisch verursacht ist, „in dem ein Streit darüber entbrannt ist, ob Inklusion Integration ablösen sollte, Inklusion gegenüber Integration etwas qualitativ oder quantitativ anderes sei oder ob Integration eine z. T. nur unzureichende Praxis einer besseren Idee war" (Moser 2012, S. 8). So merkt Stein (2008) beispielsweise kritisch an, dass beide Begriffe „häufig als Gegensatzpaar formuliert bzw. der Integrationsbegriff als der zu überwindende, der Begriff der Inklusion als der weiterführende bezeichnet" (Stein 2008, S. 78) wird, wobei nach ihrer Ansicht allerdings gar keine „theoretisch begründete Notwendigkeit der Ablösung des Integrationsbegriffs durch den der Inklusion" (Stein 2008, S. 81) besteht.

Wilhelm (2009), die sich explizit als eine Vertreterin des Inklusionsgedankens bezeichnet und dieses wichtige Thema auch in die Regelschule tragen möchte, verwendet gerade deshalb im Titel ihres 2009 erschienenen Buches weiterhin den „bisher umfassender eingeführten Begriff »Integration«" (Wilhelm 2009, S. 13).

Gänzlich unübersichtlich wird die terminologische Situation, wenn Frühauf (2008) die synonyme Verwendung der beiden Begriffe brandmarkt und kritisch anmerkt, dass beide Begriffe in einer Vielzahl von Beispielen „wie selbstverständlich wechselweise benutzt [werden, MG], als seien die ihnen zu Grunde liegenden Handlungsansätze in ihrem inhaltlichen Aussagegehalt quasi identisch" (Frühauf 2008, S. 11).

Und Haeberlin (2007) attestiert der Behindertenpädagogik in diesem Zusammenhang überaus kritisch neben einem Hang zu Abgrenzungsstrategien „im Kampf um Prestige auch die Strategie des Wortverschleißes. Gierig werden neue Wörter aufgesogen, mit deren Verwendung man ‚in' zu sein hofft […] und für den Kampf um Erhaltung und Vergrößerung der Reviergrenzen instrumentalisiert und kapitalisiert" (Haeberlin 2007, S. 254).

Gibt es auf dieser Basis überhaupt ein gemeinsames theoretisches Fundament, auf dem die Verwendung des Inklusionsbegriffs fußt? Versuchen wir, vor dem terminologisch disparaten Hintergrund dieser Bestandsaufnahme einen kleinsten gemeinsamen Nenner bei der Verwendung des Inklusionsbegriffs zu suchen, dann kann dieser an zwei Aspekten festgemacht werden:

- Zum einen nimmt der Inklusionsgedanke die grundsätzliche Heterogenität aller Menschen in den Blick, erklärt diese zu einem wertfreien, gesellschaftlichen Faktum und leitet daraus die Notwendigkeit ab, dass sich die Institutionen unserer Gesellschaft an die Menschen anpassen müssen und nicht umgekehrt.
- Zum anderen fußt der Inklusionsdiskurs auf der weitverbreiteten Kritik an der bestehenden und als defizitär erachteten Integrationspraxis. Die Kritik an der tatsächlich gelebten und praktizierten Integrationspraxis bildet in diesem Sinne einen gemeinsamen Kristallisationspunkt der Bemühungen zu einer Überwindung des Integrationsbegriffs (Stein 2008, S. 79).

In diesem Sinne argumentiert auch Frühauf, wenn sie anmerkt, dass Integrationsmodelle heutzutage in der Regel dadurch charakterisiert sind, dass „zwei klar definierte und damit unterschiedene Personengruppen gemeinsam in einem Klassenraum unterrichtet werden, […] was nicht selten ein bloßes Nebeneinander statt eines Miteinanders der Schüler(innen) mit und ohne Behinderung zur Folge hat" (Frühauf 2008, S. 19).

Merz-Atalik versucht Inklusion in Bezug auf Bildung und Erziehung folgendermaßen zu beschreiben:

> „Inklusion in Erziehung und Bildung bedeutet: die gleiche Wertschätzung aller Schülerinnen, Schüler und Mitarbeiter; die Steigerung der Teilhabe aller Schülerinnen und Schüler an (und den Abbau ihres Ausschlusses von) Kultur, Unterrichtsgegenständen und Gemeinschaft ihrer Schule; die Weiterentwicklung von Kulturen, Strukturen und Praktiken in Schulen, so dass sie besser auf die Vielfalt der Kinder und Jugendlichen ihres Umfeldes eingehen; den Abbau von Barrieren für Lernen und Teilhabe aller Schülerinnen und Schüler, nicht nur solcher mit Beeinträchtigungen oder solcher, denen besonderer Förderbedarf zugesprochen wird; die Betonung der Bedeutung von Schulen dafür, Gemeinschaften aufzubauen, Werte zu entwickeln und Leistungen zu steigern." (Merz-Atalik 2008, S. 25)

In ähnlicher Diktion argumentiert auch Hinz, wenn er betont, dass Inklusion sich darum bemüht, „alle Dimensionen von Heterogenität in den Blick zu bekommen und gemeinsam zu betrachten." (Hinz 2008, S. 33). Inklusion ist in diesem Sinne keine Spielform oder Disziplin der Behindertenpädagogik, sondern vielmehr ein Thema der Allgemeinen Pädagogik wie es bereits von Prengel (2006) eingängig diskutiert wurde. Eine Beschränkung der Inklusion auf behindertenpädagogische oder behinderungsspezifische Inhalte würde den Inklusionsgedanken in dieser Lesart unzulässig eingrenzen (Seitz 2012, S. 164). Beschränkt sich das Konzept der Inklusion danach keineswegs auf Menschen mit Behinderungen, ist allerdings zu beachten, dass diese nichtsdestotrotz die „höchsten Anforderungen an die Umsetzung der Idee" (Stein 2008, S. 77) stellen. Zur Erhöhung der terminologischen Trennschärfe schlägt Hinz vor, nur dann den Inklusionsbegriff zu verwenden, wenn es um gesellschaftliche Marginalisierungstendenzen im Allgemeinen geht, denn „Inklusion bezieht sich immer auf alle Aspekte von Verschiedenheit; Behinderung ist also immer nur ein Subaspekt" (Hinz 2008, S. 49).[8]

2.2.3 Eine terminologische Bilanzierung

Bieten Hinz' (2008) konzeptionelle bzw. terminologische Überlegungen zwar Hinweise für eine Systematisierung der Debatte, muss allerdings festgehalten werden, dass seine Überlegungen keine Breitenwirkung entfalten konnten und in ihrem notwendigen Anliegen im wissenschaftlichen Diskurs bisher wenig Stoßkraft entwickeln konnten. Eine Einigung auf „terminologische Mindeststandards" bei der Verwendung des Inklusionsbegriffs zeichnet sich nicht ab. Zu virulent in drängenden Praxisfragen gefangen und vor allem uneinheitlich erscheint der aktuelle Diskurs, als dass den terminologischen Systematisierungsbestrebungen tatsächliche Wirkung bescheinigt werden könnte.

Bei der Einschätzung von Ursachen für diese terminologische Divergenz ist – worauf auch anderer Stelle bereits verwiesen wurde – zu betonen, dass dem aktuellen behindertenpädagogischen Inklusionsdiskurs das *Fehlen einer systematischen, kulturanthropologischen Fundierung* zu bescheinigen ist, auf dessen Boden eine theoretisch einheitliche Verwendung des Inklusionsbegriffs legitimiert werden könnte. Dies ist umso erstaunlicher, als dass sowohl das Salamanca-Statement als auch die UN-BRK, wie in Abschn. 2.1.3 gezeigt wurde, eine anthropologische

---

[8]Die quasi omnipräsente Verwendung des Inklusionsbegriffs für alle Formen gesellschaftlicher Marginalisierungen ist aus sprachlogischer Perspektive nicht unproblematisch. Beruht die sprachlogische Verwendung des Inklusionsbegriff wie in Abschn. 2.1.1 gezeigt wurde, auf dem Konzept der Klassifizierung divergierender Kategorien, kann mit demselben Begriff schlechterdings das inhaltliche Gegenteil, nämlich das Gesamt aller gesellschaftlicher Marginalisierungen, bezeichnet werden. Es stellt sich die Frage, ob dem damit verbundenen Omnipotenzanspruch des Inklusionsbegriffs überhaupt sprachlich Rechnung getragen werden kann, beruhen alle unsere kulturellen Ausdrucksformen doch letztlich auf der Fähigkeit zur Fixierung und Relationierung symbolischer Bewusstseinsinhalte, was im zweiten Kapitel weiter ausgeführt wird (Goodman 1990, S. 20; Schwemmer 1997b, S. 82).

Stoßrichtung durch die Betonung der unhintergehbaren Autonomie der Individuen vorzeichnen. Auch wenn über die Ursachen für diese Theorieabstinenz nur spekuliert werden kann, ist eine Ursache sicherlich in der grundsätzlichen Skepsis der Behindertenpädagogik gegenüber anthropologischen Analysen zu sehen (vgl. Abschn. 3.1).

Auf Basis des bisher Gesagten wird der Inklusionsbegriff in dieser Arbeit im Sinne eines Zwischenfazits deshalb in Ergänzung zum vorigen Abschnitt (vgl. Abschn. 2.2.2) durch folgende Merkmale definiert:

- Inklusion nimmt die grundsätzliche Heterogenität aller Menschen in den Blick, versteht diese als ein wertfreies, soziales Faktum und leitet daraus die Notwendigkeit ab, dass sich die Institutionen unserer Gesellschaft an die Menschen anpassen müssen und nicht – wie bisher häufig praktiziert – umgekehrt.
- Inklusion ist ein notwendiger Reflex auf die bestehende Integrationspraxis. Die existierende, defizitäre Integrationsarbeit macht die Überwindung des Integrationsbegriffs notwendig.
- Für die weitere Argumentation von besonderer Bedeutung: Inklusion betont die primordiale Autonomie des Individuums stärker, als es im Kontext der Diskurse um Integration üblich war, und stellt deren Herstellung und Erhalt in das Zentrum institutioneller und – worum es hier im Folgenden gehen wird – didaktischer Bemühungen.

2.3 Index für Inklusion

Nähern wir uns dem didaktischen Kernanliegen der vorliegenden Analyse im Sinne einer voranschreitenden Engführung der Thematik weiter an, rückt auch der von Tony Booth und Mel Ainscow zur Jahrtausendwende im Kontext des englischen Schulsystems entwickelte *Index für Inklusion* unweigerlich in den Fokus der Betrachtung. „Mit seinen etwa 5000 Exemplaren im deutschen Sprachraum" (Boban und Hinz 2012, S. 71) stellt er sicherlich das am weitesten verbreitete Instrument zur Förderung und Steuerung einer inklusiven Schulentwicklung dar.[9]

---

[9]Der Index für Inklusion wurde in Großbritannien in einem interdisziplinären Team aller an Schule beteiligter Personen entwickelt, das sich in dreijähriger Arbeit und mehreren Pilotprojekten der ersten Fassung des Index immer weiter näherte. In der zweiten Fassung, die auch der deutschen Übersetzung zugrunde liegt, wurden aufgrund der Rückmeldungen durch die Einrichtungen Änderungen eingearbeitet und vor allem die Sprache vereinfacht (Boban und Hinz 2003, S. 8).

Inzwischen existieren sogar Qualifizierungsmaßnahmen zu Prozessbegleitern, die sich am Index für Inklusion orientieren und Schulen bei der Entwicklung inklusiver Strukturen helfen sollen (Brokamp 2012). Wegen seiner exponierten Bedeutung und der daraus erwachsenden normativen Kraft des Faktischen – zweifellos auch im Hinblick auf eine inklusive Didaktik – wird der Index in einem eigenen Kapitel dargestellt. Die große Breitenwirkung, die dem Index für Inklusion bescheinigt werden muss, ist im behindertenpädagogischen Bereich sicherlich beispiellos, da er inzwischen von 40 Ländern übernommen und in 35 Sprachen übersetzt wurde (Booth 2008, S. 53). Entlang dieser Entwicklung hat sich der Index zwischenzeitlich ausdifferenziert: So liegen neben einer zweiten (Booth und Ainscow 2002) und einer dritten Auflage (Booth und Ainscow 2011), inzwischen auch eine deutsche Übersetzung (Boban und Hinz 2003), eine Version für Kindertagesstätten (Booth und Kingston 2004) sowie eine Version für den organisierten Sport (Deutscher Behindertensportverband 2014) vor.

2.3.1 Der Index für Inklusion: eine Produktbeschreibung

Der Index für Inklusion versteht sich „weniger als Ansatz, um Ausgrenzung bestimmter Gruppen, wie z. B. die der Menschen mit Behinderungen oder der mit sogenanntem sonderpädagogischen Förderbedarf zu vermeiden, sondern eher als einen wertebasierten Ansatz zur Bildungs- und Gesellschaftsentwicklung" (Booth 2008, S. 53) im Allgemeinen. Boban und Hinz betonen im Vorwort der deutschen Ausgabe in diesem Sinne, dass „die Integration von SchülerInnen mit und ohne sog. sonderpädagogischen Förderbedarf oder die von SchülerInnen mit Migrationshintergrund nur zwei Facetten eines viel größeren pädagogischen Zusammenhangs sind, den das Konzept der *Schule für alle* umfasst" (Boban und Hinz 2003, S. 3). Das Ziel des Indexes ist dabei, die „Steigerung von Leistungen mit der Entwicklung kooperativer Beziehungen und der Verbesserung des Lern- und Lehrumfeldes zu verbinden. […] Er fördert eine Sicht des Lernens, an dem Kinder und Jugendliche als *Agierende* [kursiv, MG.] beteiligt sind und das die Unterrichtsgegenstände mit ihren eigenen Erfahrungen in Verbindung bringt" (Boban und Hinz 2003, S. 8).[10]

---

[10]Der in diesem Zitat anklingende Aspekt der autonomen Eigenaktivität der Individuen bzw. ihr Verständnis als Agens des Handlungsprozesses ist zu betonen, weil an dieser Schnittstelle die anthropologische Fundierung positioniert wird, die dem bisherigen Inklusionsdiskurs in einer systematischen Form bisher fehlt und den roten Faden der vorliegenden Arbeit bildet (vgl. Abschn. 2.1.3).

Auf diesem Weg bietet der Index Bildungseinrichtungen und Schulen praktische und konkrete Hilfen, „indem er die Sichtweisen der SchülerInnen, der Eltern, der MitarbeiterInnen und anderer Menschen aus dem Umfeld sichtbar zu machen hilft" (Boban und Hinz 2003, S. 8).

„Dieser nun von uns auf Deutsch vorgelegte *Index für Inklusion* stellt mit seinen ausgearbeiteten Materialien einen Fundus dar, aus dem Schulen schöpfen können, die sich als ‚Schule für alle Kinder', integrative oder inklusive Schulen verstehen, wenn sie vor der verordneten oder selbst gestellten Aufgabe der Selbstevaluation stehen. So muss nicht jede Schule das Rad der Schulentwicklung wieder völlig neu erfinden. Der *Index* macht Vorschläge, er ist kein Test für Schulen, die als Ergebnis bescheinigt bekommen, wie sehr – oder auch wie wenig – sie inklusiv sind" (Boban und Hinz 2003, S. 3).

Wie die Übersichtsgrafik zeigt (vgl. Abb. 2.2), besteht der Index aus vier hierarchisch gegliederten Ebenen (Dimensionen, Bereiche, Indikatoren, Fragen), die

Dimensionen	A		B		C	
	Inklusive Kulturen schaffen		Inklusive Strukturen etablieren		Inklusive Praktiken entwickeln	
Bereiche	A 1	A 2	B 1	B 2	C 1	C 2
	Gemeinschaft bilden	Inklusive Werte verankern	Eine Schule für alle entwickeln	Unterstützung für Vielfalt organisieren	Lernarrangements organisieren	Ressourcen mobilisieren
Indikatoren						
Fragen						

Abb. 2.2 Übersicht Index für Inklusion. (Aus: © Boban und Hin 2003, S. 17)

2.3 Index für Inklusion

die Auseinandersetzung mit dem je eigenen Inklusionsprozess steuern helfen.[11] Dabei ist zu betonen, dass das Werkzeug dynamisch gedacht ist, an die jeweilige Einrichtung angepasst werden kann und auf der Ebene der Fragen vorgesehen ist, Fragen zu ändern bzw. neue Fragen hinzu zu fügen.

Die drei miteinander verbundenen Dimensionen *inklusive Kulturen schaffen, inklusive Strukturen etablieren* und *inklusive Praktiken entwickeln* sind in je zwei Bereiche gegliedert und verstehen sich als Analyserahmen für die Bestandsaufnahme und die Entwicklung von Zielperspektiven auf dem Weg zu einer inklusiven Schule. Die Autoren weisen dabei ausdrücklich darauf hin, dass der Index ein Werkzeug der Schulentwicklung ist und jedes Schulprogramm dementsprechend jede Dimension in den Blick nehmen muss. Um die Komplexität schrittweise zu reduzieren und die Arbeit mit dem Index zu konkretisieren, ist jeder Bereich mit Indikatoren versehen, die die Aussageabsichten der Dimensionen ausdeuten.

Die den sechs Bereichen zugeordneten Indikatoren sind in Abgrenzung zu dem allgemeinen Analyserahmen als konkrete Materialien für die Analyse konzipiert. Die Indikatoren sind dabei als Zielsetzungen, die einer inklusiven Schule als Vision bzw. Wegweiser dienen sollen, zu verstehen. Aus dem Vergleich zwischen dem Istzustand und den in den Indikatoren sichtbar werdenden Zukunftsbildern ergeben sich die Prioritäten für die weitere Schulentwicklungsarbeit. Um der Bedeutung und bisherigen Umsetzung der Indikatoren weiter auf die Spur zu kommen, ist jedem Indikator eine Reihe von Fragen zugeordnet, die Gesprächs- und Reflexionsanlässe liefern.

2.3.2 Der Index für Inklusion: eine Prozessbeschreibung

Neben der inhaltlichen Systematik und den eigentlichen Materialien zeichnet sich der Index dadurch aus, dass er auch eine Prozessbeschreibung mitliefert, die erläutert, wie der Prozess der Anwendung des Index' selbst zu einer inklusiven Entwicklung der Schule beitragen kann. Im Einzelnen werden dazu prototypisch fünf Phasen des Index-Prozesses unterschieden (vgl. Abb. 2.3).

Die erste Phase ist dabei als eine Art Anschubphase im ersten Jahr gedacht. In dieser Phase bildet sich das sog. Index-Team, das sich mit den Materialien und

---

[11]Die folgenden Ausführungen orientieren sich an den Überlegungen von Boban und Hinz (2003, S. 8 ff.).

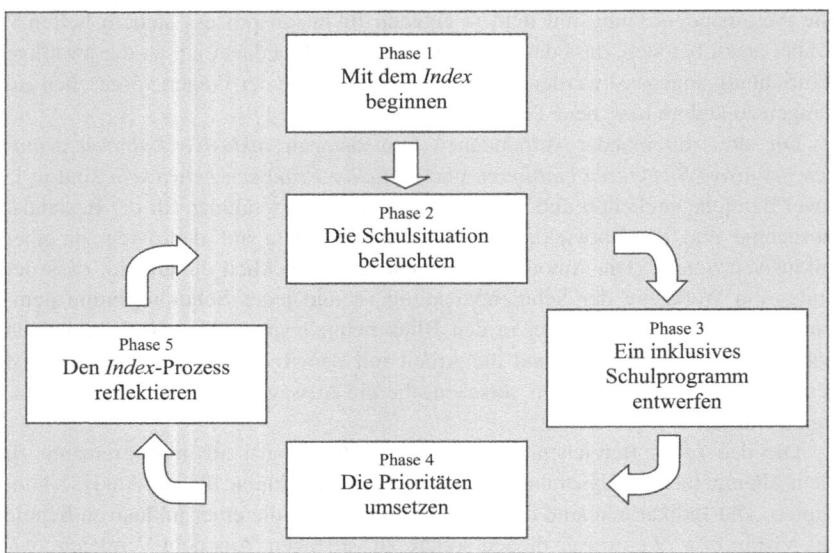

Abb. 2.3 Der Index-Prozess. (Aus: © Boban und Hinz 2003, S. 19)

der Systematik des Index auseinandersetzt und die inhaltlichen und organisatorischen Voraussetzungen schafft, um mit dem Index-Prozess zu beginnen. Diese Gruppe beschäftigt sich auch mit den Indikatoren und Fragen und versucht eine erste Sichtung und Bewertung des Materials vor dem Hintergrund der konkreten Schulsituation vorzunehmen. Bereits die Zusammensetzung des Index-Teams soll die Vielfalt der Schule widerspiegeln und wenn möglich alle Gruppen abbilden: Schülerinnen und Schüler, Eltern, Lehrkräfte, Schulleitung, pädagogisches und administratives Personal, Schulaufsichtsbehörde usw. Darüber hinaus hat das Index-Team die überaus wichtige Aufgabe, in der gesamten Schulgemeinde ein Bewusstsein für den Index und die Arbeit damit zu schaffen.

Die Ausgestaltung der einzelnen Phasen ist im Index exemplarisch dargelegt und wird hier nicht weiter rekapituliert, da seine Anwendung ausreichend deutlich geworden sein sollte (Boban und Hinz 2003, S. 21–48). Aus der Perspektive der vorliegenden Arbeit bleibt zu resümieren, dass mit dem Index für Inklusion ein praxistaugliches und wirksames Instrument zur Entwicklung einer inklusiven Schulgemeinde vorliegt, das sicherlich aufgrund seiner Flexibilität und seiner fragenden Grundhaltung weite Verbreitung gefunden hat.

2.3.3 Der Index für Inklusion: eine kritische Würdigung

Kritisch anzumerken ist, dass sich der Index seiner normativen und anthropologischen Implikationen nur ansatzweise vergewissert. Definiert Booth (2008, S. 59) Inklusion zwar explizit „als die aktive Umsetzung von Werten" und führt in diesem Sinne auch Werte „wie Gleichheit, Rechte, Teilhabe, Lernen, Gemeinschaft, Anerkennung von Vielfalt, Vertrauen und Nachhaltigkeit, […] Mitgefühl, Ehrlichkeit, Mut und Freude" (Booth 2008, S. 59) an, differenziert er diese Begriffe allerdings nur rudimentär aus. Das Gleiche ist für die aktuelle, dritte Ausgabe des *Index for Inclusion* (Booth und Ainscow 2011) zu konstatieren, in dem die fünf Werte Gleichwertigkeit, Partizipation, Gemeinschaft, Wertschätzung von Vielfalt und Nachhaltigkeit den Mittelpunkt eines werteorientierten Inklusionsprozesses bilden sollen (Booth und Ainscow 2011, S. 21).

Methodologisch bleibt offen, anhand welcher Kriterien Booth zu genau dieser Ansammlung von Begriffen kommt und auf Basis welcher anerkannten gesellschaftlichen Diskurse er diese Begriffe definiert. Der Bezug auf gesellschaftliche, philosophische, bildungstheoretische oder ästhetische Diskussionen, mit denen solche Normativa in hermeneutischen Zirkeln mit Bedeutung zu füllen wären, fehlt. Der Index für Inklusion vergewissert sich seiner normativen und anthropologischen Implikationen deshalb nur in Ansätzen, weil er normative Implikationen zwar durchaus benennt, sie aber nicht an die ethisch-ästhetischen Diskurse anbindet, in denen die damit intendierten Schulsysteme bestehen sollen.

Gleiches ist für die deutsche Übersetzung zu konstatieren. Wenn Boban und Hinz ausführen, dass das Konzept des Index' eine Sicht des Lernens fördert, in der „Kinder und Jugendliche als Agierende beteiligt sind und das die Unterrichtsgegenstände mit ihren eigenen Erfahrungen in Verbindung bringt" (Boban und Hinz 2003, S. 8), dann sind das bestenfalls vereinzelte Hinweise auf das implizierte Menschenbild, das nicht systematisch entwickelt wird, was allerdings symptomatisch für den gesamten Inklusionsdiskurs ist (vgl. Abschn. 2.2.3).

An dieser Stelle macht sich das Fehlen einer kulturanthropologischen Fundierung bemerkbar, weil Sollensaussagen scheinbar aus persönlichen Überzeugungen der Autoren gewonnen werden und methodologische geisteswissenschaftliche Mindeststandards keine Anwendung finden. Ohne den praktischen Nutzen des Index damit infrage stellen zu wollen, bleibt mit Thiele (1996, S. 147) zu konstatieren:[12]

---

[12] Wurde diese Einschätzung Thieles ursprünglich im Kontext der Erfahrungsorientierung in der Sport- und Bewegungspädagogik abgegeben, wird sie hier auf den Inklusionsdiskurs in der Behindertenpädagogik übertragen, weil sich die methodologischen Schwächen in den jeweiligen Debatten augenscheinlich ähneln.

„Solcher Theorieverzicht mag mit der besonderen ‚Dignität der Praxis', dem pragmatischen didaktischen Anliegen oder vielleicht auch der Komplexität der Phänomene plausibel gemacht werden können, doch zeigt sich auch – und zwar mit fortschreitender Dauer zunehmend, daß eine solche Vogel-Strauß-Mentalität mit Blick auf eine pädagogische Legitimation dysfunktional wirken muß."

Ein solcher Theorieverzicht wirkt nicht nur in Bezug auf die pädagogische Legitimation des Index für Inklusion dysfunktional, sondern auch im Hinblick auf die Konstituierung einer inklusiven Didaktik, was im folgenden Kapitel ausführlich dargelegt wird.

2.4 Inklusive Didaktik – auf der Suche nach dem Forschungsstand

Möchte man den Forschungsstand zur inklusiven Didaktik darstellen, bedarf es einführend einiger kategorisierender Hinweise, da die Autoren, worauf in Abschn. 2.2.2 hingewiesen wurde, bisweilen gar nicht oder unterschiedlich systematisch zwischen Integration und Inklusion unterscheiden. Wird in dieser Arbeit explizit der Versuch unternommen, den Forschungsstand zur *inklusiven Didaktik* darzustellen, ist eine stringente Darstellung des korrespondierenden Forschungsstandes aufgrund der disparaten Terminologie schwierig. Um sich trotz dieser Bekundung nicht in den terminologischen Diskursen zwischen Integration und Inklusion zu verlieren und gleichzeitig methodologische Transparenz zu gewähren, findet im Folgenden ein zweistufiges Verfahren Anwendung, mit dessen Hilfe eine kategorisierende Annäherung an den bisherigen Diskurs ermöglicht werden soll.

In einem ersten Schritt werden auf Basis einer *formalen* bzw. *äußerlichen* Systematisierung Ansätze referiert, die dadurch gekennzeichnet sind, dass sie sich explizit auf den Inklusionsbegriff beziehen und gleichzeitig in der Fachliteratur auch im Kontext des Inklusionsdiskurses diskutiert werden. Da die Darstellung des Forschungsstandes der Schärfung der eigenen Position dient, bedarf es in Ergänzung dieser deskriptiven Sichtung eines zweiten Schritts, der die diskutierten Konzepte auf der Folie der eigenen Position einer inhaltlichen Sichtung unterzieht.

In diesem Sinne ist ein *Abgrenzungskriterium* plausibel zu definieren, das als Kriterium zur Abgrenzung gegenüber Ansätzen einer integrativen Didaktik gelten soll. Dieses Kriterium wird, den Ariadnefaden aufgreifend, in Übereinstimmung mit dem Salamanca-Statement und der UN-Konvention für die Rechte von Menschen mit Behinderungen in der *Betonung der Autonomie der Individuen* gesehen (vgl. Abschn. 2.1.3). Damit liegen die beiden folgenden Kriterien der Auswahl der nachfolgenden Ansätze zugrunde:

a) Didaktische Ansätze aus dem deutschsprachigen Sprachraum, die sich explizit auf Inklusion beziehen und gleichzeitig im fachwissenschaftlichen Diskurs auch in diesem Bereich verortet werden (Abschn. 2.4.1).
b) Bewertung der „gefilterten" Ansätze auf Grundlage des oben definierten Abgrenzungskriteriums (Abschn. 2.4.2).

2.4.1 Didaktische Ansätze im Inklusionsdiskurs

In diesem Sinne legen Wilhelm et al. (2002, S. 46) – ohne dabei systematisch zwischen Integration und Inklusion zu unterscheiden[13] – einen Katalog didaktischer Ansätze vor, der ihrer Einschätzung nach Schulen bei der Umsetzung inklusiven Unterrichts unterstützten kann und der von Feyerer (2003) expressis verbis in den Kontext inklusiver Bildungsprozesse gestellt wird:

- entwicklungslogische Didaktik nach Georg Feuser;
- subjektive Didaktik nach Kösel;
- handlungsorientierter oder projektorientierter Unterricht nach Dewey, Iris Mann, Herbert Gudjons, Hilbert Meyer und Becker;
- kommunikative Didaktik nach Popp;
- Entwicklungsdidaktik nach Wilhelm und Eichelberger, bei der weder Lehren noch Unterrichten, sondern Anregen und Unterstützen bei der Bewältigung von Entwicklungsaufgaben im Sinne Havinghursts im Mittelpunkt didaktischer Planung stehen.

Zu ergänzen sind diese Ansätze um die Arbeiten zur inklusiven Didaktik von Kersten Reich (2014), der sich in einer Vielzahl an Texten der Thematik annähert, sich dabei allerdings weder auf das enge Feld der Unterrichtsdidaktik beschränkt, noch auf die Perspektive von Behinderung. Wie im Vorwort bereits dargestellt,

---

[13]Diese Bekundung spiegelt sich bereits im Untertitel ihres Werkes wieder, der den Integrations- und dem Inklusionsbegriff unbekümmert nebeneinander trägt: *Inklusiven Unterricht, Inklusive Schule gestalten. Ein Handbuch zur integrativen Lehrer/innenaus- und -weiterbildung.*

betrachtet Reich Behinderung – zweifellos zu Recht – lediglich als eine Dimension von Inklusion. Unter dem Begriff Didaktik versteht er eine grundsätzliche Veränderung von Schule, die für sich in Anspruch nimmt, explizit alle Bereiche von Schule, Schulentwicklung, Lehren, Lernen usw. in den Blick zu nehmen.[14]

Werden die genannten Ansätze in der behindertenpädagogischen Diskussion zwar im Kontext der Inklusion diskutiert, beziehen sich lediglich die Überlegungen von Feuser sowie Wilhelm und Bintinger explizit auf den behindertenpädagogischen Bereich. Entsprechen die anderen Ansätze damit zwar nicht den eingangs formulierten Kriterien, soll trotzdem auf die symptomatische Divergenz der Bezugstheorien hingewiesen werden. In welcher Weise der Pragmatismus Deweys beispielsweise mit Überlegungen von Hilbert Meyer korreliert und dies dann zu einer Befruchtung eines inklusiven Unterrichts führen mag, bleibt hinter der Unverbindlichkeit dieser Aufzählung verborgen. Dass diese Ansätze eine inklusive Didaktik sinnvoll und produktiv befruchten können, wird damit nicht grundsätzlich bestritten, es soll lediglich dafür sensibilisiert werden, dass der Prozess, wie das geschehen mag, nicht systematisch ausgedeutet wird und damit nebulös bleibt. Die Auflistung kann in diesem Sinne nur als eine individuell-assoziative Sammlung der Autoren im Kontext von Schulbeobachtungen verstanden werden, die auf individuellen Vorlieben zu beruhen scheint. Da keine systematischen Kriterien für die Auswahl der Ansätze genannt werden, bleibt nur zu vermuten, dass es wohl um Konzepte geht, die „irgendwie subjektorientiert" zu sein scheinen, was andererseits allerdings die Frage aufwirft, warum beispielsweise Ansätze selbstgesteuerten, erfahrungsorientierten, genetischen oder kooperativen Arbeitens fehlen.[15]

Lang et al. (2008) betonen in diesem Zusammenhang, dass Inklusion zunächst keine didaktische Idee ist, „sondern ein humanitäres oder schulisches Postulat" (Lang et al. 2008, S. 87) und dass die Diskussion didaktischer Fragen lange Zeit ausblieb, weil grundsätzlich bezweifelt wurde, ob es überhaupt einer eigenen integrativen bzw. inklusiven Didaktik bedarf (vgl. auch Seitz 2006). Für die in dieser Arbeit verfolgte Thematik ist dabei von Bedeutung, dass Feuser diese Frage nicht nur bejaht, sondern die Einlösung einer inklusiven Unterrichtspraxis

---

[14]Anhand der *Inklusiven Universitätsschule Köln* (IUS) illustrieren Reich et al. (2015) wie eine solche Schule aussehen kann.

[15]Der theorieferne und selbstreferenzielle Tenor der Debatte sowie methodologische Schwächen, die auch an anderer Stelle bereits kritisch angemerkt wurden (vgl. Abschn. 2.3.3), kommen auch hier zum Vorschein, da weder die Kriterien noch die Verfahren für die Auswahl der Ansätze dargelegt werden.

2.4 Inklusive Didaktik – auf der Suche nach dem Forschungsstand

darüber hinaus gehend explizit an die Frage nach einer adäquaten Didaktik knüpft:

> „Was unter dem Oberbegriff »Inklusion« geschieht, wird in gleicher Weise wie die unter »Integration« firmierende Unterrichtspraxis das Grundproblem des Unterrichts in nicht mehr ausgrenzenden, sehr heterogenen Klassen nicht lösen, wenn nicht angemessene didaktische Konzeptionen zum Tragen kommen" (Feuser 2008, S. 122).

Reich führt dazu aus, „dass inklusive Schulreformen und inklusive Umsetzungen insbesondere dann leicht scheitern, wenn sie nicht bis in die konkrete Praxis auf allen Handlungsebenen durchdacht und didaktisch konkretisiert werden" (Reich 2014, S. 52). Auf der Suche nach didaktischen Ansätzen, die „ihren Fokus speziell auf den inklusiven Unterricht richten" (Lang et al. 2008, S. 87), kommt die Autorengemeinschaft um Markus Lang zu folgender Auflistung:

- Entwicklungslogische Didaktik (Georg Feuser)
- Entwicklungsdidaktik (Marianne Wilhelm)
- Adaptiertes Modell der didaktischen Rekonstruktion (Simone Seitz)
- Sfondo integratore – integrativer Hintergrund (Andrea Canevaro u. a.)

Damit ergeben sich gemäß den in Abschn. 2.4 formulierten Kriterien folgende Ansätze, die nun möglichst prägnant referiert werden, um ein einheitliches Mindestverständnis bei der Diskussion der Ansätze zu gewährleisten: die entwicklungslogische Didaktik von Feuser, die Entwicklungsdidaktik von Wilhelm, das Modell der didaktischen Rekonstruktion von Seitz und die Ansätze von Reich.

Der **entwicklungslogischen Didaktik von Feuser** wird in diesem Zusammenhang generell eine große Bedeutung zugesprochen, weil es sich um ein didaktisches Konzept handelt, das explizit für den Unterricht in heterogenen Lerngruppen konzipiert wurde und umfangreich theoretisch begründet ist. Seinen Ausgangspunkt findet Feuser dabei in der Kritik der bestehenden methodisch-didaktischen Ansätze, die nach Feuser einseitig einer Sachstrukturanalyse der Lerngegenstände verpflichtet sind und zumindest die folgenden Probleme impliziert (Feuser 1989, 2008, S. 124):

- Die Selektion der Schülerinnen und Schüler nach normwertorientierten Leistungskriterien führt zum Ausschluss aus den regulären Lernfeldern und zur Segregation in Sondersituationen.

- Schülerinnen und Schüler werden in Reduktion auf ihre Defizite atomisiert und entsprechenden Schultypen zugewiesen.
- Gemäß rein äußerlichen Formen der Differenzierung wird den Schülerinnen und Schülern diktiert, was sie zu lernen in der Lage sind.

Die Folge dieser Situation ist ein parzelliertes Bildungsangebot und ein damit verbundener pädagogischer Reduktionismus, den Feuser als *extrem anachronistisch* bezeichnet, weil er den aktuellen Erkenntnisstand in der pädagogischen Forschung sträflich ignoriert. Er plädiert stattdessen dafür, anzuerkennen, „dass der Mensch das erkennende Subjekt ist und die Erkenntnis in der internen Rekonstruktion der erfahrenen Welt liegt und nicht draußen in dieser, sie also von ihm oder ihr hervorgebracht wird" (Feuser 2008, S. 123). Grundlage dieser Überlegungen sind Theorien komplexer Systeme und der Selbstorganisation sowie Ansätze eines kritischen Konstruktivismus, die anerkennen, dass das Wesen des Unterrichts und des Lernens eben nicht auf der sachstrukturellen Seite liegen.[16]

Zur Auflösung dieser Unzulänglichkeiten plädiert er dafür, den Unterricht am kooperativen Handeln an einem gemeinsamen Gegenstand und an einer inneren Differenzierung aufgrund einer entwicklungsniveaubezogenen Individualisierung auszurichten, damit alle Kinder im Kontext integrativer Bemühungen auch alles auf ihre Weise lernen dürfen (Feuser 2008, S. 126). In diesem Ansatz lernen Schülerinnen und Schüler mit unterschiedlichen Ausgangslagen an unterschiedlichen Dimensionen eines gemeinsamen Gegenstandes zieldifferent gemeinsam.

> „Lernen durch Kooperation am gemeinsamen Gegenstand kann hier, um es nur kurz zu erwähnen, beschrieben werden als Handeln, das über die Wahrnehmungstätigkeit und interne Konstruktion von Informationen Handlungen verändert, d. h. durch *Sinnbildung* und *Bedeutungskonstitution* Wissen generiert und Erfahrung gedächtnismäßig deponiert" (Feuser 2008, S. 128).

Auch die **Entwicklungsdidaktik von Wilhelm** formuliert ein zugrunde liegendes Menschenbild und beschreibt inklusives Denken und Handeln als getragen von der Annahme, dass Bildung bedeutet, „fähig zu sein mündig, selbstständig, verantwortlich, frei im Bilden von Urteilen und Entscheidungen zu sein und zur Einsicht zu gelangen, dass ich Gestalter meines Handeln und Seins bin.

---

[16]Vorausgreifend sei bereits angemerkt, dass diese Bezüge kongeniale Nähen zu den eigenen Positionen aufweisen, die allerdings auf Grundlage semiotischer Ansätze formuliert werden (vgl. Abschn. 4.1.3).

2.4 Inklusive Didaktik – auf der Suche nach dem Forschungsstand

Jeder Mensch darf grundsätzlich so sein, wie er ist und ist frei, sein Leben so zu gestalten, wie er es will" (Wilhelm 2009, S. 109).

Bezogen auf die theoretischen Grundlagen und die daraus resultierenden didaktischen Konsequenzen orientiert sich Wilhelm eng, wie die Namensverwandtschaft bereits vermuten lässt, an den entwicklungslogischen Überlegungen von Feuser. Dementsprechend sieht sie in der Binnendifferenzierung „das methodische Fundament inklusiven Unterrichts" (Wilhelm 2009, S. 102), die als gemeinsames Arbeiten an einem gemeinsamen Gegenstand interpretiert wird, wobei Wilhelm die Nähen dieser Überlegungen zu den Konzepten der Reformpädagogik wiederholt betont (Wilhelm 2009, S. 97).

Seitz formuliert im Zuge ihrer Bemühungen um eine **inklusive rekonstruktive Didaktik** drei Postulate, die sie als konstitutive Indikatoren einer solchen Didaktik bezeichnet (Seitz 2004, S. 215):

- Erziehung und Bildung beziehen in ihre Überlegungen konsequent alle Kinder ein.
- Grundlage ist ein Kerncurriculum, nach dem alle Kinder auf ihre Weise an gesellschaftlich und persönlich bedeutungsvollen Lerngegenständen arbeiten. Schulformbezogene, hierarchische Reduzierungen der Inhalte werden obsolet.
- Es gibt nur eine Didaktik für alle Kinder und kein artifizielles Nebeneinander vieler „Sonderdidaktiken" neben einer „Regeldidaktik".

Dabei verwendet sie die Begriffe Integration und Inklusion in der Regel als synonymes Begriffspaar.[17] Ein plausibles Abgrenzungskriterium zwischen Ansätzen einer integrativen und einer inklusiven Didaktik wird nicht formuliert. Vielmehr weist Seitz darauf hin, dass zentrale Aspekte der Inklusion „auch in der weniger aktuellen Literatur unter dem Schlagwort der Integration formuliert" (Seitz 2004, S. 215) sind. Unabhängig davon, ob die Inklusionsforschung überhaupt einer modifizierten oder neuen Didaktik bedarf, merkt sie sicherlich zu Recht kritisch an, dass „die Integrations-/Inklusionsforschung über lange Zeit hinweg didaktische Fragen stark vernachlässigt" (Seitz 2006) hat.

---

[17]Es soll nicht verschwiegen werden, dass Seitz inklusive Didaktik an anderer Stelle auch als Weiterentwicklung einer integrativen Didaktik beschreibt. Welche Veränderungen des zugrundeliegenden theoretischen Systems sich dann allerdings in dieser weiterentwickelten Didaktik spiegeln, bleibt jedoch offen und wird von Seitz m. W. auch an anderer Stelle nicht systematisch diskutiert (Seitz 2006, S. 3).

Seitz bescheinigt dem didaktischen Inklusionsdiskurs darüber hinaus eine Wirkungsproblematik, weil „in den aktuellen Diskussionen zur Bildungsgerechtigkeit und zur strukturellen Verankerung von Heterogenität im Schulwesen [...] nur höchst selten auf vorliegende Ergebnisse der Integrations- und Inklusionsforschung zu diesen Fragen zurückgegriffen" (Seitz 2008, S. 175) wird. Die Ursachen dafür sieht sie in der mangelnden Bearbeitung didaktischer Fragestellungen innerhalb des Inklusionsdiskurses. Werden didaktische Fragestellungen überhaupt bearbeitet, beschränken sich die Überlegungen zudem weitestgehend auf die Diskussion von Handlungs- und Sozialformen, wobei Inhaltsfragen weitgehend ausgeblendet bleiben, „obgleich gerade diese für das didaktische Handeln in inklusiven Klassen die größte Herausforderung darzustellen scheinen" (Seitz 2004, S. 225, 2008, S. 175).

Ihre eigenen Überlegungen zur Konstituierung geeigneter Inhalte in einem inklusiven Unterricht drehen sich um die Sensibilisierung für Gemeinsamkeiten und Verschiedenheiten in Bezug auf die Lernausgangslage der Lerngruppen. Diese Unterschiede werden nicht statisch im Sinne vorgegebener Klassifizierungen verstanden, wenn Piaget etwa von unterschiedlichen Entwicklungsniveaus spricht. Seitz betont vielmehr, dass die Unterschiedlichkeiten – in und von *jeder* Lerngruppe – in Bezug auf den Gegenstand jeweils neu konstruiert und diskursiv verhandelt werden (Seitz 2006, S. 3) und spricht dabei von einer perspektivengebundenen Konstruktion. In Bezug auf die Sache gibt es in diesem Sinne einen gemeinsamen Kern, den Seitz anhand der Selbstähnlichkeit von Fraktalen modelliert und der als inhaltlicher Ausgangspunkt des inklusiven Unterrichts dienen soll.

> „Die Frage nach dem ‚Kern der Sache' aus der Kindersicht steht daher im Zentrum einer didaktischen Strukturierung. Ihre Bearbeitung kann vorangehende zu aller Individualisierung das Verbindende im Unterricht bereitstellen und gewährleisten, dass sich unterschiedliche Lerner/innen auf ihren einzigartigen Lernwegen ‚begegnen' und somit in Dialog treten können" (Seitz 2006, S. 7).

Formuliert Seitz zwar nicht explizit eine theoretisch elaborierte anthropologische Position, sind ihre Überlegungen ihrem Wesen nach jedoch konstruktivistischen Arbeiten zuzurechnen, wie sie beispielsweise von Maturana und Varela (2009) diskutiert werden und ihren Eingang auch in die erziehungswissenschaftliche Diskussion gefunden haben (Giese 2010; Göhlich 2007).

2.4 Inklusive Didaktik – auf der Suche nach dem Forschungsstand

Reichs Konzept einer **inklusiven Didaktik** ist im Kern eine Weiterentwicklung bzw. Modifikation, der von ihm und von einer Reihe von anderen Autorinnen und Autoren im deutschsprachigen Raum propagierten konstruktivistischen Didaktik.

„Wenn immer ich von inklusiver Didaktik spreche, dann ist die konstruktivistische Didaktik ein in sie eingeschlossener notwendiger Anteil" (Reich 2014, S. 54).

Da sich mit dem Verweis auf bzw. mit der Anbindung an die konstruktivistische Didaktik ein nationaler und internationaler Theoriehintergrund öffnet, der kaum zu überschauen ist, beschränkt sich die folgende Darstellung der Grundlagen notwendigerweise auf zentrale Annahmen, die von Reich explizit auch im Kontext der Inklusion betont werden und die im Rahmen der hier vorgenommenen Fokussierung auf Unterrichtsdidaktik zu sehen sind.[18]

Reich versteht seine konstruktivistische, inklusive Didaktik als eine virale Gegenbewegung gegenüber lerntheoretisch anachronistischen Lernverständnissen, weil bis dato „ein Verständnis von didaktischen Handlungsprozessen vorherrscht, das eher vom Lehrer und weniger vom Lerner aus denkt" (Reich 2005b, S. 149). Demgegenüber repräsentiert eine zeitgemäße Sichtweise „Grundannahmen einer konstruktivistischen Lehr- und Lerntheorie. Hier wird vor allem der grundlegende demokratieorientierte und plurale Bezug konstruktivistischer Erkenntniskritik deutlich. Alle Konstrukteure von Wirklichkeiten – auch Lerner auf allen Stufen – sollen durchgehend entsprechend ihres Alters und orientiert an Handlungen und Ereignissen an den Begründungen von Unterricht mitwirken und seine Gestaltung mit entwickeln helfen" (Reich 2005a, S. 5), wobei Schlagwörter wie *lernerzentriert, multimodal, handlungsorientiert* oder *selbst organisiert* in den Mittelpunkt der didaktischen Argumentation rücken. Bildungstheoretisch orientieren sich die Überlegungen stark an dem Pragmatismus Deweys und – im Gegensatz zu radikal-konstruktivistischen Ansätzen – an einer kulturbezogenen Verankerung des Konstruktivismus (Reich 2014, S. 52).

Bildungs- bzw. unterrichtsdidaktisch zeichnet sich Reichs inklusive Didaktik durch eine starke Fokussierung auf induktive, handlungsorientierte Verfahren aus, wobei Reich wiederholt betont, dass „für den Ansatz die Handlungen (*learning*

---

[18] Ausführliche Ausführungen zur konstruktivistischen Didaktik finden sich beispielsweise bei Reich (2010) oder auch bei Reich (2012).

by doing) und dabei der konstruktive Moment so besonders wichtig sind" (Reich 2009, S. 39). Das eigentliche Lernen vollzieht sich dabei im obligatorischen Dreischritt von Rekonstruktion, Konstruktion und Dekonstruktion (Reich 2005a, S. 7, 2009, S. 39), wobei den Lernenden eine aktive Rolle für das Gelingen der Lernprozesse zugesprochen wird, denn „die konstrultivistische Didaktik sieht nicht nur die Lehrkräfte als Didaktiker/innen, sondern stets auch die Lernenden" (Reich 2014, S. 102).

Auch wenn sich an dieser Stelle noch viel resümieren ließe, illustriert das bisher Gesagte bereits die ungemein breite – und zudem mit einer Vielzahl an unterrichtspraktischen Beispielen illustrierte – theoretische Fundierung der inklusiven Didaktik. Zu erwähnen ist dabei, dass es sich hier allerdings explizit nicht um eine behindertenpädagogische Didaktik handelt, sondern in Reichs Lesart um eine grundsätzliche Ablösung der allgemeinen Didaktik, um „wie es in Deutschland üblich geworden ist – didaktische Stückwerkstechnologien" (Reich 2014, S. 51), zu überwinden. Durch die elaborierte Anbindung an konstruktivistische Theoriehintergründe und die damit verbundene Hochschätzung der Autonomie der Schülerinnen und Schüler, zeichnen sich auch Parallelen zu den eigenen Ansätzen ab.

2.4.2 Eine anthropologische Sichtung

Wurden dem behindertenpädagogischen Inklusionsdiskurs das weitgehende Fehlen einer elaborierten kulturanthropologischen Fundierung und methodologische Schwächen bescheinigt, sind Reich und Feuser von dieser Bestandsaufnahme auszunehmen. So legt Feuser, ähnlich wie auch Reich, seinen Überlegungen ein an unterschiedlichen konstruktivistischen Bezugstheorien orientiertes Menschenbild zugrunde, das sich dadurch auszeichnet, dass der Mensch das sich selbst organisierende, konstituierende und konstruierende Wesen sei. Diese Prozesse werden durch die individuelle Erzeugung von Sinn und Bedeutung getragen, die für „den Menschen die führenden, motivbildenen Ebenen" (Feuser 1999, S. 43) sind. An anderer Stelle führt Feuser dazu aus, dass der Mensch „*ein sich* unter seinen individuellen Lebensbedingungen *vollwertig selbstorganisierenden lebendes System* [ist, MG]. Er ist ein an subjektiven und persönlichen Sinn- und Bedeutungsfindung orientierter, wahrnehmende, denkende und handelnder Mensch und nicht ein Automat oder Reflexwesen, […] wobei die Betonung auf »Handeln« liegt" (Feuser 1989, S. 29).

2.4 Inklusive Didaktik – auf der Suche nach dem Forschungsstand

Die bisherigen Ausführungen deuten bereits an, dass Feusers Überlegungen Nähen zu den eigenen Ansätzen und der damit verbundenen Betonung der Autonomie haben. Feusers kulturanthropologische und erkenntnistheoretische Position, dass der Mensch als *handelndes Wesen* seine Weltaneignung in allen Bereichen intentional und teleologisch selbst organisiert, ist damit, wie im zweiten Kapitel noch zu zeigen sein wird, grundsätzlich anschlussfähig an die in Kap. 3 geführte semiotische Argumentation.

Kritisch anzumerken bleibt allerdings, dass Feusers entwicklungslogische Didaktik ursprünglich im Kontext der Integrationsbewegung erarbeitet wurde (Feuser 1989). Die Inanspruchnahme seiner Didaktik für die Belange der Inklusion erfolgte nachträglich, ohne dass dabei inhaltliche Änderungen an der entwicklungslogischen Didaktik vorgenommen wurden. Feuser selbst warnt in diesem Zusammenhang explizit davor, die Defizite real existierender Integrationspraxen „im Sinne einer Begriffsrevision durch die Bezeichnung Inklusion neu zu etikettieren und die bestehende Problematik weiterhin unsichtbar zu halten" (Feuser 2008, S. 122). Ähnliches ist für Reich zu konstatieren, dessen theoretisch ungemein elaborierte konstruktivistische, inklusive Didaktik ebenfalls nicht im Kontext der Behindertenpädagogik entstanden ist, sondern im Kontext der allgemeinen Erziehungswissenschaft und seine inklusive Didaktik darüber hinaus auch nur sehr zögerlich in der Behindertenpädagogik rezipiert wird.

Es kann vorläufig festgehalten werden, dass sowohl Feusers entwicklungslogische Didaktik als auch Reichs konstruktivistische Didaktik Nähen zu der in dieser Arbeit noch zu entwickelnden kulturanthropologischen Argumentationsfigur aufweisen. Gerade für Feuser ist zu konstatieren, dass dessen Didaktik im Kontext elaborierter theoretischer Überlegungen zur Integration entwickelt wurde und erst nachträglich im Zuge der Inklusionsdebatte – meistens allerdings von anderen Autoren (u. a. Lang et al. 2008, S. 87; Seitz 2004, S. 215; Wilhelm et al. 2002, S. 46; Wilhelm 2009, S. 98) – für die Belange einer inklusiven Didaktik vereinnahmt wurde, ohne dass dabei theoretische Unterschiede zwischen Integration und Inklusion reflektiert wurden.

Wilhelm formuliert in Anlehnung an Feuser zwar eine anthropologische Position, beschränkt sich dabei allerdings auf unsystematische Verweise auf reformpädagogische Ideen. Die Bezüge bleiben damit letztlich vage und erscheinen mehr als eine Art Wunschdimension inklusiven Anspruchsdenkens, denn als Folge einer systematischen Untersuchung menschlicher Wesensbestimmungen, soziologischer Gegebenheiten und daraus resultierender Wirkungsoptionen. Auch Wilhelm ist in diesem Zusammenhang zumindest ein partieller Theorieverzicht zu attestieren.

Doch bleibt es dabei nicht bestehen, vielmehr wird die Utopie, was Inklusion alles ist und erreichen soll, weiterentwickelt. Inklusion wird dabei zu einer Art Universaltherapeutikum verklärt, das scheinbar für jeden alles bietet. Leider bleibt in diesem Zusammenhang die Erklärung dafür, in welcher Struktur der Inklusion – wobei diese ja nicht mal auf terminologischer Ebene geklärt wird – diese Heilsansprüche ihre Verwirklichung finden ebenso aus wie die Darstellung empirischer oder konzeptioneller Analysen, die den zugesprochenen Wirkungsversprechen Substanz verleihen könnten.

Besonders augenscheinlich werden diese Bestrebungen in dem bei Jutta Schöler entliehenen Verständnis der Inklusion als gedeckte „Selbstbedienungstafel" (Wilhelm 2009, S. 99). Ohne hier im Einzelnen die Bedenklichkeit dieses Vergleichs herleiten zu können, soll zumindest kritisch infrage gestellt werden, ob Inklusion bedenkenlos als pädagogisches Schlaraffenland dargestellt werden kann, das jedem ab ovo ewiges Glück und geistige Nahrung verspricht. Beschränken wir uns in kritischer Sichtung dieser Metaphorik auf bildungstheoretische Anmerkungen, betonen aktuelle Bildungstheorien und Erfahrungsphilosophien gerade die Bedeutung von Widerständigkeit und von Dissensstrukturen für den eigenen Bildungsprozess (vgl. Abschn. 3.3; Waldenfels 2002; Schwemmer 1997a).[19]

Mit diesen kritischen Ausführungen soll nicht die Inklusion infrage gestellt werden, vielmehr soll dafür sensibilisiert werden, dass die Behindertenpädagogik in der pädagogischen und auch politischen Diskussion keine Überzeugungsarbeit leisten kann, wenn sich grundlegende Arbeiten zu der Thematik auf die Auflistung hehrer Wirkungsversprechungen beschränken, wissenschaftliche Standards und Debatten der Erziehungswissenschaften nur marginal Beachtung finden und in der Debatte keine nachprüfbaren oder zumindest plausiblen Argumente

---

[19]Folgen wir beispielsweise den soziologischen Analysen von Welsch (2002), befinden wir uns in einer postmodernen Gesellschaft, die durch das Grundaxiom der Pluralität gekennzeichnet ist. Bestimmt wird die Postmoderne durch den veränderten Stellenwert von Paradoxien, die Radikalisierung der Pluralität und den Bedeutungszuwachs von Dissensstrukturen. Eine paradoxiefreie Abbildung plural verfasster Lebenswelten ist nicht möglich, weshalb Paradoxien in der Postmoderne nicht mehr negativ stilisiert werden können, sondern als Faktum anzuerkennen sind. Dies führt zu der Forderung, Heranwachsende zu einem „vernünftigen Umgang mit Dissens" (Thiele 1996, S. 10) zu befähigen, denn „die Wahrscheinlichkeit des Aufeinanderprallens heterogener Sichtweisen ist angesichts der veränderten Ausgangsbedingungen ausgesprochen hoch und erfordert ein Einüben von Bewältigungsstrategien" (Thiele 1996, S. 9).

vorgebracht werden. Solcherart normativ ideologische Legitimation muss langfristig dysfunktional wirken.

Kann Seitz zwar keine Trennschärfe bei der Verwendung der beiden Begriffe Integration und Inklusion bescheinigt werden, muss ihr jedoch das Verdienst zugesprochen werden, sich systematisch, praxisrelevant und konstruktiv vor allem mit der Frage nach der Inhaltsdimension einer inklusiven Didaktik zu beschäftigen und die Rahmenbedingungen inklusiven Unterrichts damit klarer zu konturieren als bisher. Im Hinblick auf die hier zugrunde liegende kulturanthropologische Folie sind die Nähen zu den eigenen Überlegungen augenscheinlich, auch wenn sie nicht systematisch an eine elaborierte und anerkannte Grundlagentheorie angebunden werden.

Unterstellt Seitz den didaktischen Arbeiten in der Behindertenpädagogik Wirkungslosigkeit und begründet dies mit der generellen Unterrepräsentanz didaktischer Arbeiten in der behindertenpädagogischen Forschung (vgl. Abschn. 2.4.1; Seitz 2008), wird hier vielmehr die Position vertreten, dass die augenscheinliche Wirkungslosigkeit vor allem an der fehlenden theoretischen Anbindung des Inklusionsdiskurs an die erziehungswissenschaftlichen Diskurse in der allgemeinen Pädagogik liegt und als Folge der bereits erwähnten Theorieabstinenz verstanden werden muss. Erscheinen theoretische Grundlagen arbiträr und sind in ihrer Auswahl und Anwendung weder transparent, noch systematisch, noch plausibel, wird der Anschluss an die Bildungs- und Ästhetikdiskurse in der allgemeinen Pädagogik weiterhin nicht gelingen. An diesem Punkt sind auch die Arbeiten von Seitz nicht systematisch auf in der allgemeinen Erziehungswissenschaft anerkannte Grundlagentheorien bezogen.

2.4.3 Zwischenfazit

Resümieren wir das bisher Gesagte, sollte deutlich geworden sein, dass bis dato weder eine einheitliche Verwendung des Inklusionsbegriffs noch eine einheitliche praxiswirksame inklusive Didaktik existiert. Vielmehr erscheint die Debatte in terminologischen Diskursen ob der „richtigen" Verwendung des Inklusionsbegriffs gefangen, wie sie beispielsweise auch von Moser (2012) konstatiert werden, und neigt zu einer normativ unreflektierten Aufladung des Inklusionsbegriffs, der dadurch zu einer Art Universaltherapeutikum für alle Art von Integrationsschäden stilisiert wird.

Die Ursachen dafür werden in einer dreifachen Insuffizienz der fachwissenschaftlichen Diskussion zur Inklusion gesehen. Der bisherige Inklusionsdiskurs in der Behindertenpädagogik ist dabei – kritisch gespiegelt – durch folgende Merkmale gekennzeichnet:

- eine Theorieferne, die sich bisweilen als explizite Theorieabstinenz äußert;
- das weitgehende Fehlen einer (kultur-)anthropologischen Fundierung;
- methodologische Schwächen, in deren Folge (erziehungs-)wissenschaftliche Mindeststandards bisweilen wenig Beachtung finden.

Das weitgehende Fehlen einer kulturanthropologischen Fundierung ist umso verwunderlicher, als dass sowohl die *Salamanca-Erklärung* als auch die *UN-BRK* aus bildungspolitischer Perspektive eine anthropologische Stoßrichtung vorgeben, die mit aktuellen bildungstheoretischen und ästhetischen Ansätzen in der allgemeinen Pädagogik und auch der Hirnforschung kompatibel sind (vgl. Abschn. 4.2). Das Fehlen einer kulturanthropologischen Fundierung ist trotz berechtigter anthropologiekritischen Einwänden, die in Abschn. 3.1 diskutiert werden, aus grundlagentheoretischer Perspektive aus mindestens zwei Gründen problematisch:

Kulturanthropologische Perspektive Zum einen werden Sollensaussagen darüber, wie Unterricht aussehen soll und was Schülerinnen und Schüler in diesem Unterricht tun sollen, nicht an Seinsaussagen orientiert, die erklären würden, welches Bild von den Schülerinnen und Schülern diesen Annahmen zugrunde liegen. Die Sollensaussagen sind damit letztendlich beliebig. Solche Unterrichtskonzeptionen sind aus gesellschaftlich-demokratischer Perspektive problematisch, weil hinter Methoden *ab ovo* immer Menschenbilder stehen, die implizit wirken und deshalb einer sensiblen und aufmerksamen Reflexion bedürfen. Ohne eine entsprechende (Selbst-)Versicherung über die immanenten Normativa werden sie zu einer unbekannten Masse in der pädagogischen und zwischenmenschlichen Praxis, weil wir nicht hinter die Annahmen der Pädagogischen Anthropologie zurück können, „dass mit einem pädagogischen Menschenbild immer auch deskriptive und vor allem normative Vorstellungen damit einhergehen, wie Entwicklungen verlaufen bzw. verlaufen sollen" (Zirfas 2012, S. 76).

Soziologisch-gesellschaftliche Perspektive Zum anderen ist unterrichtliche und institutionelle Wirklichkeit immer schon gesellschaftlich vorgeprägt, von Kulturtechniken bestimmt und vor allem von divergierenden Machtbeziehungen durchzogen, die auch unterhalb der Oberfläche des Gegenständlichen wirken. Gerade Foucaults (2003) Analysen betonen in diesem Zusammenhang eingänglich die Wirkungsmächtigkeit institutionell-organisatorischer Dispositive, die sich schon

2.4 Inklusive Didaktik – auf der Suche nach dem Forschungsstand

auf einer präverbalen und vor-reflexiven Ebene in den Körpern der Heranwachsenden und in ihrem Verhalten eingraben bzw. habituieren.[20] Didaktische Konzeptionen bedürfen in diesem Sinne nicht nur einer Reflexion des zugrunde liegenden Menschenbildes, sondern auch einer Darstellung der Gesellschaftsverhältnisse, in der der anvisierte Unterricht seinen Platz finden soll.

> „Wer nicht mit allgemeinen, überzeitlichen und vermeintlich aus der Sache selbst sich ergebenden Zielen und Programmen, sondern gleichsam unterwegs mit den Mitteln und Medien der Realisierung anfängt, muß sich erklären, wie er die Welt versteht, in der sich die Erziehung zu verwirklichen hat … Deshalb ist es geboten ausdrücklich zu sagen, in welcher Perspektive diese Umstände, Bedingungen und Verhältnisse erscheinen, wie sich die Welt, um es vorläufig zu sagen, darstellt, in der das Erziehen seinen Ort hat" (Prange 1991, S. 15).

Weder die anthropologische noch die soziologische Perspektive sind im Kontext erziehungswissenschaftlicher Diskurse neue Überlegungen. Umso mehr verwundert es, dass sie im Inklusionsdiskurs wenig Beachtung finden, was vielleicht daran liegen mag, dass die unterrichtspraktischen und bildungspolitischen Probleme so virulent erscheinen, dass nur wenige Ressourcen für grundlagentheoretische Arbeiten verbleiben und möglicherweise daran, dass die Anthropologie in der Behindertenpädagogik mit grundsätzlichen Misstrauen betrachtet wird. In diesem Sinne wird hier von einem mehr oder weniger durchgängig zu konstatierenden Theorieverzicht gesprochen. Die Orientierung an Inklusion ist, wie auch Haeberlin (2007) kritisch anmerkt, en vogue, ohne dass Einigkeit darüber bestehen würde, was mit Inklusion genau gemeint ist.

---

[20]Dispositive werden hier in Anlehnung an die Analysen von Foucault (2003) als räumlich-institutionelle Konfigurationen verstanden, in denen sich Machtbeziehungen artikulieren. So drückt sich im Mobiliar eines Klassenzimmers, der Verteilung der Bänke, der Sitzordnung, dem räumlichen Verhältnis zwischen Lehrkräften und Schülerinnen und Schülern usw., die gesellschaftliche Ordnung der Institution aus. Diese Ordnungen durchdringen die Mitglieder einer Sozialgemeinschaft von den äußeren Arrangements der Räume bis hin zur Präsentation ihrer eigenen Körper. Die Wahl der Kleidung ist dabei, ebenso wie das Verhalten, Ausdruck einer bestimmten gesellschaftlichen Kodifizierung, die auch dann Bestand hat, wenn Schüler bewusst dagegen rebellieren. Gerade in diesen Akten der Auflehnung wird die Wirkung der Dispositive besonders evident, da sie ihre obstinate Bedeutung erst vor dem Hintergrund eines allen gegenwärtigen Kodex entfalten können und erst in diesem sozialen Deutungsrahmen zu dem werden, was sie sind. So sind die Subjekte keineswegs Opfer dieser Konfigurationen, sondern werden – meist unbewusst – vielmehr zu Komplizen ihrer Realitätsmächtigkeit, da sich diese erst in den gesellschaftlichen Aufführungen der Dispositive durch die Subjekte materialisieren.

Vor diesem Hintergrund ist es nicht verwunderlich, dass didaktische Praxiskonzepte weitgehend fehlen, was beispielsweise Frühauf (2008), Wilhelm (2009), Seitz (2004) oder Lang et al. (2008) unisono kritisch anmerken. Das weitgehende Fehlen eines grundlagentheoretisch elaborierten und an aktuelle philosophische und allgemeinpädagogische Diskussionen angebundenen Diskurses verhindert die diskursiv-hermeneutische Konstituierung eines kompatiblen Menschen- und Gesellschaftsbildes in der behindertenpädagogischen Inklusionsdebatte, auf deren Fundament sich eine inklusive Didaktik entfalten könnte. Dieser grundlagentheoretische und seinem Wesen nach selbstreflexive – und gerade nicht selbstreferenzielle – Prozess wird hier als wissenschaftlicher Mindeststandard in einer kritisch emanzipatorischen und transparenten Diskussion über Strukturen und Inhalte von (inklusiver) Bildung verstanden. Sein Fehlen macht den selbstreferenziellen Tenor der Inklusionsdebatte deutlich, und es ist Stein zuzustimmen, wenn sie resümiert, dass „diese Debatte in dieser Konnotation wenig dazu beiträgt, die eigentliche Dimension des Problems uneingeschränkter Teilhabe von Menschen mit unterschiedlichsten Beeinträchtigungen und Benachteiligungen neu zu fassen" (Stein 2008, S. 78).

Auch der weitverbreitete und praxiswirksame Index für Inklusion bildet bei der Sensibilisierung für das Fehlen grundlagentheoretischer Analysen keine Ausnahme, bleibt doch auch er, wie in Abschn. 2.3.3 gezeigt wurde, eine selbstkritische Reflexion seiner normativen Implikationen weitgehend schuldig. In diesem Sinne wird in Kap. 3 ein Diskussionsvorschlag für eine kulturanthropologische Fundierung vorgestellt, auf dessen Basis der Versuch unternommen wird, eine inklusive Didaktik zu entfalten. Grundlage dieses Vorschlags ist die explizite Fokussierung der Autonomie des Individuums. Die besondere Betonung der Herstellung, des Erhalts sowie der Förderung der Autonomie stellt in dem hier formulierten Diskussionsvorschlag auch die grundlagentheoretische Schnittstelle zu den allgemeinpädagogischen Bildungs- und Ästhetikdiskursen dar.[21]

Abschließend sei wegen der bildungspolitischen Brisanz der Thematik nochmals explizit darauf hingewiesen, dass es hier nicht um die Ablehnung der Inklusionsidee geht, sondern vielmehr um die Sensibilisierung für strukturelle

---

[21]Mit dem Verweis auf die Autonomie ist hier keine einseitige und kognitivistisch überladene Form der Autonomie gemeint. Vielmehr ist eine relative Autonomie adressiert, die bejaht, dass Autonomie immer auch „auf Kooperation und Anerkennung durch andere angewiesen ist" (Jakobs 2010, S. 87).

Schwächen der Debatte. Ebenso wenig geht es um die Relativierung behindertenpädagogischer Utopien, die selbstverständlich ihre Bedeutung haben. Es darf dabei aber nicht außer Acht gelassen werden, dass die Halbwertszeit von Utopien schwindet, wenn nicht ebenfalls die sie konstituierenden und tragenden Tiefenstrukturen analysiert, reflektiert und nutzbar gemacht werden.

Pranges Mahnung, dass es eine immanente „totalitäre Tendenz in der Pädagogik gibt" (Prange 1981, S. 123), die uns in der Historizität der Pädagogik schon wiederholt begegnet ist, verdient dann besonderer Beachtung, wenn im Geiste einer ggf. charismatischen, pädagogischen Idee – hier der Inklusion – Beschulungsweisen proklamiert werden, die vermeintlich zwischen *richtigem* und *falschem* Unterricht unterscheiden können, ohne gleichzeitig die strukturellen Eigenheiten bzw. die Grammatik dieser Beschulungsweisen so systematisch wie möglich aufzuzeigen und gleichzeitig an gesellschaftlich pädagogische Diskurse anzubinden. Die zweifellos charmante Vision einer inklusiven Schule für alle, ist aufgrund ihrer hehren Ansprüche nicht eo ipso vor unerwünschten Konsequenzen immunisiert.

Der bisherige Verlauf der Debatte lässt eher das Gegenteil vermuten: Das weitgehende Fehlen struktureller – und damit auch begrenzender – Analysen macht Inklusion besonders anfällig für die Proklamation eines – dann allerdings meist wirkungslosen – Universaltherapeutikums. Begründete Kompensationsbemühungen aufgrund einer insuffizienten Integrationspraxis können in diesem Sinne ihrerseits zu gesellschaftlich-demokratischen Kompensationsschäden degenerieren.

Semiotische und bildungstheoretische Überlegungen – eine kulturanthropologische Skizze

3

Der Titel dieses Kapitels mag zu der Frage verleiten, welchen Gewinn eine semiotische Fundierung im Kontext der dargestellten Diskurse um Inklusion verspricht. Eine aus inhaltlicher und forschungsmethodischer Perspektive plausible Beantwortung dieser Frage wäre ohnehin zu geben, tut an dieser Stelle aber besonders Not, weil wir uns an einer methodologischen Gelenkstelle dieser Arbeit befinden. Was verbindet behindertenpädagogische Themen wie die Frage nach dem gemeinsamen Unterricht von Heranwachsenden mit abstrakten, semiotischen Theorien, die meist nicht nur völlig anderen Zeiten entstammen, sondern auch in gänzlich anderen thematischen Kontexten erdacht wurden? Um diesen kategorialen Weitsprung inhaltlich und methodisch plausibel zu begründen, erscheint es sinnvoll, zunächst innezuhalten und den bisherigen Verlauf der Untersuchung, aus inhaltlicher und methodischer Perspektive, kurz zu rekapitulieren.

Ausgehend von der Etymologie wurde eine begriffsgeschichtliche und bildungspolitische Analyse des Inklusionsbegriffs vorgenommen, die der Autonomie des Individuums im Kontext der Diskurse um Inklusion eine zentrale Bedeutung zumisst. Allerdings existiert bis dato weder ein einheitlicher Inklusionsbegriff noch eine inklusive Didaktik, die auf einer stringenten Analyse des zugrundeliegenden Basisphänomens – der Inklusion – beruhen würden (vgl. Kap. 2). Die Forderungen einer inklusiven Pädagogik nach der Veränderung der Lebens- und Lernbedingungen von Menschen mit besonderen Bedürfnissen erscheinen vor diesem Hintergrund, ohne dass damit eine inhaltliche Wertung verbunden ist, theoretisch nicht ausreichend fundiert. Dem Inklusionsdiskurs wurde in diesem Sinne eine durchgängige Theorieferne, das weitgehende Fehlen einer ausreichenden kulturanthropologischen Fundierung und methodologische Schwächen attestiert, die sich vor allem in dem Fehlen einer grundlagentheoretischen Basis artikulieren.

Führt man sich den divergenten und bisweilen selbstreferenziellen Verlauf der Inklusionsdebatte vor Augen, drängt sich die Vermutung auf, dass auf Basis der bisherigen Forschungsstrategien keine weitere Klärung des Sachverhalts zu erwarten ist. In dieser Arbeit soll deshalb der Versuch unternommen werden, das Thema aus einem neuen Blickwinkel zu betrachten. Sind mit den bisher angewendeten forschungstheoretischen Paradigmen keine weiteren Fortschritte zu erwarten, dann ist nach einem anderen Zugang im Sinne eines kuhn'schen (Kuhn 1976) Paradigmenwechsels zu suchen. Wozu also eine semiotische Fundierung? Mit dem Vorhaben, das Forschungsfeld unter dem Diktat eines semiotischen Paradigmas neu zu deklinieren, verbindet sich die Hoffnung auf eine produktive grundlagentheoretische Belebung der Debatte und nach einem (didaktischem) Forschungsfortschritt. Dabei wird im Folgenden zunächst ein Strukturdiskurs geführt, der nach zugrunde liegenden Formungsprinzipien, nach einer Grammatik inklusiver Formungs- und Bildungsprozesse fragt, bevor auf der phänomenologischen Ebene nach Inhalten und Zielen inklusiven Denkens und Handelns gefragt wird:

> „Wir gehen hier von einem generativen Strukturkonzept aus, wie es schon in dem Begriff der *inneren Form* von Wilhelm von Humboldt für die Sprache entwickelt worden ist. *Struktur* in diesem Sinne meint die Gestaltungskräfte, die die Generierung und Wandlung der Formen in kulturellen Feldern zu Konfigurationen ordnen und erklären helfen." (Hildenbrandt 2005, S. 202)

Der Übergang von einer substanzorientierten zu einer funktionalen Betrachtung des Gegenstandes ist zumindest für den Inklusionsdiskurs in der Behindertenpädagogik bisher unüblich. Ist dabei im Folgenden von einer semiotischen, einer symboltheoretischen bzw. einer symbolphilosophischen Fundierung die Rede, dann verortet sich diese Arbeit explizit in einer inzwischen fast 20-jährigen *sport*-semiotischen Forschungstradition, die in der *Philosophie der symbolischen Formen* Ernst Cassirers (Cassirer 1954b) ihre Wurzeln findet und deren Rezeption in der Sportwissenschaft letztlich zu dem von Drexel so bezeichneten „symboltheoretischen Paradigma" (Drexel 2002, S. 184) geführt hat.[1] Der weitere Verlauf der vorliegenden Untersuchung verortet sich damit explizit an der Schnittstelle zwischen Sport- und Bewegungspädagogik sowie Behindertenpädagogik, was

---

[1]In diesem Zusammenhang spricht John Michel Krois (1986) explizit auch von *Cassirers Semiotik*. Diese Begrifflichkeit wurde im Kontext der – im Vergleich zu Europa überaus aktiven – amerikanischen Cassirer-Forschung geprägt, die überzeugend darlegt, dass Cassirer den Begriff der Semiotik zwar kannte, ihn aber „als eine Lehre von den Zeichen der

insbesondere an der Wahl der Basistheorie deutlich wird, indem – in der Hoffnung einer interdisziplinären Befruchtung – ein sport- und bewegungspädagogisches Paradigma, das sich im Kontext des Sport- und Bewegungsunterrichts bereits als hilfreich erwiesen hat (Giese und Scherer 2010), auf ein genuin behindertenpädagogisches Thema angewendet wird.[2]

Die Wahl dieser Bezugstheorie mag besonders vor dem Hintergrund, dass Cassirers Symbolphilosophie im deutschsprachigen Raum in der semiotischen Forschung nur am Rande behandelt wird, vor allem den semiotisch gebildeten Leser überraschen und bedarf der eingehenden Begründung.[3] Da der 1874 geborene Cassirer nicht zwangsläufig zur philosophischen Allgemeinbildung gezählt werden kann, wird eine kurze, gegenstandsspezifische Einführung in die wichtigsten

---

Sprache und nicht von der Bedeutung überhaupt oder der ganzen Kultur, wie Pierce und de Saussure sie entwickelten" (Krois 1986, S. 437), verstand. Krois plädiert dafür, dass Cassirers Arbeiten im Vergleich zu Pierce und de Saussure in der heutigen semiotischen Forschung mehr Berücksichtigung erfahren müssten, da „lediglich eine terminologische und keine systematische Verschiedenheit zwischen dem, was Cassirer als Wissenschaft von diesem ‚symbolic universe' vorschwebte, und dem, was de Saussure und Pierce entworfen hatten" (Krois 1986, S. 438), existiert. So wird Cassirers Symbolphilosophie in dieser Arbeit als eine genuin semiotische Theorie interpretiert, was nicht unbedingt dem semiotischen Mainstream entspricht. Da die Symbolphilosophie in dieser Arbeit nach Krois demnach als eine semiotische Theorie betrachtet wird, wäre auch der etwas allgemeinere und umfassendere Terminus des *semiotischen Paradigmas* eine gute Wahl, um die spezifische Perspektive auf den Forschungsgegenstand zu titulieren. Ein Anschluss an die *scientific community* wäre über den etablierten und wohl klarer definierten Begriff der Semiotik sicherlich besser zu leisten als über den möglicherweise Konfusionen erzeugenden Begriff der Symbolphilosophie. Da Scherler seine Bemühungen, eine Semiotik des Sports auf der Grundlage von Morris Zeichentheorie zu entwickeln, aber bereits mit dem Begriff „semiotisches Paradigma" (Scherler 1990, S. 397) versehen hat, folgen wir mit dem hier verwendeten Terminus des *symboltheoretischen Paradigmas* der Terminologie von (Drexel 2002, S. 185), um eine weitere Diversifikation der Terminologie über die Fächergrenzen hinaus zu vermeiden und bereits geprägte Formen weiter zu festigen.

[2]So gehört es im Folgenden zu einer der Besonderheiten dieser Analyse, dass – besonders in den Fußnoten – wiederholt auf sport- und bewegungspädagogische Literatur verwiesen und damit ein sicherlich fragiler fachwissenschaftlicher Brückenschlag versucht wird. Innerhalb der Sport- und Bewegungspädagogik wurde das symboltheoretische Paradigma zuletzt auf eine kulturanthropologische Analyse des Tennis (Hasper 2009b) und auf den Erfahrungsdiskurs angewendet (Giese 2008a, 2010).

[3]Diese Auswahl ist auch innerhalb der Sportwissenschaft keineswegs selbstverständlich. So stellt Hietzge (1997, S. 343) fest, dass bei der Konstitution der Sportsemiotik eine Vielzahl an Theoretikern wie Lotman (Friedrich 1997), Pierce (Schlieben-Lange 1994), Barthes (Franke 1994) und Eco Pate standen. Ähnlich weist auch Franke Cassirer

Kernthesen der Symbolphilosophie Cassirers gegeben, um damit eine grundsätzliche Verständigungsbasis zu schaffen (vgl. Abschn. 3.2).

In einem weiteren Schritt gehen wir der für diese Arbeit zentralen Frage nach, wie die Beschäftigung mit Cassirers Symbolphilosophie zu einem Zuwachs an Verstehen im Kontext des Inklusionsdiskurses in der Behindertenpädagogik beitragen kann (vgl. Abschn. 3.3). Geht es in dieser Arbeit dabei schlussendlich um Didaktik, folgt die Argumentation weitgehend dem strukturalistischen Anspruch, zunächst nach wirkenden Tiefenstrukturen, nach der Grammatik inklusiver Bildungsprozesse, zu fragen, bevor auf phänomenaler Ebene didaktische Hinweise für den inklusiven Unterricht in den Blick genommen werden (vgl. dazu Kap. 4).

Zielperspektive ist, eine kulturanthropologische Fundierung anzudenken und zur Diskussion zu stellen, auf deren Basis auch die Genese eines konkreten inklusiven Unterrichts modelliert werden kann. Denn erst wenn elaborierte und kulturanthropologisch begründete Aussagen darüber getroffen werden können, wie inklusive Bildungsprozesse zu denken bzw. zu modellieren sind, können auch Aussagen darüber getroffen werden, wie didaktische Maßnahmen diese Prozesse möglicherweise unterstützen können. Es bedarf in diesem Sinne eines *Struktur-Genese-Modells,* das einerseits mit der kulturanthropologischen Fundierung und andererseits mit dem entwickelten Verständnis von Inklusion und der damit verbundenen Fokussierung auf die Autonomie des Individuums kompatibel ist (vgl. Abschn. 3.3.2).[4]

Da allerdings wiederholt darauf verwiesen wurde, dass insbesondere der Behindertenpädagogik eine grundsätzlich kritische Haltung gegenüber der Anthropologie bescheinigt werden kann, wird in Abschn. 3.1 zunächst der Versuch unternommen, die Gründe dafür nachzuzeichnen. In diesem Kontext ist auch zu begründen, weshalb in dieser Arbeit durchgehend der Begriff der Kulturanthropologie verwendet wird und warum im Folgenden trotz anthropologiekritischer Anmerkungen dafür plädiert wird, nicht auf eine kulturanthropologische Fundierung einer inklusiven Didaktik zu verzichten.

---

eine eigenständige erkenntnistheoretische Bedeutung zu und stellt ihn neben amerikanische (z. B.: Pierce und Morris), französische (z. B.: de Saussure und Barthes) und osteuropäische Hauptströmungen (z. B.: Jakobson und Mukarowsky), die die Semiotik des letzten Jahrhunderts wesentlich geprägt haben (Franke 1998, S. 49).

[4]Auch dieses Genesemodell hat sich im Kontext der Diskurse um Erfahrung in der Sport- und Bewegungspädagogik (Giese 2008a, S. 180) sowie in der allgemeinen Pädagogik (Giese 2010) bereits als fruchtbar erwiesen.

3.1 Anthropologiekritik

Ist der weitere Verlauf dieser Arbeit als ein Grenzgang zwischen Behindertenpädagogik sowie Sport- und Bewegungspädagogik zu verstehen, der versucht, Wissensbestände und Diskurse der beiden Bereiche produktiv aufeinander zu beziehen, werden nun Ansätze aus beiden Disziplinen verstärkt in den Blick genommen. So spricht Drexel (2003, S. 317) mit Blick auf die Sport- und Bewegungspädagogik expressis verbis von einem „anthropologischen Imperativ", der sich nach Grupe und Krüger darin ventiliere, „dass das jeweilige Bild oder Verständnis vom Menschen offengelegt und diskutiert wird" (Grupe und Krüger 2002, S. 183). Folgen wir diesem anthropologischen Imperativ, wäre eine anthropologiekritische Frage, ob bzw. wie eine anthropologische Fundierung einer inklusiven Didaktik möglich sei, obsolet. Und handelt es sich sowohl bei der Behindertenpädagogik, bei der es darum geht, „Menschen mit Behinderungen Hilfen in Bildung und Erziehung unter erschwerten Bedingungen zukommen zu lassen und sie zur Selbsthilfe zu befähigen" (Borchert 2007, S. 3) als auch bei der Sport- und Bewegungspädagogik, der es um „Bildung und Erziehung im Rahmen der Bewegungskultur" (Prohl 2006, S. 10) geht, um Humanwissenschaften, scheint es auch aus diesem Blickwinkel geradezu trivial, dass beide Fachrichtungen als Wissenschaften vom Menschen explizit auf anthropologische Grundlagen rekurrieren. Der anthropologische Legitimationsdiskurs ist allerdings deutlich komplexer, als es auf den ersten Blick erscheinen mag und der Blick über die Fachgrenzen der Sport- und Bewegungspädagogik hinaus zeigt, dass die Anthropologie als Fachdisziplin sowohl in der Philosophie (vgl. Abschn. 3.1.1) als auch in der Behindertenpädagogik (vgl. Abschn. 3.1.2) grundsätzlich in Misskredit geraten ist, weshalb Moser und Horster (2012b, S. 11) kritisch anmerken, ob nicht „der Weg der Anthropologie eine Sackgasse" sei?

3.1.1 Philosophische, pädagogische und historische Anthropologie

Die anthropologische Frage nach dem Wesen des Menschen bzw. nach den Bedingungen des Menschseins (conditio humana) „ist als Reflexion seiner Körper-Geist- bzw. Trieb-Vernunft-Polarität so alt wie die abendländische Philosophie selbst, wurde jedoch nicht als eigenständige Disziplin, sondern bis ins 19. Jahrhundert im Rahmen der metaphysischen Gesamtdeutung des Seins (Ontologie) behandelt" (Jakobs 2006, S. 179). Als eigenständige Disziplin entwickelt sie sich in der ersten Hälfte des 20. Jahrhunderts als *Philosophische Anthropologie*, die vor allem von Max Scheler, Arnold Gehlen oder Helmuth Plessner systematisch betrieben wurde. Dabei wurde mit Kants Frage „Was ist der Mensch?" nach der Abgrenzung zum Tier, seiner Stellung in der Welt und einer allgemeinen Wesensbestimmung des Menschen gesucht.

Im Gegensatz dazu ist der Gegenstand der *Pädagogischen Anthropologie* „der Mensch und seine Erziehungs- und Bildungsverhältnisse" (Zirfas 2012, S. 75). Die Pädagogische Anthropologie versucht dabei zu zeigen, „dass und wie Erziehungs-, Bildungs- und Sozialisationsmodelle explizit wie implizit an Bilder vom Menschen anknüpfen" (Zirfas 2004, S. 7). Da mit dieser Fokusverschiebung die Frage nach der Bestimmung des Menschen und nach den Erziehungszielen stärker in den Mittelpunkt rückt, als es noch für die Philosophische Anthropologie konstitutiv war, ist die Pädagogische Anthropologie immer auch mit Ethik verbunden (Bohlken 2012; Dederich und Schnell 2009; Jakobs 2009, S. 294; Moser und Horster 2012b).[5] Die Pädagogische Anthropologie entwickelte in den 1960er Jahren eine enorme Breitenwirkung und stand in dieser Zeit quasi synonym für die Allgemeine Pädagogik. „Wegen der Gefahr, Idealbilder dogmatisch zu fixieren und konservativ statt emanzipatorisch zu wirken, geriet die pädagogische Anthropologie unter Ideologieverdacht" (Jakobs 2006, S. 179) und wurde spätestens seit den 1970er Jahren von gesellschaftstheoretischen Ansätzen verdrängt.

Grundannahme gesellschaftstheoretischer Ansätze ist, dass das Wesen des Menschen „nicht naturhaft abstrakt im Einzelnen vorhanden [ist, MG]. Im Geschichtsprozess und in Kooperation oder Konflikt schaffen die Individuen die materiellen und institutionellen Bedingungen ihrer immer schon sozialen Welt" (Jakobs 2009, S. 295). Systematisch ausbuchstabiert wurde diese Kritik in den wirkungsmächtigen Arbeiten der Kritischen Theorie der ersten (Adorno, Horkheimer) und zweiten Generation (Habermas), womit der Übergang von einer Philosophischen bzw. Pädagogischen zu einer *Historischen Anthropologie* zu konstatieren ist, weil „der Mensch anthropologisch, in seiner sinnlich-leiblichen Existenz allein, nicht begriffen werden kann" (Habermas 1977, S. 94). Die *Historische Anthropologie* betont „die Bedeutung der historisch-kulturellen Umstände

---

[5] „Die im Einzelnen sehr diffizile Debatte um die Beziehung zwischen anthropologischen und ethischen Bestimmungen" (Zirfas 2012, S. 79) wird in der Behindertenpädagogik breit geführt, kann hier jedoch nicht detaillierter dargestellt werden.

sowie einer Alltagsgeschichte ‚von unten'. Sie verlangt die Dekonstruktion sämtlicher Wesens- und Naturbestimmungen des Menschen" (Bohlken 2012, S. 68). Wird die Kritische Theorie über ihre Erkenntnis, dass es „eine Formel, die ein für alle Mal die Beziehung zwischen Individuum, Gesellschaft und Natur bestimmte" (Horkheimer 2009, S. 251), nicht gibt, zum Totengräber einer Philosophischen Anthropologie, konstatiert Jakobs, dass allerdings auch eine Historische Anthropologie kaum vermag, „den mit der Kritischen Theorie bereits erreichten Horizont zu übersteigen" (Jakobs 2009, S. 296).

3.1.2 Anthropologiekritik in der Behindertenpädagogik

Der Blick in die Behindertenpädagogik zeigt, dass insbesondere aus dieser Perspektive „Zweifel gegenüber der Anthropologie im Allgemeinen wie gegenüber einer Anthropologie der Behindertenpädagogik im Besonderen" (Bohlken 2012, S. 63) existieren, denn aus Sicht der Behindertenpädagogik „bleibt alle Anthropologie defizitär und potenziell behindertenfeindlich, da Behinderung in ihr nicht vorkommt, ja anthropologische Kategorien theoretisch wie praktisch zur Ausgrenzung der Betroffenen aus dem Menschlichen missbraucht wurden und werden" (Jakobs 2009, S. 296).

Die Sinnhaftigkeit der Anthropologie wird infrage gestellt, „weil hier immer schon Festschreibungen über Wesensmerkmale und Eigenschaften eines Menschen vorgenommen werden, die entweder unvollständig, fragwürdig oder gar sinnlos sind" (Moser und Horster 2012b, S. 11). So merkt auch Bohlken an, dass das Verhältnis von Behindertenpädagogik und Anthropologie historisch angespannt sei, weil eine Beantwortung der Frage, was der Mensch sei, zwangsläufig auf eine Wesensbestimmung zielt, „die nicht anders als über die Benennung von charakteristischen Merkmalen zu erreichen ist. Damit wird – absichtlich oder unabsichtlich – eine Art Normaltypus festgelegt, dem Menschen mit schweren Behinderungen oft nicht entsprechen. Sie erscheinen als ‚abweichend' oder ‚unnormal', als ‚krank' oder ‚fehlerhaft' – Diagnosen, die bis zu der Frage getrieben worden sind, ob Behinderte überhaupt Menschen sind" (Bohlken 2012, S. 61). Dass solche anthropologischen Diskurse nicht nur akademischer Natur sind, sondern fatale praktische Folgen für die Betroffenen entfalten können, zeigte sich in Deutschland in den Eugenik- und Euthanasieprogrammen des Nationalsozialismus. Mit „mehr als 150 000 sog. ‚Krankenmorden' in den Psychiatrien und den mehr als 400 000 Sterilisationen unter dem NS-Regime" (Moser und Horster 2012a, S. 16) erreichte eine lange behindertenfeindliche Tradition in dieser Zeit einen brutalen Höhepunkt.

Anthropologische Debatten, ob Menschen mit Behinderungen Personenstatus zugesprochen werden kann, sind kein Relikt einer hermetisch abgeschlossenen nationalsozialistischen Vergangenheit, sondern wurden auch in den ausgehenden 1980er Jahren infolge der Thesen des australischen Bioethikers Peter Singer (2013) diskutiert, der den Personenstatus und damit im weitesten Sinne auch das Lebensrecht von Menschen mit schweren Behinderungen infrage stellte (Quante und Schweikard 2012, S. 92), weil die Grundrechte eines Menschen in der Ethik eng an seinen Personenstatur gekoppelt sind.

Es lässt sich resümieren, dass die Anthropologiekritik einer Kritischen Theorie in der Behindertenpädagogik explizit geteilt und um den Gedanken ergänzt wird, dass „geistige bzw. schwere Behinderung in der Anthropologie nicht vorkommt, ja deren Kategorien vielmehr zur Ausgrenzung der Betroffenen aus dem Menschlichen missbraucht werden und die Verschiedenheit der Menschen nicht auf den Begriff bringen können" (Jakobs 2006, S. 180).

3.1.3 Thematischer Exkurs: Anthropologische Diskurse in der Sport- und Bewegungspädagogik

Können anthropologische Analysen, insbesondere im Kontext von Bildung und Erziehung, ein exkludierendes Potenzial in Bezug auf Menschen mit Behinderungen entfalten, muss sich auch die Sport- und Bewegungspädagogik selbstkritisch mit der Frage auseinandersetzen, ob auch hier exkludierende bzw. behindertenfeindliche Mechanismen wirksam sind. Da diese Perspektive bisher keine Tradition in der Sport- und Bewegungspädagogik hat, wird dieser Frage im Folgenden im Sinne eines Exkurses ausführlich nachgegangen, wozu sportanthropologische Positionen auf der anthropologiekritischen Folie analysiert und bewertet werden.

Vor allem Grupe kommt dabei das Verdienst zu, sich in einer Vielzahl an Beiträgen „ausdrücklich mit der Frage nach den Menschenbildern im Rahmen der Sportwissenschaft, insbesondere in der Sportpädagogik, beschäftigt" (Drexel 2003, S. 296) zu haben. Grupe betont in diesem Zusammenhang, dass die Sportanthropologie auf einer *Philosophischen Anthropologie* fuße (Grupe 2003, S. 26) und in kantischer Tradition nach dem Wesen des sporttreibenden Menschen frage. Dabei gehöre es zu den anthropologischen Grundannahmen, den Menschen unter Verweis auf Plessners Konstrukt der exzentrischen Positionalität „als ein *handelndes* und *entscheidungsfähiges* Wesen anzusehen" (Grupe 2003, S. 27) und ihn dabei nicht „nur in seinem individuellen Sein zu sehen, sondern ihn gleichzeitig in seinem Eingebundensein in seine kulturelle, soziale und historische

3.1 Anthropologiekritik

Umwelt zu verstehen" (Grupe 2003, S. 32). Ein wichtiges methodisches Prinzip einer solchen Sportanthropologie sei, dass mit der Analyse sport- und bewegungsbezogener Einzelphänomene des Menschen Einblicke zu gewinnen seien, die „zu seinem ‚Gesamtverständnis' beitragen" (Grupe 2003, S. 31).

Neben diesen Ausführungen zu einem allgemeinen Menschenbild, beteiligt sich Grupe an anderer Stelle auch an der Konstitution eines sportspezifischen, olympischen Menschenbildes, in dem der Mensch durch die „Leib-Seele-Einheit und die Leitvorstellung einer harmonischen Ausbildung des Menschen" (Grupe 1993) sowie durch „das Ziel der menschlichen Selbstvollendung über die sportliche Leistung" (Grupe 1993) gekennzeichnet sei (vgl. auch Müller, N. 2013). Überlegungen zu einem olympischen Menschenbild, die bis heute dem antiken Kalokagathie-Ideal und der impliziten Annahme folgen, dass damit auch „bestimmte moralische Qualitäten verbunden sind" (Weiler 2003, S. 52), sind in der Sport- und Bewegungspädagogik weit verbreitet und werden u. a. von Lenk vertreten, der den Mensch als ein eigenleistendes Wesen – als Homo performator – und als kreatives Wesen – als Homo creator – versteht, das im olympischen Geiste danach strebt, die Welt zu verbessern (Lenk 1999, S. 123), wobei „echtes Leben […] persönliches Handeln, Eigenhandeln und Eigenleisten" (Lenk 1999, S. 118) sei. Lenk, selbst Olympiateilnehmer, beschreibt dabei den olympischen Athleten umstandslos als „ein hervorragendes Beispiel, idealerweise ein Vorbild des eigenleistenden Menschen" (Lenk 1999, S. 122), der einer Elite, einer Aristokratie zugehörig ist, „aber – wohl verstanden – eine[r] Aristokratie völlig gleichen Ursprungs" (Lenk 1999, S. 121).[6]

Eine evolutionäre Weiterentwicklung des Homo olympicus und damit gleichsam „die Geburt eines neuen Menschen" erkennt Meinberg (2003) in dem von ihm so titulierten *Homo sportivus,* wobei in kongenialer Diktion ein idealistisch glorifizierendes Menschenbild kolportiert wird, das sich im Geiste GutsMuths,

---

[6]Die Frage, ob eine olympische Erziehung oder eine olympische Anthropologie jenseits eines normativen Idealismus überhaupt als moralische und erzieherische Orientierung dienen kann, ist nicht Gegenstand der vorliegenden Untersuchung (Giese 2016c, 2019b; Grupe 2000, S. 48; Krüger 2013; Schmidt-Millard 1997). Es soll allerdings kritisch angemerkt werden, dass Olympia in Anbetracht von Doping, Betrug, Korruption, Manipulation, Kommerzialisierung oder der Ausbeutung von Arbeitern beim Bau von Wettkampfstätten inzwischen vielmehr in der Nähe der organisierten Kriminalität zu stehen scheint (Vedder 2013), weshalb Zweifel an seiner Vorbildfunktion gerechtfertigt erscheinen, worauf auch Sloterdijk kritisch hinweist, für den die Spiele Teil einer kommerzialisierten Massenkultur sind, die sich entgegen den hehren Absichten Coubertins „bei jeder Wiederholung noch entschiedener in eine profane Eventmaschine verwandeln" (Sloterdijk 2008, S. 149).

des *Homo olympicus* und des *Homo performator* unkritisch an Vorstellungen der individuellen Vollkommenheit, der Leistung und der körperlichen Robustheit orientiert (Giese und Ruin 2018, 2019; Ruin und Giese 2018b).

„Die Aufwertung des Körpers, der Perfektionsgedanke, die Idee des ‚Vollmenschen' im Sinne des ganzen Menschen, die besondere Moral und auch eine spezifische Ästhetik gehören zum Chromosomensatz, zum überdauernden ‚Genpool' des Homo Sportivus." (Meinberg 2003, S. 103)

Folgerichtig verklärt Meinberg den Homo sportivus ohne kritische Distanzierung zu einem Leitbild, „das, über den Sport hinauszielend, für viele Daseinsbereiche paradigmatisch wirkt" (Meinberg 2003, S. 107).

Soll eine Wertung der referierten Menschenbilder vorgenommen werden, dann geht es nicht um die Frage, ob die Sport- und Bewegungspädagogik der idealistischen Glorifizierung einer aristokratischen Vollmenschen-Elite folgen sollte oder darum, „ob die ‚Olympische Pädagogik' wirklich dem Anspruch gerecht wird, die maßgebliche Orientierung für die Sportpädagogik" (Schmidt-Millard 1997, S. 75) zu sein. Im Sinne der Ausgangsfrage geht es lediglich darum, wie die rezipierten Ansätze einer *Philosophischen* Sportanthropologie – und unter diesem Aspekt sind die bisher referierten Ansätze hier gebündelt – im Hinblick auf die oben dargestellten Wissensbestände zu bewerten sind. Dabei zeigt sich, dass in den Arbeiten zur philosophischen Sportanthropologie …

a) keine systematische Auseinandersetzung mit der kritischen Theorie zu erkennen ist;
b) trotz des expliziten Anspruchs, auch erzieherisch wirken zu wollen, keine systematische Auseinandersetzung mit der Pädagogischen Anthropologie zu erkennen ist;
c) die diffizilen Verstrickungen mit der Ethik gänzlich ausgeblendet werden.

Unabhängig von der Frage, wie weit den Überlegungen der Kritischen Theorie inhaltlich gefolgt werden kann, bleibt kritisch zu konstatieren, dass die philosophische Sportanthropologie fundamentale Diskussionsstränge ihrer Zeit ignoriert und eine Verunsicherung der eigenen Position dadurch ausbleibt. Dieser Befund gilt auch für Grupes allgemeine Anthropologie, dessen Suche nach dem ‚Gesamtverständnis des Menschen' spätestens mit dem Aufkommen der gesellschaftstheoretischen Ansätze seit Anfang der 1970er Jahren grundsätzlich infrage gestellt wird, denn „dass sich nicht sagen lässt, was der Mensch sei, ist keine besonders erhabene Anthropologie, sondern ein Veto gegen jegliche" (Adorno 1966, S. 130).

3.1 Anthropologiekritik

Andererseits verzichtet Grupe in seiner allgemeinen Sportanthropologie auf eine naive Glorifizierung des eigenleistenden Subjekts, das sich nur Kraft eigener Leistung zu ‚besonderer Moral', zum ‚echten Leben' und zum ‚Vollmenschen' empor zu schwingen vermag. Selbst wenn der „unverkennbare Nationalismus aus dieser Pädagogik verbannt würde" (Schmidt-Millard 1997, S. 75) und man geneigt wäre, die sportanthropologische Hybris damit zu rechtfertigen, dass es sich um ein abstraktes Ideal handelt, das Ansporn sein soll, über sich selbst hinaus zu wachsen, bleibt der Umkehrschluss kritisch und es überrascht, dass es in der Sportanthropologie bis heute Diskussionsnischen gibt, die weiterhin dem antiken Schönheitsideal der Kalokagathie folgen. Dabei legt Weiler (2003) dar, dass dieses Menschenbild bereits bei Aristoteles dazu verwendet wurde, um die Ausgrenzung von Sklaven, Barbaren und Frauen aus dem Bereich des Menschlichen zu legitimieren und dass von Anfang an „eine Art Umkehr des Kalokagathie-Ideals existiert, nämlich insofern, dass hässliche Menschen als bösartig und gefährlich gelten" (Weiler 2003, S. 52).

Weilers Anmerkungen dienen als Überleitung, die rezipierten Beiträge einer philosophischen Sportanthropologie auch vor dem Hintergrund der Anthropologiekritik in der Behindertenpädagogik zu bewerten. Folgen wir Sloterdijks (2008, S. 95) Einschätzung, dass „die philosophische Anthropologie des 20. Jahrhunderts [...] die Beiträge der Behindertenpädagogik ignoriert" hat, so greift diese Kritik in Bezug auf die philosophische Sportanthropologie allerdings zu kurz, weil diese nicht nur die Beiträge der Behindertenpädagogik ignoriert, sondern auch zentrale philosophische Beiträge ihrer Zeit. Zudem ist die philosophische Sportanthropologie als behindertenfeindlich zu bewerten, weil hier genau die in der Behindertenpädagogik explizit beschriebenen Mechanismen greifen, dass das zugrunde liegende Menschenbild dazu führt, Menschen mit Behinderungen zu exkludieren (vgl. Abschn. 3.1.2). Menschen mit Behinderungen rücken in dieser Ideologie nur dort in den Blick, wo sie ebenfalls der Systemlogik eines Homo sportivus, eines Homo olympicus oder eines Homo performator folgen, wie es beispielsweise bei den Paralympics, den Special Olympics oder dem Sportabzeichen für Menschen mit Behinderungen der Fall ist.[7] Wo dies aufgrund von Behinderungen nicht möglich ist, fallen die betroffenen Menschen aus dem Menschenbild heraus und es stellt sich die Frage, wo Lenks „Aristokratie völlig gleichen Ursprungs" zu finden sei. Der schwer

---

[7]Damit soll nicht der Wert solcher Veranstaltungen infrage gestellt werden, sondern lediglich dafür sensibilisiert werden, dass es Menschen mit Behinderungen gibt, die daran nicht teilnehmen können.

mehrfachbehinderte Homo sportivus erscheint vor diesem Hintergrund als eine Contradictio in Adjecto – als eine narzisstische Kränkung des eigenleistenden Subjekts.

Normative sportanthropologische Idealisierungen, wie sie Lenk oder Meinberg vorführen, sind keine Relikte atavistischer Denktraditionen, sondern erweisen sich bis in die aktuellen Lehrpläne der Sport- und Bewegungspädagogik hinein als wirkungsmächtig und führen auch dort – in Folge einer neoliberalen Vereinnahmung des Bildungssystems – zu reduzierten Menschenbildern, die sich kongenial auf Gesundheit, Fitness und Arbeitsfähigkeit beschränken (Ruin 2014; Ruin und Giese 2018a). Gleiches gilt auch für Marthalers Versuch, Sport im kantischen Sinne als Pflicht zu definieren. Auch wenn Marthaler dabei von einem sehr weiten Sportbegriff ausgeht, der „alle Formen modernen Fitnesstrainings und auch alle Formen natürlicher Bewegung wie Spazieren, Treppen steigen, Laufen, Fahrrad fahren, Klettern etc." (Marthaler 2014, S. 200) impliziert, können selbstverständlich Gruppen von Menschen mit Behinderungen identifiziert werden, die zu dem von Marthaler intendierten Sport nicht in der Lage sind. Kritisch ist auch hier der explizit formulierte Umkehrschluss, „denn wenn Sport als Pflicht Geltung besitzt, dann ist Unsportlichkeit als moralisches Laster zu qualifizieren" (Marthaler 2014, S. 198). Menschen moralisch zu verdammen, wenn ihnen eine Sportausübung im marthaler'schen Sinne nicht möglich ist, disqualifiziert Marthalers Ethikdiskurs als implizit behindertenfeindlich.

Es bleibt zu resümieren, dass die philosophische Sportanthropologie sowohl die philosophische als auch die behindertenpädagogische Anthropologiekritik ignoriert und ihr darüber hinaus immanente behindertenfeindliche Tendenzen unterstellt werden müssen.

„Wenn heute weithin Einigkeit zu bestehen scheint, dass keine normative, positive Anthropologie mehr möglich sei, so ist diese doch längst ‚praktisch' geworden: in ubiquitären und medial forcierten Normierungen von Schönheit, Intelligenz, Gesundheit, Leistung etc., die behinderte Menschen ausschließen" (Jakobs 2009, S. 296).

3.1.4 Eine Apologie pro pädagogischer Kulturanthropologie

Die Kritische Theorie und die historische Anthropologie zeigen, dass die Welt, in der sich individuelle Entwicklungen vollziehen, immer schon eine gesellschaftlich vorinterpretierte Welt ist. Diese Welt drückt den individuellen

3.1 Anthropologiekritik

Selbstbildungsprozessen unweigerlich und unverkennbar ihren kulturellen Stempel auf. Vor diesem Hintergrund ist zu verstehen, dass die existierende soziale Ordnung die Bildung individueller Ausdrucksformen wesentlich mitbestimmt, Anthropologie in der vorliegenden Arbeit grundsätzlich als Kulturanthropologie verstanden wird (vgl. Abschn. 3.3.1; Bietz 2005, S. 99; Scherer 2005a, S. 136; Giese 2008a, S. 208; Hildenbrandt 1994b, 1997).

Auf der Folie dieser Analysen bleibt, zum nächsten Kapitel überleitend, zu begründen, warum in dieser Arbeit trotz anthropologiekritischer Anmerkungen für eine kulturanthropologische Fundierung plädiert wird. Entsprechende Hinweise finden sich beispielsweise bei Zirfas der konstatiert, dass es „pädagogisch und moralisch sinnvoll sein kann, von pädagogisch-anthropologischen Erkenntnissen auszugehen, ohne dass dies zu einer Sonderanthropologie von Menschen mit Behinderungen führen muss" (Zirfas 2012, S. 75). Im Sinne eines anthropologischen Mindeststandards schlägt er vor, dass „mit der historischen Pädagogischen Anthropologie an drei humanen Bestimmungen festgehalten werden [solle, MG], die wohl von allen neueren Ansätzen Pädagogischer Anthropologie mitgetragen werden können: an der *Negativität* und *Offenheit* der anthropologischen Bestimmung, an der *Bildungs-* und *Erziehungsnotwendigkeit* und an der *Bildungs- und Entwicklungsmöglichkeit*" (Zirfas 2012, S. 78). Anerkennen wir Offenheit, Bildungsfähigkeit und Erziehungsnotwendigkeit als Grundlagen einer inklusiven Pädagogischen Anthropologie, dann impliziert das auch „immer die moralischen Aspekte der Autonomie […]. Der Pädagoge […] *muss* Autonomie als regulativen Horizont seines Denkens und Handelns verstehen, um der Offenheit und Bildungsfähigkeit der Menschen gerecht zu werden" (Zirfas 2012, S. 80). Damit sind allerdings keine komplexen Kognitions- und Abstraktionsleistungen adressiert, wie sie im Kontext des strukturalistischen Bildungsdiskurses gemeint sind.

> „Mit Selbstbestimmung soll hier nicht eine an komplexe kognitive Strukturen und Prozesse gebundene Autonomie verstanden werden, sind hiermit doch oftmals sehr umfangreiche Rationalitäts- und Reflexivitätsansprüche verbunden, die von vielen Menschen kaum eingelöst werden können. Selbstbestimmung zielt, anthropologisch betrachtet, darauf anzuerkennen, dass Menschen ihr Leben in einer spezifischen Weise verstehen, bewerten sowie praktizieren können und wollen" (Zirfas 2012, S. 80)

Die Annahme, dass eine Pädagogische Anthropologie möglich sei, der es „gelingt, Ausgrenzungen und Diskriminierungen von Menschen mit Behinderungen zu vermeiden", vertritt auch Bohlken (2012, S. 63). Grundvoraussetzung dafür sei, dass bei der Suche nach einem Wesen des Menschen lediglich nach funktionalen bzw. strukturellen Bestimmungen gesucht wird (Bohlken 2012,

S. 72), wie es beispielsweise in Plessners Drei-Stufen-Modell der menschlichen Natur der Fall ist oder bei Cassirer, der konstatiert, „daß, wenn es überhaupt eine Definition des »Wesens« oder der »Natur« des Menschen gibt, diese Definition nur als funktionale, nicht als substantielle verstanden werden kann" (Cassirer 1996, S. 110). Dieser Gedanke wird im anschließenden Kapitel aufgegriffen und ein Anschluss an die sportsemiotischen Arbeiten in der Sport- und Bewegungspädagogik erscheint denkbar.

Auch vor dem Hintergrund der Anthropologiekritik erscheint so eine anthropologische Fundierung einer inklusiven Didaktik möglich, wenn sich die Suche nach dem Wesen des Menschen auf funktionale bzw. strukturelle Wesensbestimmungen des Menschen beschränkt. In Folge der anthropologischen Trias von Offenheit, Bildungsfähigkeit und Erziehungsnotwendigkeit muss dabei auch der Erhalt und die Förderung der Autonomie im Zentrum aller pädagogischer Bemühungen stehen, wobei der Umkehrschluss zu beachten ist, denn wer diese Basis verlässt, „argumentiert nicht mehr pädagogisch – und er argumentiert auch nicht mehr ethisch" (Zirfas 2012, S. 80). Wurde der Erhalt und die Förderung der Autonomie in Abschn. 2.1.3 unter bildungspolitischer Perspektive in den Mittelpunkt aller pädagogischen Bemühungen gestellt, erfährt dieser Aspekt nun auch aus der Perspektive einer historischen pädagogischen Anthropologie argumentative Unterstützung.

Mit Blick auf die Sport- und Bewegungspädagogik bleibt kritisch anzumerken, dass eine Denke, dass *jeder Mensch* bildungsfähig ist und „dass *jeder Mensch* [auch der homo olympicus, MG] verletzlich, anfällig und bedürftig und insofern immer auch ein homo (in)validus ist" (Bohlken 2012, S. 72), keine Tradition hat. Die Sport- und Bewegungspädagogik bedarf deshalb einer behindertenpädagogischen Reformulierung ihrer expliziten und impliziten anthropologischen Annahmen, was hier allerdings nicht geleistet werden kann und als Forschungsdesiderat verbleiben muss. Kritisch zu fragen bleibt, ob der bildungspolitische Inklusionsauftrag insbesondere die Sport- und Bewegungspädagogik in möglicherweise unauflösbare, weil strukturelle Paradoxien verstrickt, wenn eine Pädagogik, die sich über Sport und Bewegung definiert, auch alle Menschen mit Behinderungen mitdenken möchte, auch dann, wenn diese unter Umständen kaum zu autonomen Bewegung bzw. zu sportlichen Leistungen in der Lage sind. Die Sport- und Bewegungspädagogik scheint in diesem Sinne besonders anfällig dafür zu sein, Menschen mit Behinderungen qua anthropologischer Annahmen auszuschließen, weil sich im Zuge der Beschäftigung mit Sport und Bewegung durchweg immanente anthropologische Annahmen finden, die – auch jenseits ideologischer Exzesse einer philosophischen Sportanthropologie – unausgesprochen auf eine unversehrte Leiblichkeit verweisen (Giese 2016a, 2019b; Giese und Sauerbier 2018).

3.2 Ernst Cassirers Philosophie der symbolischen Formen

Das Rekurrieren auf Cassirers *Philosophie der symbolischen Formen* (PSF) ist als Ergebnis der Suche nach einer Basistheorie zu verstehen, die die Autonomie des Individuums in den Fokus seiner Betrachtungen stellt und mit den anthropologiekritischen Anmerkungen kompatibel erscheint. Da sich Autonomie in einem semiotischen Ansatz immer auch als Ausdruckshandlung manifestiert, gipfelt die Frage nach dem Erhalt der Autonomie in institutionalisierten Vermittlungsprozessen letztlich in der klassisch cassirer'ischen Frage, wie sich der Eindruck in den Ausdruck wandelt. Bevor diese philosophische Fragestellung jedoch weiterverfolgt wird, sollen zunächst Grundlagen der *Philosophie der symbolischen Formen* dargestellt werden.[8]

Bei einer Annäherung an die *Philosophie der symbolischen Formen* und einer damit notwendigerweise verbundenen Klärung von Grundbegriffen ist zu beachten, dass Cassirer seine Termini durchweg als relationale Gebilde im Rahmen eines holistischen Gesamtkonzepts entwirft. Dadurch wird es quasi unmöglich, einen einzelnen Begriff zu isolieren und für ihn eine schlüssige Definition außerhalb der Gesamttheorie zu geben. Jeder Begriff erfüllt nur innerhalb der Theorie der Philosophie der symbolischen Formen seinen Erklärungswert. Dieser Ansatz eines radikalen Holismus zeichnet, kritisch gespiegelt, verantwortlich dafür, dass der Zugang zur Philosophie der symbolischen Formen oft mit begrifflichen Verständnisschwierigkeiten behaftet ist. Gewinnt der Erklärungswert einzelner Begriffe erst im Kontext des Gesamtansatzes Plausibilität, sind vorgängige Überlegungen u. U. defizitär. Daraus ergeben sich im schlimmsten Fall Verbalisierungs- und Kommunikationsprobleme wie die Anschließbarkeit an die *scientific community*.

Dass die Begriffe außerhalb der Theorie nicht eindeutig definiert werden können, darf allerdings nicht zu dem Schluss führen, dass hier einer Unklarheit der

---

[8]Ein solches Vorhaben sieht sich immer der Problematik ausgesetzt, die adäquate Mischung zwischen angemessener Kürze und notwendiger Ausführlichkeit zu treffen. Für das Fachpublikum geschrieben, verbietet es sich, das theoretische Fundament in der Breite darzustellen. Lesern, die mit der Bezugstheorie nicht vertraut sind, wird der Zugang zum Text dadurch u. U. allerdings erschwert. Um diesem Dilemma zu entgehen, werden in den folgenden Kapiteln die Fußnoten dazu genutzt, weitere und erläuternde Informationen zum Haupttext zu geben, die für die Kenner der Symbolphilosophie Cassirers ggf. verzichtbar sind.

Begriffsbildung Vorschub geleistet würde. Eine solche Fehlinterpretation wäre ins Gegenteil zu kehren, denn innerhalb der Theorie hat jeder Begriff seine klar definierte Rolle, wie der Berliner Philosoph Schwemmer explizit betont:

> „[…], daß seine Philosophie der symbolischen Formen nur als ein Ganzes von Begriffen gegeben ist, die in strenger Korrelation zueinander stehen und die außerhalb dieser Korrelation gar keinen selbständigen Inhalt besitzen. Keiner von ihnen besagt etwas ‚für sich', – jeder ist nur im Hinblick auf den anderen oder, besser gesagt, im Hinblick auf das Gesamtsystem definiert. Und doch besagt eben diese Wechselseitigkeit nicht den geringsten Mangel, sondern sie begründet einen ganz bestimmten, höchst charakteristischen logischen Vorzug" (Schwemmer 1997b, S. 13).

Durch den unerschütterlichen Blick auf das Ganze ist eine Gesamtschau auf Untersuchungsgegenstände möglich, die mit analytischen Methoden nicht erreicht werden kann und damit insbesondere für den divergenten Inklusionsdiskurs geeignet erscheint. Cassirers unablässige Suche nach der Einheit hinter den divergenten Artikulationen menschlichen Wirkens muss als ein fundamentaler Grundzug seines gesamten Denkens betrachtet werden, weshalb Schwemmer versucht, „diese Spannung, die zwischen den Motiven der Vielfalt der symbolischen Welten und der Einheit des Geistes besteht, als einen Grundzug seines Denkens hervorzuheben und in ihrer Bedeutung für den Aufbau und die Wirkung seiner philosophischen Konzeption zu verdeutlichen" (Schwemmer 1997b, S. 24).

Paetzold macht im philosophischen Œuvre Cassirers vier große Schaffensphasen aus, die er an verschiedenen Interessensschwerpunkten festmacht: Bis 1920 ist Cassirers Philosophie vom Marburger Neukantianismus und von Fragen der Erkenntnistheorie bestimmt. Ziel war, durch eine erneute Lektüre Kants eine Re-Positionierung der Philosophie im Verhältnis zu den empirischen Naturwissenschaften zu leisten. In den 20er Jahren und Anfang der 30er Jahre entwickelt Cassirer dann sein wohl bekanntestes Werk, die dreibändige Monografie *Philosophie der symbolischen Formen*. Diese symboltheoretische Grundlegung wird von Cassirer nicht mehr aufgegeben und zieht sich als roter Faden durch sein Lebenswerk. Ab 1935 können zwei weitere Phasen unterschieden werden, in denen er seiner Philosophie eine anthropologische und eine sozialphilosophische Erweiterung gibt (Paetzold 2002, S. 13).

Aufgrund der zuletzt prosperierenden Forschungstätigkeit sprechen Schwemmer (1997b, S. 9) und Franke (1998, S. 50) von einer Renaissance der Beschäftigung mit Cassirers Philosophie der symbolischen Formen in der Philosophie, die auch in der Philosophie, der allgemeinen Erziehungswissenschaft und in der Sport- und Bewegungspädagogik ihren Niederschlag findet. Besonders die von Recki herausgegebene 26-bändige Hamburger Ausgabe der Ernst-Cassirer-Arbeitsstelle (ECA),

3.2.1 Der Mensch als animal symbolicum

Betrachten wir Cassirers anthropologische Position, die er vor allem in seinem Exilwerk *Essay on Man* entwickelt hat, und begeben uns auf die Suche nach seiner Antwort auf die Frage, was der Mensch sei, so finden wir – in Übereinstimmung mit der hier vertretenen Argumentationsfigur – eine *funktionale* und keine substanzielle Antwort, die auf einen transzendentalen Ausdrucks- und Wirkungswillen verweist:

> „Das Eigentümliche des Menschen, das, was ihn wirklich auszeichnet, ist nicht seine metaphysische oder physische Natur, sondern sein Wirken. Dieses Wirken, das System menschlicher Tätigkeiten, definiert und bestimmt die Sphäre des »Menschseins«. Sprache, Mythos, Religion, Kunst, Wissenschaft, Geschichte sind die Bestandteile, die verschiedenen Sektoren dieser Sphäre" (Cassirer 1996, S. 110).[9]

Um dieses Wirken im Sinne Cassirers zu verstehen, ist zu beachten, „daß dieses ‚Tun' als Gestalten zu verstehen ist, als die Schaffung von Ausdrucksformen im allgemeinen, von Bildern und Begriffen im besonderen" (Schwemmer 1997b, S. 30; vgl. auch Franke 2006b, S. 114).[10] Die beschriebenen Sektoren der Sphäre des Menschseins, die kulturellen Errungenschaften der Menschheit, werden als Ergebnis dieses Ausdrucks- und Wirkungswillens verstanden:

---

[9]Cassirer geht davon aus, dass es keine substanzielle Definition des Menschen geben kann (Cassirer 1996, S. 110). Eine einheitliche Bestimmung des Menschen, die alle Bereiche seines Wirkens einschließt, kann nur gelingen, wenn „nicht nach der Einheit der Erzeugnisse, sondern nach der Einheit des schöpferischen Prozesses" (Cassirer 1996, S. 114) gesucht wird. Nicht die einzelnen Produkte menschlichen Wirkens (z. B. Sprache, Kunst, Kultur, Religion oder Mythologie) sind von übergeordnetem Interesse, sondern ihre symbolischen Formungsprinzipien.

[10]Schützenhilfe für seine „Fundierung des ‚Seins' im ‚Tun'" (Schwemmer 1997b, S. 27) erhält Cassirer auch von literarischer Seite, wenn Goethes Faust sinniert: „Ist es der *Sinn*, der alles wirkt und schafft? // Es sollte stehen: Im Anfang war die *Kraft*! // Doch, auch indem ich dieses niederschreibe // Schon warnt mich was, dass ich dabei nicht bleibe. // Mir hilft der Geist! Auf einmal seh' ich Rat // Und schreibe getrost: Im Anfang war die *Tat*" (Faust I, V. 1232–1273).

"All diese Formen [der Kultur, MG] sind symbolische Formen. Deshalb sollten wir den Menschen nicht als animal rationale, sondern als animal symbolicum definieren" (Cassirer 1996, S. 51).

Hildenbrandt spricht aufgrund dieses transzendentalen Ausdruckswillens von dem *„animal symbola formans"* (Hildenbrandt 1997, S. 17), und für Schwemmer ist „unser Geist […] das Vermögen oder auch die Kraft zur – bildlichen oder begrifflichen – Gestaltung von Ausdrucksformen" (Schwemmer 1997b, S. 31). Der Mensch kann der Welt nicht unmittelbar entgegentreten, denn menschliche Weltwahrnehmung ist nur mittels Symbolen möglich. Die kantische Idee, dass *das Ding an sich* in der Wirklichkeit zwar gewiss, für uns aber unzugänglich ist und uns im Erkenntnisprozess deshalb ausschließlich (symbolische) Erscheinungen zur Verfügung stehen, ist nicht neu, erfährt bei Cassirer aber „eine neue, bis dahin undenkbare Wendung" (Franke 2000, S. 103): Dass sich der Mensch *nur* ein Bild von der Welt machen kann, wird hier nicht zu einem grundsätzlichen Mangel seiner Erkenntnisfähigkeit, sondern zu seiner herausragenden Leistung. Denn „nur der Mensch sei in der Lage, der Welt Bedeutung zu geben: das Symbol wird damit zum Inbegriff der Gestalt des Wirklichen" (Cassirer 1996, S. 6).

Dieses Zitat führt zu der wichtigen Unterscheidung zwischen den Begriffen Symbol, Zeichen und Signal. Zeichen und Signale gehören der physikalischen Welt an und bezeichnen eindeutige Referenzen. „Jedes einzelne, konkrete Zeichen verweist auf ein bestimmtes, einzelnes Ding" (Cassirer 1996, S. 64), das Symbol ist dagegen variabel und wandelbar. Es gehört zur menschlichen Bedeutungswelt und wird daher subjektiv konstruiert. Über das Symbol verleiht der Mensch der Welt Bedeutung. Diese Symbolfunktion beschränkt sich nicht auf bestimmte Fälle, sondern ist ein universell anwendbares Prinzip. Die Symbolisierungsfähigkeit wird damit zur zentralen Voraussetzung, zur Bedingung der Möglichkeit, die kulturelle Entwicklung erst ermöglicht und somit zum Schlüssel des Verständnisses der geistig-kulturellen Identität des Menschen.[11]

> „Das Prinzip des Symbolischen mit seiner Universalität, seiner allgemeinen Gültigkeit und Anwendbarkeit ist das Zauberwort, das »Sesam, öffne dich!«, das den Zugang zur menschlichen Welt, zur Welt der menschlichen Kultur, gewährt" (Cassirer 1996, S. 63).

---

[11]Besonders interessant ist in diesem Zusammenhang, dass Cassirer ausdrücklich betont, dass „ein Mensch beim Aufbau seiner Welt nicht von der Beschaffenheit des Materials abhängig ist, das ihm seine Sinne liefern" (Cassirer 1996, S. 63). So verfügen beispielsweise auch blinde oder taube Menschen selbstverständlich über ein vollständiges symbolisches Universum, das durch den Ausfall einzelner Sinnessysteme nicht beschränkt oder in irgendeiner Form defizitär wäre.

3.2 Ernst Cassirers Philosophie der symbolischen Formen

Dabei ist die Symbolisierungstätigkeit keine Option menschlichen Handelns, sondern eine Conditio sine qua non, die das Wesen des Menschen im Kern konstituiert und auch von Zirfas unterstellt wird, wenn er die Offenheit des Weltbezugs seiner pädagogischen Anthropologie axiomatisch zugrunde legt (vgl. Abschn. 3.1.4). Menschliches Verhalten in konkreten Mensch-Umwelt-Beziehungen ist nicht, wie es im klassischen Behaviorismus postuliert wird oder wie es im Tierreich vorzufinden ist, durch Reiz-Reaktions-Muster determiniert, sondern gestaltungsbedürftig.[12] Weil dem Menschen automatisierte Verhaltensmuster weitgehend fehlen, muss er sich zwingend selbsttätig bilden, um seine Handlungskompetenz zu erweitern. In Modifikation des Funktionskreismodells von Uexküll (1921), das bei Tieren von einem Merk- (zur Reizaufnahme) und einem Wirknetz (zur Reizbeantwortung) ausgeht, über das sie mit der Umwelt in Kontakt treten, ist bei Menschen von einem zusätzlichen Symbolnetz auszugehen.

„Es besteht ein unverkennbarer Unterschied zwischen organischen »reactions« (Reaktionen) und menschlichen »responses« (Antwort-Reaktionen). Im ersten Fall wird direkt, unmittelbar eine Antwort auf einen äußeren Reiz gegeben; im zweiten Fall wird die Antwort aufgeschoben. Sie wird unterbrochen und durch einen langsamen, komplexen Denkprozeß verzögert. […] Aller Fortschritt im Denken und in der Erfahrung verfeinert und festigt dieses Netz" (Cassirer 1996, S. 50).

Ausgehend von diesen kulturanthropologischen Überlegungen, werden nun die beiden Grundbegriffe symbolische Form und symbolische Prägnanz weiter erläutert.

3.2.2 Synthesis symbolischer Formen

„Unter einer ‚symbolischen Form' soll jene Energie des Geistes verstanden werden, durch welche ein geistiger Bedeutungsinhalt an ein konkretes sinnliches Zeichen

---

[12]Diese Feststellung leugnet nicht die Tatsache, dass auch Tiere in der Lage sind, indirekt auf Reize zu reagieren. So reagieren Tiere auf Zeichen, wenn sie z. B. auf eine Glocke genauso reagieren wie auf eine Futterbelohnung. Doch sind diese Handlungen lediglich als Reaktionen auf Zeichen und Signale zu verstehen, die nicht mit dem menschlichen Symbolkonzept gleichgesetzt werden können. Ebenso können Tiere über sprachliche Laute kommunizieren. Doch dient die Sprache der Tiere ausschließlich dazu, Gefühlsregungen und Affekte zu übermitteln. Zeichen mit einem objektiven Referenzcharakter fehlen. „Die Unterscheidung zwischen aussagender Sprache (»propositional language«) und emotionaler Sprache (»emotional language«) bezeichnet die eigentliche Grenze zwischen Mensch- und Tierwelt" (Cassirer 1996, S. 56).

geknüpft wird und diesem Zeichen innerlich zugeeignet wird. In diesem Sinne tritt uns die Sprache, tritt uns die mythisch-religiöse Welt und die Kunst als je eine besondere symbolische Form entgegen. Denn in ihnen allen prägt sich das Grundphänomen aus, daß unser Bewußtsein sich nicht damit begnügt, den Eindruck des Äußeren zu empfangen, sondern daß es jeden Eindruck mit einer freien Tätigkeit des Ausdrucks verknüpft und durchdringt" (Cassirer 1994, S. 175 f.).

Mit dem Begriff der symbolischen Formung erklärt Cassirer, wie aus sinnlichen Eindrücken symbolische Formen werden. Dieser Prozess ist eine autopoietische Gestaltung (vgl. Abschn. 4.2.1), „allerdings nicht als tätige Bearbeitung der uns umgebenden Welt [...], sondern als Erzeugung der Ordnung unseres Bewußtseins, unserer Wahrnehmungs- und Vorstellungswelt und – verbunden damit – als Herstellung und Verwendung von Zeichen, als Schaffung von Zeichenwelten" (Schwemmer 1997b, S. 46).[13] Nach Krois sind symbolische Formen (z. B. Mythos, Sprache) Interpretationszusammenhänge der uns umgebenden Welt (Krois 1986, S. 440).

Auch Unterrichtsvorhaben, (sonder-)pädagogische Praktiken oder Architektur können in diesem Sinne als symbolische Form interpretiert werden, in denen sich ein Sinn materialisiert. Das Bestreben, Schülerinnen und Schülern etwas vermitteln zu wollen, sucht sich beispielsweise seinen Ausdruck in konkreten Unterrichtsverfahren und methodischen Maßnahmen. Der unanschaubare Sinn bedarf eines materiellen Trägers, um sich zu artikulieren und entscheidend erscheinen dabei die damit verbundenen kulturellen Praktiken.

> „Wie fest oder durchlässig Grenzziehungen zwischen ‚normal' und ‚anormal' auch immer sind, und wie flexibel solche grenzziehenden Normen auch gedacht werden, ob sie sich stärker am Modell der Normierung oder an dem der Normalisierung orientieren [...], und wie auch immer diese selbst einen historischen Wandel forcieren oder ihn durch ihre Beharrung auf traditionellen Strukturen blockieren, und

---

[13] Zu beachten ist der weit gefasste Symbolbegriff. Das Symbol ist bei Cassirer einerseits ein Denkinstrument, das uns erlaubt, Wirklichkeit zu gestalten, andererseits ist es im Begriff der symbolischen Form enthalten, ist hier universeller zu verstehen und meint die generelle Manifestation eines Sinns im Sinnlichen (Schwemmer 1997b, S. 12). „Wir dagegen haben dem Symbolbegriff von Anfang an eine andere und weitere Bedeutung gegeben. Wir versuchten mit ihm das Ganze jener Phänomene zu umfassen, die überhaupt eine wie immer geartete »Sinnerfüllung« des Sinnlichen mit sich darstellt; – in denen ein Sinnliches, in der Art seines Daseins und So-Seins, sich zugleich als Besonderung und Verkörperung, als Manifestation und Inkarnation eines Sinnes darstellt" (Cassirer 1954a, S. 109). Spricht Cassirer bei Wissenschaft z. B. von einer symbolischen Form, dann ist

wie auch immer ihre letztliche Begründung sein mag: theologisch, psychologisch, medizinisch, neuro-biologisch, ästhetisch, sozial etc. – entscheidend erscheinen die mit ihnen einhergehenden Praktiken" (Zirfas 2012, S. 83).

Symbolische Formen sind somit das Ergebnis einer schöpferisch-bildenden Tätigkeit, in der das Individuum den Eindrücken eine feste, überdauernde symbolische Form gibt. Sie „sind demnach universelle, intersubjektiv gültige Formen oder Grundformen des Verstehens der Welt. Mit den symbolischen Formen schaffen sich die Menschen Organe, die es ihnen ermöglichen, kulturell bedeutsame Lebenswelten zu konstituieren" (Paetzold 2002, S. 42).[14] Diese Formen dürfen aber nicht als eklektische Abbilder einer realen Wirklichkeit, sondern als subjektiv bedeutsame, poietische Bilder verstanden werden (Schlieben-Lange 1994, S. 22). Symbolische Formen bilden eine Wirklichkeit niemals *ab* – sie bilden sie stets *neu*. Dass – in Einklang mit der bisherigen Theoriebildung – der Autonomie der Individuen in einer solchen Modellierung eine besondere Bedeutung zugemessen wird, ist augenscheinlich. Getragen werden solche symbolischen Synthesen durch die „Grundfunktionen der *Artikulation* von einzelnen Bewusstseinsmomenten und der gleichzeitigen Integration der artikulierten Bewusstseinsmomente in die Verweisungszusammenhänge des Gesamtbewusstseins" (Bietz 2004, S. 131).

„Letztlich geht es bei allen geistigen Leistungen und also auch bei allen symbolischen Formen darum, ‚das Chaos der sinnlichen Eindrücke' in eine ‚feste Gestalt' zu bringen (PSF I, S. 43), ‚aus dem Chaos der Eindrücke ein[en] Kosmos, ein charakteristisches und typisches Weltbild' zu formen (PSF II, S. 39). Dem ‚fließenden Eindruck [müssen wir, MG] […] bildend gegenüberzutreten', damit er für uns ‚Form und Dauer' gewinnt. Es vollzieht sich dann eine ‚Wandlung zur Gestalt' (PSF I, S. 43). Und damit ist das ‚Zentrum der symbolischen Formen' gefunden, nämlich in der ‚gemeinsamen Aufgabe', durch die alle symbolischen Formen, durch die ‚[d]ie verschiedenen Erzeugnisse der geistigen Kultur […] zu Gliedern eines einzigen großen Problemzusammenhangs' werden: […], die passive Welt der bloßen Eindrücke,

---

nicht im Duktus einer Referenztheorie nach einer direkten Entsprechung zu suchen. Die Wissenschaft wird als symbolisch bezeichnet, weil sie als Materialisierung eines formstiftenden Sinns (Wissen über die Welt zu akkumulieren) verstanden wird.

[14]Die Sprache ist dafür ein Paradebeispiel. Mithilfe der Sprache geben wir dem Eindruck eine feste und überdauernde Form und können ihn in Ausdruck verwandeln. Dabei ist die Sprache nicht an den engen biologischen Wirkungskreis des Menschen gebunden. Durch die Sprache sind wir in der Lage, über Dinge zu reden, die weder anwesend, ja nicht einmal existent sein müssen.

in denen der Geist zunächst befangen scheint, zu einer Welt des reinen geistigen Ausdrucks umzubilden (PSF I, S. 12)" (Schwemmer 1997b, S. 30).[15]

Erst die Fähigkeit zur Symbolisierung erlaubt es dem Menschen, sich geistig mit Dingen zu beschäftigen, im Strom der Sinneseindrücke bedeutungshaltige Zentren zu finden und einzelne Aspekte zu fokussieren. Somit wird die Umwelt mithilfe der Symbole strukturiert und erst so kann die Umwelt für das Individuum potenziell bedeutsam werden: Der autopoietisch konstituierte Symbolisierungsprozess hat deshalb, und diese wichtige Bestimmung wird hier bewusst wiederholt, einen sinnstiftenden Charakter (vgl. Abschn. 4.2.1).[16]

Die eigentliche Genese symbolischer Formen beschreibt Cassirer durch das Spannungsverhältnis zwischen dem Wirkungswillen des Menschen und der Widerständigkeit der Welt. Verwenden wir das Beispiel eines Skifahrers, so kann sich das Bestreben, den Hang hinunterzufahren, nicht in einer beliebigen Form materialisieren. Der Materialisierungsprozess ist vielmehr durch die Eigenschaften der Umwelt und auch den Skifahrer selbst mitbestimmt. Man denke beispielsweise an die Materialbeschaffenheit der Skier oder die Schneeverhältnisse. Die einzige Schnittstelle, um den *Willen zur Form* mit der Formungswiderständigkeit der Welt in Bezug zu setzen, ist die motorische Selbst-Bewegung, ausschließlich in ihr treffen Welt und Wille aufeinander (vgl. Abschn. 3.3.4). Die Entstehung symbolischer Formen gilt es dabei, im Sinne Piagets, als Strukturgenese zu verstehen, die sich im Wechselspiel der Dichotomie von *forma formata* und *forma formans* gestaltet. Forma formata ist dabei als eine geprägte Form zu verstehen (z. B. eine Bewegung oder eine Melodie) und forma formans als Formungswille, als formgenerierendes Moment. Dieser Prozess hat einen dynamischen und selbstbezüglichen Charakter, da es zu ständigen Überformungsprozessen kommt:[17]

---

[15]Die bei Schwemmer verwendete Bezeichnung PSF I-III entspricht der Bibliografie (Cassirer 1954a, b, c). Trotz unterschiedlicher Ausgaben stimmen die Seitenangaben überein.

[16]Nach Cassirer durchlaufen alle symbolischen Formen charakteristische Entwicklungsstufen von einer mimetischen über eine analogische zu einer rein symbolischen Phase. Die verschiedenen symbolischen Formen haben zwar eine je eigene Geschichte, aber sie „entspringen indessen einem gemeinsamen Grund, dem Mythos. Er ist gewissermaßen der »Mutterboden« der symbolischen Formen" (Paetzold 2002, S. 43). Diese Stufenfolge ist allerdings weder genetisch, insofern dass alle Formen alle Stufen durchlaufen würden, noch normativ im Sinne einer angestrebten Rückkehr zum Mythos zu sehen, sondern hat eher deskriptiven Charakter.

[17]Auf das dynamische Konzept von *forma formata* und *forma formans* wird im Kontext der Modellierung des Strukturgenese-Mechanismus noch ausführlich Bezug genommen (vgl. Abschn. 3.3.3).

„Eine Bewegung beispielsweise, die im Rahmen einer Handlung als geprägte Form, als forma formata ausgeführt wird, wirkt in der Auseinandersetzung mit der Widerständigkeit einer spezifischen Situation als formgebendes Prinzip und entfaltet eine eigene innere Gestaltungskraft. Sie wird zur forma formans, zur prägenden Form, die wiederum neue Formen hervorbringt. Dieses dynamische Prinzip von forma formata und forma formans ist als strukturgenetisches Prinzip zu betrachten" (Bietz 2004, S. 134).

3.2.3 Symbolische Prägnanz – ein transzendentales Basisphänomen

Der zweite Grundbegriff der *Philosophie der symbolischen Formen* ist das Phänomen der symbolischen Prägnanz.[18] Mit symbolischer Prägnanz bezeichnet Cassirer den Prozess, in dem sich ein unanschaulicher Sinn in einem materiellen Träger artikuliert und sich dadurch gleichsam anschaubar macht. Sinn und Bedeutung sind dabei vorgängig und manifestieren sich erst im materiellen Träger bzw. in sozialen Praktiken (z. B. einer Melodie, einer Bewegung oder einer didaktischen Entscheidung). Durch die symbolische Prägnanz erscheinen Sinn und Sinnliches gleichzeitig in der Wahrnehmung. Damit „macht Cassirer die symbolische Prägnanz zum entscheidenden Verbindungselement zwischen Sinnlichkeit und Sinn" (Schwemmer 1997b, S. 69).

„Unter ‚symbolischer Prägnanz' soll also die Art verstanden werden, in der ein Wahrnehmungserlebnis als ‚sinnliches' Erlebnis zugleich einen bestimmten nicht-anschaulichen ‚Sinn' in sich faßt und ihn zur unmittelbaren konkreten Darstellung bringt. Hier handelt es sich nicht um bloß »perzeptive« Gegebenheiten, denen später irgendwelche »apperzeptive« Akte aufgepfropft wären, durch sie gedeutet, beurteilt und umgebildet würden" (Cassirer 1954a, S. 235).

Die Bedeutung der symbolischen Prägnanz für das Gesamtkonzept der *Philosophie der symbolischen Formen* kann kaum hoch genug eingeschätzt werden. Paetzold bezeichnet sie als einen von zwei Grundbegriffen der *Philosophie der*

---

[18] Die Idee und den Begriff der Prägnanz, nach der „das Wahrgenommene immer eine Ganzheit ist, die bestmögliche Organisation aufweist" (Krois 1986, S. 441), entlehnt Cassirer der Gestalttheorie. Die Entstehung von Prägnanzen wird dabei durch die Existenz starker Kontraste erklärt, „einmal zwischen Figur und Hintergrund, zum anderen aber auch zwischen den Teilen einer Figur selbst. Der Figur-Hintergrund-Kontrast schließt die Form gegenüber ihrer Umgebung zu einem eigenen Gegenstand ab" (Schwemmer 1997a, S. 85).

symbolischen Formen (Paetzold 2002, S. 41), und auch Schwemmer kommt am Ende seiner ausführlichen Interpretation der symbolischen Prägnanz zu dem Schluss, „daß Cassirer die symbolische Prägnanz zum Schlüsselbegriff seiner Theorie der Symbolisierung macht" (Schwemmer 1997b, S. 122).

> „Und die symbolische Prägnanz als das dynamische Prinzip der Symbolisierung ist das Charakteristikum, das das ‚Werden *zur* Form' (Krois 1995, S. 15), und zwar zur Form des Symbolischen, auszeichnet. Cassirer sieht jede geistige Leistung als ein solches ‚Werden zur Form'. Dieses ‚Werden zur Form' ist die Grundkraft der gesamten geistigen Welt" (Schwemmer 1997b, S. 122).

Für die symbolische Prägnanz „als die Beziehung, derzufolge ein Sinnliches einen Sinn in sich faßt und ihn für das Bewußtsein unmittelbar darstellt" (Cassirer 1954a, S. 274), kann somit keine strenge Definition gegeben werden. Der Terminus muss vielmehr als ein Urphänomen verstanden werden, das Cassirers dynamisches Konzept der symbolischen Materialisierung von Sinn beschreibt. Da eine Erklärung der symbolischen Prägnanz ihre Existenz bereits voraussetzt, wird sie von Cassirer als ein „echtes »Apriori«" (Cassirer 1954a, S. 236) bezeichnet. Unter dieser Maßgabe betrachtet auch Paetzold die symbolische Prägnanz unter Rückgriff auf Krois als „das Transzendentale in Cassirers Philosophie" (Paetzold 2002, S. 40).

In Abhängigkeit davon, in welchem Verhältnis der darzustellende Sinn zu seiner sinnlichen Manifestation steht, unterscheidet Cassirer drei Dimensionen der symbolischen Prägnanz: *Ausdruck, Darstellung* und *reine Bedeutung* (Krois 1986, S. 442). Die Ausdrucksfunktion trennt Zeichen und Bezeichnetes noch nicht strikt voneinander. Wir nehmen z. B. die Bedeutung eines Lächelns oder einer zwischenmenschlichen Situation unmittelbar wahr, ohne dass dieser Vorgang durch einen kognitiven Prozess vermittelt wird. In der Darstellungsfunktion liegt eine deutliche Trennung zwischen dem Zeichen und seinem Inhalt vor. Zwischen ihnen besteht eine referenzielle Beziehung. Auch wenn die Sprache Elemente der Ausdrucksfunktion beinhaltet, ist ihre eigentliche Domäne die Darstellungsfunktion. Erst in der Funktion der reinen Bedeutung verliert das Zeichen auch den letzten Rest eines anschaulichen Sinns, wie es beispielsweise in der Sprache der Wissenschaft oder der Mathematik der Fall ist. Diese unterschiedlichen Sinndimensionen bzw. Symbolfunktionen sind allerdings nicht als eine Abfolge im genetischen Sinne zu verstehen, die von allen symbolischen Formen durchlaufen zu wären, sie dienen vielmehr einer differenzierten Beschreibung der symbolischen Formen. So gehört die Kunst oder der Mythos vor allem der Ausdrucksfunktion, die Sprache der Darstellungsfunktion und die wissenschaftliche Erkenntnis der reinen Bedeutung an.

3.2.4 Die fundamentale Relationalität von Sinn und Sinnlichem

Cassirers Symbolphilosophie ist ab ovo zwar keine Wahrnehmungsphilosophie, die beiden Begriffe *symbolische Form* und *symbolische Prägnanz* liefern aber trotzdem eine Modellierung der Funktionsweise der menschlichen Wahrnehmungstätigkeit. Die Welt ist dem Menschen danach niemals unmittelbar, sondern immer *als etwas* gegeben. Ein Stuhl (sinnliche Wahrnehmung) ist dadurch immer auch etwas zum Sitzen (Sinn). Bei einer Wahrnehmung sehen, hören, fühlen, riechen, schmecken oder tasten wir deshalb nicht nur etwas, sondern nehmen den Sinn der Wahrnehmung unmittelbar wahr, wir nehmen es *als etwas* wahr (Cassirer 1954b, S. 42). Selbstverständlich nehmen in diesem Sinne – wie oben bereits erwähnt – auch blinde, taube oder stumme Menschen ihre Umwelt als Um-Zu-Gelegenheiten wahr. Ihr symbolisches Universum ist vollständig bedeutungshaltig und es fehlen darin keine Sinndimensionen, wie es auch Bietz (2002) in seiner symboltheoretischen Studie zur Bewegungsvorstellung bei Blindheit zeigen konnte. Dass die Vorstellungswelten von Menschen mit Sinnesbehinderungen nicht irgendwie defizitär sind, ist dabei keine Frage ideologischer oder normative Wunschvorstellungen, sondern eine strukturell begründete Folge der kulturanthropologischen und grundlagentheoretischen Modellierung, was den Nutzen einer solchen Fundierung bereits an dieser Stelle illustriert.

Dabei wird der Sinn dem Sinnlichen nicht nachträglich aufdoktriniert, sondern ist dank der immanenten Gliederung der Wahrnehmung in dieser bereits integriert und wird im Moment des Wahrnehmungsaktes unmittelbar mitgeschaut. Diese Selbstgliederung unserer Wahrnehmung ist eine originäre Leistung unserer menschlichen Existenz.[19]

> „Vielmehr ist es die Wahrnehmung selbst, die kraft ihrer eigenen immanenten Gliederung eine Art von geistiger ‚Artikulation' gewinnt – die, als in sich gefügte, auch einer bestimmten Sinnfügung angehört. In ihrer vollen Aktualität, in ihrer Ganzheit und Lebendigkeit, ist sie zugleich ein Leben ‚im' Sinn. Sie wird nicht erst nachträglich in diese Sphäre aufgenommen, sondern sie erscheint gewissermaßen als in sie hineingeboren" (Cassirer 1954a, S. 235).

---

[19]Diese immanente Selbstgliederung unserer Wahrnehmung wird durch die Begriffe Fixierung, Relationierung, Homogenität und Kontinuität erklärt. Am Anfang steht die Fixierung eines erfassten Ausdrucks, der uns affektiv berührt. Das Fixierte kann allerdings nicht für sich stehen. Es bedarf zwingend der Eingliederung in die Verknüpfungsstruktur des Bewusstseins. Diese Eingliederung ist ihrerseits jedoch auf eine Homogenisierung der einzelnen Elemente angewiesen. Das ursprüngliche Wahrnehmungserlebnis bleibt jedoch nur dann überdauernd im Bewusstsein identifizierbar, wenn es sich kontinuiert (Abschn. 3.3.3).

Auch symbolische Formen, die in unserem Bewusstsein (z. B. als Sprache oder Bewegungen) als leitende Wahrnehmungsschemata abgelegt sind, zeichnen sich durch diese relationale Struktur aus. Dieser Punkt ist ein zentraler Aspekt vieler aktueller Wahrnehmungs- und Handlungstheorien, die darin eine Grundbedingung menschlicher Erkenntnis- und Handlungsfähigkeit sehen. So wird die unauflösliche Einheit von Sinn und Sinnlichem beispielsweise bei Autoren wie Gibson (1973), Neisser (1996) oder Hoffmann (1993) wiederholt betont und als Grundbestimmung entsprechender Lernkonzepte beschrieben.

3.2.5 Kursorische Anwendungsperspektiven in der Sport- und Bewegungspädagogik

Wurden in den bisherigen Ausführungen Grundlagen des sportsemiotischen Paradigmas dargelegt, sollen im Folgenden, anwendungsbezogene Beispiele aus der allgemeinen Pädagogik sowie der Sport- und Bewegungspädagogik dargestellt werden, um den potenziellen Nutzen einer solchen Modellierung zu illustrieren. Das ist methodologisch insofern motiviert, als dass daran exemplarisch verdeutlicht werden soll, wie die semiotische Perspektive zu einem Zuwachs an Verstehen führen kann. Zum anderen wird damit ein erster Bogen zur Sinn- und Erfahrungsorientierung geschlagen, die unter didaktischer Perspektive im weiteren Verlauf der Untersuchung eine zentrale Rolle spielt, weil die Einlösung der hier vertretenen, autonomiebewahrenden, inklusiven Unterrichtskonzeption konstitutiv an die Gestaltung eines sinn- und erfahrungsorientierten Unterrichts geknüpft wird (vgl. Kap. 4).

Auch wenn dem Bemühen, die anwendungsbezogenen Beiträge nach übergeordneten Merkmalen zu klassifizieren, unvermeidbar ein analytischer Charakter anhaftet, kann im Bewusstsein ihrer prinzipiellen Interdependenz eine *soziokulturelle,* eine *bewegungswissenschaftliche* und eine *(sport-)pädagogische* Anwendungsperspektive unterschieden werden (Giese 2008a, S. 163).[20]

---

[20]Neben diesen anwendungsbezogenen Hauptströmungen existieren weitere Beiträge, in denen eine semiotische Perspektive Anwendung findet. So bemüht sich König (1994) um einen semiotischen Blick auf die nationaljüdische Turn- und Sportbewegung und Bockrath (1998) versucht, die manipulative Kraft von Bildern bei der Inszenierung sportlicher Großveranstaltungen zeichentheoretisch zu erklären.

3.2 Ernst Cassirers Philosophie der symbolischen Formen

Wird in dieser Arbeit das Ziel verfolgt, am Ende zu didaktischen Aussagen zu kommen, beschränken wir uns hier allerdings auf *bewegungswissenschaftliche bzw. -(sport-)pädagogische* Anwendungsperspektiven. Ein bewegungswissenschaftliches Anwendungsbeispiel liefern beispielsweise Scherer und Bietz, die versuchen, das Bedeutungsproblem von Bewegungen unter der Perspektive der *Philosophie der symbolischen Formen* zu betrachten. Dieses Vorhaben knüpft an Hildenbrandts Desiderat nach einer Bewegungslehre an, die Bewegung auch aus der Bedeutungsperspektive analysiert. Die wenigen existierenden Forschungsarbeiten zur Genese von Bewegungsbedeutungen stehen vor allem in der Tradition der niederländischen Bewegungsphänomenologie um Buytendijk (1956) und der Leibphänomenologie Merleau-Pontys (1966).[21] Neben dieser phänomenologischen Perspektive, existieren auch sportsemiotische Überlegungen, die sich mit dem Problem der Bewegungsbedeutung befassen.[22]

> „Der phänomenologische Ansatz versucht sich der Bewegungsbedeutung in actu und in statu nascendi, der Bedeutung im Vollzug und aus einer funktionalen Handlungsperspektive anzunähern. Der semiotische Ansatz dagegen nimmt die Perspektive des externen Beobachters ein und deutet die Zeichenstruktur vorliegender Bewegungen" (Scherer und Bietz 2000, S. 133).

Aus dieser Bestandsaufnahme ergeben sich weitere Fragen: So sagt die phänomenologische Bekundung, dass Bedeutungen im Dialog entstehen, nichts darüber aus, wie diese Genese von Bewegungsbedeutungen konkret zu denken sei, und es stellt sich die Frage, „ob sich die phänomenologische Bedeutungsrelation in ihrer Tiefenstruktur semiotisch differenzieren ließe" (Scherer und Bietz 2000, S. 133). Da „Cassirers Philosophie sowohl eine phänomenologische als auch eine semiotische Perspektive enthält" (Scherer und Bietz 2000, S. 134),

---

[21] Bewegungen werden hier als Bedeutungsrelationen begriffen, die eine primordiale Verknüpfung von Mensch und Welt implizieren und zu einer Überwindung des cartesianischen Dualismus führen sollen. Bewegungsbedeutungen entstehen dabei aus der intentionalen dialogischen Auseinandersetzung des Individuums mit der Welt (Tamboer 1994). Das Verdienst, diese Ansätze auch für die deutsche Sportwissenschaft adaptiert zu haben, gebührt vor allem Trebels (1985, 2001), aber auch Leist und Loibl (1991), Scherer (1998, 2001c) und Prohl (1991).

[22] Neben Scherler (1990) ist hier Franke (1994) zu nennen, der sich mit dem Prozess der Bedeutungsbildung beschäftigt und für den Bedeutungen durch komplexe semiologische Ketten aus primären, sekundären und tertiären Semiotisierungen entstehen. Das entscheidende bedeutungsgenerierende Moment ist dabei die intentionale Handlungsstruktur, die z. B. einen 100 m-Lauf im Sport nicht nur graduell, sondern auch qualitativ von einem Sprint zum gerade abfahrenden Bus unterscheidet (Scherer und Bietz 2000, S. 128).

scheint sie geeignet, um die dichotomen Überlegungen zu vereinen. Nach Scherer und Bietz bietet das Phänomen der symbolischen Prägnanz die Chance, die beiden Ansätze systematisch aufeinander zu beziehen. Sinn konstituiert sich danach aus dem symbolischen Grundverhältnis der drei Basisphänomene: Ich, Werk und Wirken, die nur über das zentrale Bindeglied der Bewegung miteinander in Kontakt treten können (vgl. Abschn. 3.3.4).

Bedeutung entsteht demnach in der *bewegten* und *autonomen* Auseinandersetzung des Individuums mit der Welt, im Widerstreit zwischen Formwille und Formwiderstand. Erst aus der Brechung des symbolischen Formungswillens an der Struktur des Materials, auf das sich der Formungswille richtet, können sinnhafte Ordnungen emergieren (vgl. Abschn. 3.3.3). Den Überlegungen von Scherer und Bietz ist zwar kein unterrichtspraktischer Ertrag zu entnehmen, sie stellen allerdings eine bewegungswissenschaftliche Anwendung des symboltheoretischen Paradigmas auf ein in der Sportwissenschaft kontrovers diskutiertes Phänomen dar. Außerdem mag die von Scherer und Bietz vorgeführte Vereinigung von phänomenologischen und semiotischen Ausgangsüberlegungen auf Basis von Cassirers Symbolphilosophie als ein Indiz für das integrative Potenzial des Ansatzes dienen.

Die von Gießing und Hildenbrandt (2005) angestellten semiotischen Überlegungen zur Inszenierung des Körpers im Bodybuilding betrachten das Bodybuilding als eine spezifische Form des sportlichen Ausdrucks, mit dem u. a. Macht, Kraft und Fitness zur Schau gestellt werden. Handlungsleitend ist nicht das Streben nach möglichst großer sportlicher Leistungsfähigkeit oder die Fähigkeit, komplexe sportliche Techniken präzise ausführen zu können, sondern der Aufbau einer möglichst großen und vor allem gut definierten Muskelmasse, die auf Wettkämpfen vor Zuschauern und Wettkampfrichtern gleichermaßen inszeniert und präsentiert wird. Durch die Entkopplung des Muskeltrainings von unmittelbaren, sportlichen Funktionen wird die Muskelformung zum Selbstzweck, die gerade dadurch untrennbar an Ausdruck und Präsentation gebunden ist.[23] Dabei wird der kulturell agierende Mensch ganz im Sinne Posners (1994) vom *Homo signa faciens* zum *Homo significans*, vom Zeichen schaffenden zum Zeichen seienden Kulturwesen.

---

[23]Diese Spezifika stellen Besonderheiten dar: „Aufgrund der in der Schlussphase der Wettkampfvorbereitung enorm auszehrend wirkenden Maßnahmen kann die paradoxe Situation entstehen, dass Bodybuilder am Wettkampftag zwar eine maximale Muskelentwicklung und eindrucksvolle Definition vorweisen können, aber kaum noch körperlich leistungsfähig sind. Während alle übrigen Sportler ihr Training so ausrichten, dass ihre sportliche Leistungsfähigkeit und körperliche Form am Wettkampftag ihr höchstes Niveau erreichen, ist bei Bodybuildern häufig das Gegenteil der Fall" (Gießing und Hildenbrandt 2005, S. 148).

3.2 Ernst Cassirers Philosophie der symbolischen Formen

Die Verwendung des Körpers als Zeichen ist keineswegs ein Spezifikum der Moderne. Vielmehr existieren solche Körperinszenierungen seit den Ursprüngen unserer Zivilisation. So geht man davon aus, „dass bereits die altsteinzeitlichen Cro-Magnon-Menschen ihre Körper mit Roteisenstein bemalten, und die in einem Nebental des Ötztals vor einigen Jahren aufgefundene bronzezeitliche Mumie, der so genannte Ötzi, weist Tätowierungen auf, deren Bedeutung heute allerdings noch unklar ist" (Gießing und Hildenbrandt 2005, S. 146). Der spezifische Ertrag, der sich aus einer semiotischen Betrachtung des Bodybuildings ergibt, ist die Möglichkeit, das Bodybuilding als eine zeitgenössische Steigerung dieses (archaischen) Verhaltensmusters zu verstehen, die zu einer „radikalen Steigerung der Ausdrucksfunktion des Körpers" (Gießing und Hildenbrandt 2005, S. 147) führt. Setzen die üblichen Verfahren zur Semiotisierung des Körpers an seiner Oberfläche, seiner Kleidung oder seiner Haut an, so geht das Bodybuilding einen Schritt weiter – es geht im Interesse einer maximalen Ausdrucksfunktion gewissermaßen unter die Haut. Unter diesen Prämissen wird auch das Doping als eine „konsequente Fortsetzung der Ausrichtung aller relevanten Faktoren auf die größtmöglichste Maskulinität ohne Rücksicht auf moralische oder gesundheitliche Aspekte" (Gießing und Hildenbrandt 2005, S. 144) verständlich. Die semiotische Perspektive auf den Bodybuilder als Zeichen erlaubt somit ein Verständnis der Sache zu entwickeln, das übliche Erklärungsversuche ergänzen bzw. erweitern kann.

Zuletzt wurden die bisher rezipierten Bestrebungen in Fortführung dieser Denktradition um weitere Arbeiten ergänzt, die einerseits eine vertiefte Auseinandersetzung mit dem Erfahrungsbegriff in der Sport- und Bewegungspädagogik (Giese 2008a) sowie der allgemeinen Pädagogik (Giese 2010)[24] im Blick hatten sowie um eine kultursemiotische Analyse des Tennis (Hasper 2009b), bei der es darum ging, die bisherige Entwicklung des Tennissports im cassirer'schen Sinn als ein Werden zur Form zu analysieren, um daraus Schlussfolgerungen für die Unterrichtspraxis zu gewinnen.

Resümierend erfüllen die in diesem Kapitel vorgestellten kursorischen Exempel semiotischer Anwendungsperspektiven vor allem zwei Funktionen: Zum einen sollte deutlich geworden sein, dass eine Orientierung an Cassirers Semiotik nicht nur einem akademischen Selbstzweck dient, sondern das Verstehen unterschiedlicher Phänomene befruchten und zu didaktischen Aussagen führen kann.

---

[24]Die hier vorgenommene Anwendung dieser sportwissenschaftlichen und allgemeinpädagogischen Arbeiten auf den Inklusionsdiskurs ist als eine direkte Fortführung dieser Arbeiten zu verstehen.

Zum anderen sollte das inkludierende Potenzial des symboltheoretischen Paradigmas illustriert werden, womit die Hoffnung verbunden wird, diesen Ansatz auch auf die hier verfolgte Fragestellung produktiv anzuwenden.

3.2.6 Zwischenfazit

Die vorliegende Arbeit verfolgt das Ziel, das symboltheoretische Paradigma der Sport- und Bewegungspädagogik in die Behindertenpädagogik zu importieren und auf der Grundlage dieser semiotischen Basistheorie die Diskussion über Inklusion in der Behindertenpädagogik anthropologisch zu fundieren, um am Ende zu einem didaktischen Ertrag zu kommen. Zentrales Anliegen der Arbeit ist somit die Einführung eines bis dato fachfremden Forschungsparadigmas in die Behindertenpädagogik.

Neben der formalen Begründung, sich dabei am dominierenden symboltheoretischen Paradigma innerhalb der Sport- und Bewegungspädagogik zu orientieren, sprechen vor allem inhaltliche Gründe für das symboltheoretische Paradigma. Im Gegensatz zu vielen anderen semiotischen Zeichentheorien stellt Cassirers Symboltheorie eben keine „mimetische" Referenz-, sondern eine autopoietische Konstruktions- bzw. Formungstheorie dar, was für den hier verfolgten Inklusionsbegriff von zentraler Bedeutung ist (vgl. Abschn. 3.1.3).[25] Ihr Erkenntnisinteresse gilt dabei nicht in erster Linie der Relation zwischen Zeichen und Bezeichnetem, sondern dem autonom bildenden und formgenerierenden Potenzial, der symbolischen Prägnanz. Grundlage der Synthesis symbolischer Formen ist in dieser Modellierung „nicht das bloße Betrachten, sondern das Tun" (Cassirer 1954c, S. 187), das unhintergehbar an Bewegung und die autonome Eigenaktivität des Individuums gebunden ist (vgl. Abschn. 3.3.4). Hier spiegelt sich auf inhaltlicher Ebene die aus dem Inklusionsdiskurs erwachsende Betonung der Autonomie des Individuums in der Struktur der gewählten Basistheorie.

---

[25]In der Tradition der dominierenden platonischen Begriffsbestimmung, die vor-platonische und aristotelische Mimesiskonzeptionen ignoriert und bis heute weitgehend verdrängt, wird Mimesis dabei als eine abbildhafte – quasi eklektische – Darstellung der Wirklichkeit verstanden (Franke 2003, S. 18). Gegenüber solchen Deutungstraditionen ist allerdings auf dem produktiv-kreativen Charakter der Mimesis zu bestehen. Auch Konzepte der sozialen Mimesis, wie sie vor allem von Gebauer und Wulf (1998) in die Diskussion gebracht worden sind, betonen den produktiven Charakter der Mimesis, der zu einer mimetischen Einverleibung von Handlungs- und Wissenskomponenten führt und die Teilhabe am sozialen Raum sowie den Aufbau und die Verwirklichung sozialer Beziehungen allererst ermöglicht.

Da dem *animal symbolicum* automatisierte Verhaltensmuster weitgehend fehlen, ist es bei der Konstituierung seiner Weltbezüge zwingend auf den Erwerb entsprechender Kompetenzen angewiesen: „Er [der Mensch, MG] muss sich bilden" (Bietz 2004, S. 136). Der Bildungsprozess ist keine Option menschlichen Handelns, sondern eine anthropologische Notwendigkeit. Cassirers Symbolphilosophie beinhaltet damit neben der semiotischen auch eine auf Bewegung fokussierte erkenntnis- und bildungstheoretische Komponente, wodurch sich die Auswahl dieser Theorie aus dem Konglomerat möglicher Zeichentheorien sowie vor dem Hintergrund der bildungspolitischen und anthropologiekritischen Überlegungen aus inhaltlicher Perspektive erklärt und ein Erkenntnisgewinn im Kontext der Diskurse um Inklusion möglich erscheint.

3.3 Der Inklusionsdiskurs im Lichte des symboltheoretischen Paradigmas

War das vorangehende Kapitel dem Versuch geschuldet, eine semiotische Fundierung des Inklusionsdiskurses in der Behindertenpädagogik vorzubereiten, so schließt sich nun die Anwendung dieser Perspektive auf das in Kap. 2 bisher Erarbeitete an: die Betrachtung des Inklusionsdiskurses im Lichte des symboltheoretischen Paradigmas. Dieses Vorgehen folgt dem Anspruch, die divergente, theorieferne und kulturanthropologisch weitgehend unreflektierte Debatte aus symboltheoretischer Perspektive erkenntnis-, kultur- und bildungstheoretisch zu fundieren.

Dafür wird zunächst das im ersten Kapitel dargelegte Inklusionsverständnis semiotisch dekliniert, um daraus Konsequenzen für die Konstitution einer kulturanthropologischen Fundierung des Inklusionsdiskurses zu ziehen (vgl. Abschn. 3.3.1). Auf dieser Basis wird anschließend ein symbolphilosophisches Erklärungsmodell für die Genese überdauernder Bewusstseinsformen entwickelt (vgl. Abschn. 3.3.2), das an die Funktion der produktiven Einbildungskraft, an die autopoietischen Energien unseres Geistes gekoppelt wird (vgl. Abschn. 3.3.3). Dies ist insofern von zentraler Bedeutung, als dass erst auf Basis einer solchen strukturgenetischen Modellierung didaktische Aussagen darüber gemacht werden können, durch welche didaktischen Strukturen ein Unterricht gekennzeichnet sein sollte, der das entwickelte Inklusionsverständnis auch im Vermittlungsprozess, in seinen methodisch-didaktischen Praktiken, verwirklicht und fördert.

Die in diesem Prozess autonom erwirkten und „gleichsam auf Dauer gestellten" (Franke 2005, S. 193) Bewusstseinsinhalte, die unser Verhalten nachhaltig verändern, werden in dieser Arbeit im Folgenden als *Erfahrungen* bezeichnet, wobei die ausführliche Begründung für diese Terminologie an anderer Stelle bereits beschrieben wurde und hier nicht erneut dargestellt wird (Giese 2008a).

3.3.1 Inklusion – eine semiotische Sichtung

Rufen wir uns, im Sinne des bisher Erarbeiteten, die Merkmale des Inklusionsbegriffs aus Abschn. 2.2.3 vor Augen und legen sie der hier verwendeten strukturalistischen Schablone zugrunde, werden erste Spezifizierungen der Debatte möglich.

Thematisieren wir zunächst die Autonomie, dann sollte die enge strukturelle Verwandtschaft zu Cassirers Symbolphilosophie und ihre zeitgenössischen Rezeptionen bereits ausreichend deutlich geworden sein. So ist in diesem Kapitel wiederholt auf die Bedeutung der Eigenaktivität des Subjekts, auf seine primordiale Autonomie und die Notwendigkeit seiner Selbsttätigkeit hingewiesen worden. Wie die symbolphilosophische Fundierung gezeigt hat, gründen diese Überlegungen in der anthropologischen Bestimmung des Menschen als Wirkungs- und Ausdruckswesen und nicht in ideologischen, bildungspolitischen politischen und normativen Setzungen. Mit Schwemmer konnte dabei festgehalten werden, dass dieses Wirken des Menschen als ein gestaltendes Tun verstanden werden muss, das unablässig (symbolische) Ausdrucksformen schafft, Kultur generiert und den Menschen dadurch vom Tier unterscheidet (Schwemmer 1997b, S. 30). Von Anfang an wurde dabei der (auto-)poietische Charakter dieses gestaltenden Tuns betont. Die Ausführungen zur Autopoiese wurden dabei durchgängig mit dem Hinweis versehen, dass ihre Funktionen nicht durch reproduktive Prozesse erklärt werden können, sondern das Subjekt zur autonomen Selbstbildung quasi verdammt ist (vgl. Abschn. 4.2.1).

Erkenntnistheoretische Überlegungen
Die verbindende funktionale Einheit hinter den unterschiedlichen Erzeugnissen menschlichen Wirkens liegt dabei in dem einheitlichen symbolschaffenden Wirken des menschlichen Geistes, das gleichzeitig Grundlage menschlicher Erkenntnisfähigkeit ist. Diese Erkenntnisfähigkeit ermöglicht, „aus einem amorphen Strom von sinnlichen Eindrücken durch Abgrenzung und Verknüpfung bedeutsame Einheiten herauszukristallisieren" (Hildenbrandt 2000, S. 19). Erkenntnis ist dem Menschen demnach aufgrund seiner unhintergehbaren Fähigkeit zur Bedeutungswahrnehmung möglich, die durch die immanente Selbstgliederung der Wahrnehmung als Funktion der symbolischen Prägnanz

axiomatisch begründet wird. Über das Symbol, das bei Cassirer der Schlüsselbegriff dafür ist, „wie Erkenntnis gewonnen wird und gleichzeitig Eindruck in Ausdruck, Wahrnehmung in Mitteilung umgebildet wird" (Friedrich und Hildenbrandt 1997, S. 350) sowie die Phänomene der symbolischen Formung und der symbolischen Prägnanz werden alle symbolischen Formen als sinnvolle Ausdrücke einer gestaltenden Urkraft, als Produkte eines Willens zur Form unseres Bewusstseins verstanden und damit auch in die übrigen Errungenschaften menschlichen Kulturschaffens integriert. Dabei ist zentral, dass die jeweiligen Formen von jedem Individuum jeweils neu autonom erwirkt werden müssen. Eine abbildhafte Übertragung von Individuum zu Individuum ist eo ipso nicht möglich, auch wenn real existierender Unterricht einer solchen Schimäre häufig zu folgen scheint.

Kulturtheoretische Überlegungen
Bei dem Schritt von der Erkenntnistheorie zur Kulturphilosophie geht es nicht um die Analyse oder eine Taxonomie von Kulturgegenständen, sondern im Sinne des strukturalistischen Argumentationsduktus um die Offenlegung zugrunde liegender Strukturmerkmale. Auf der Folie einer solchen transzendentalkritischen Kulturphilosophie wird auch die sich durchweg auf der Ebene der Oberflächenphänomene bewegende Einteilung in höhere und niedere Kultur obsolet (Franke 2006b, S. 119). Grundlage der weiteren Überlegungen ist die Erkenntnis, dass keine geistigen menschlichen Leistungen existieren, die – wegen des Prinzips der symbolischen Prägnanz und der symbolischen Formung – nicht auch Kulturleistungen wären. Über diesen kulturerzeugenden Schöpfungsakt ist die Tiefenstruktur hinter den divergierenden Kulturgegenständen, das gemeinsame *Vinculum functionale* gefunden.

> „Dieses Wesen [der Mensch, MG] schafft Kultur (man muß eigentlich sagen: unausweichlich) als Objektivation seines wirkenden Geistes. Seine kulturellen Leistungen sind Symbolwelten, weil letztendlich alle menschliche Erfahrung und Erkenntnis (im Sinne symbolischer Prägnanz) symbolisch ‚geprägt' ist" (Hildenbrandt 1997, S. 17).

Die dabei entstehenden symbolischen Formen, die Kulturobjekte, zeichnen sich nach Cassirer durch drei wesentliche Gegenstandsmomente aus: das Physische, das Psychische und das Historische. In der Terminologie von de Saussure spricht Hildenbrandt (1997, S. 19) von Signifié, Signifiant und Diachronie. Die kulturelle Entwicklung, den Kulturprozess, beschreibt Cassirer durch die dialektische Grundbewegung zwischen Beharrung und Erneuerung, wobei Kulturgüter nicht wie im Tierreich vererbt, „sondern in einem kommunikativen Prozeß tradiert werden. Der Keim der Veränderung und Innovation liegt in der Offenheit und Unschärfe dieser Weitergabe in einem kommunikativen Austausch" (Hildenbrandt 1997, S. 20).

Die Anwendung von Cassirers Kulturtheorie auf den Inklusionsdiskurs würde eine diachrone kulturanthropologische Betrachtung erlauben, bei der nicht nur nach der äußeren Formentwicklung bzw. dem Wandel der Formen gefragt würde, sondern nach den zugrunde liegenden kulturellen Formungskräften. Ziel wäre, „das Verstehen auf die Analyse des Wirkens und nicht auf die der Werke zu gründen. Die empirischen Fakten […] sind nicht Ausgangspunkt, sondern stehen am Ende der Explikation als Ergebnis einer Genese, die als ein ‚Werden zur Form' aufgefasst wird" (Hildenbrandt 2001, S. 47). In der vorliegenden Arbeit spielt diese Analyseoption allerdings keine zentrale Rolle und bedürfte einer eigenen Arbeit, weil es weniger um eine Genealogie der Formungskräfte, als um die Suche nach einem kulturanthropologisch fundierten Strukturgenesemodell geht, auf dessen Grundlage Merkmale einer inklusiven Unterrichtslehre zu bestimmen wären.[26]

Wie passt der Inklusionsdiskurs in diese Kulturtheorie? Auch er zeichnet sich selbstredend durch ein Signifié, ein Signifiant und Diachronie aus. Sind *alle* Formen menschlichen Wirkens als ein Kulturschaffen zu interpretieren, weil dabei geistige Welten und somit konkrete symbolische Formen erzeugt werden, dann ist auch inklusive Schulwirklichkeit und der Inklusionsdiskurs selber im Sinne Goodmans (1990) als eine *Weise der Welterzeugung* zu verstehen, da inklusiver Unterricht eben nicht nur arbiträre pädagogische Praxis ist, sondern mittels der symbolischen Prägnanz immer auch Sinn transportiert. Erst diese wesentliche Bestimmung ermöglicht es, inklusiver Pädagogik im Kontext des gewählten Ansatzes den Status eines Kultursegments zuzusprechen und im Rahmen des symboltheoretischen Paradigmas zu diskutieren.

Bildungstheoretische Überlegungen

Dieser Kulturprozess cassirerischer Prägung kann nach Hildenbrandt

„als ‚Bildungsproseß' in einem ursprünglichen Wortsinn beschrieben werden. Die Herausbildung der Kultur als ein Universum von Symbolwelten, das ganz bestimmten Formungsprinzipien gehorcht, ist der Kern seiner Philosophie. Bildung kann so als Ursache und Ziel von Kultur gesehen werden" (Hildenbrandt 1998, S. 31).

---

[26]Haspers (2009b) kulturanthropologische Analyse des Tennisspiels folgt beispielsweise diesen philosophischen und methodologischen Grundannahmen oder auch Hildenbrandts Bemühungen, Formungsstufen des modernen Sports zu bestimmen (Hildenbrandt 2001).

3.3 Der Inklusionsdiskurs im Lichte des symboltheoretischen ...

Neben dieser grundsätzlichen Affinität der *Philosophie der symbolischen Formen* zum Bildungsbegriff erweist sich auch eine etymologische Betrachtung als fruchtbar. So bedeutet die germanische Wurzel „*bil-*" Wunderkraft, was auf frühe Bedeutungen des Wortes „bild-" verweist, in denen das Bild als Wunderzeichen, als magische Abbildung oder allgemeiner als Zeichen bzw. Symbol verstanden wurde. Festzuhalten bleibt ein ursprünglicher Zusammenhang zwischen den Begriffen Zeichen, Symbol, Bild und Bildung, der eine Verbindung semiotischer und bildungstheoretischer Überlegungen nahe legt (Hildenbrandt 1998, S. 39).

In Anlehnung an die kulturtheoretischen Überlegungen wird der individuelle Bildungsprozess an den Kulturprozess gebunden. Gebildet zu sein bedeutet auf dieser Basis, „mit den Symbolismen der Kultur kompetent handeln zu können. Als *Prozeß* kann Bildung verstanden werden als Erwerb von Kulturkompetenz, und als *Ergebnis* bezeichnet Bildung den Besitz und die Verfügbarkeit dieser Kompetenz bei der Gestaltung und Verknüpfung verschiedener Kulturgegenstände und Kultursegmente" (Hildenbrandt 2000, S. 17). Kulturkompetenz (Bildung) zeigt sich danach in der Fähigkeit, Kultur schaffen, verändern, erhalten, erwerben oder ggf. auch tilgen zu können. Dabei ist neben der Beherrschung der Sprache, die zweifellos die wichtigste Kulturkompetenz darstellt, vor allem der Werkzeuggebrauch zu nennen.

Konnten damit Merkmale von Bildung aus symboltheoretischer Sicht formuliert werden, ist nun zu fragen, unter welchen Bedingungen diese Bildung zu erwerben ist, oder in kantischer Terminologie: Wie ist Bildung im inklusiven Unterricht möglich? Einen Beitrag zu dieser zentralen Frage liefert in Übereinstimmung mit ästhetischen Diskussionen in der allgemeinen Pädagogik Franke, der das zur (Selbst-) Reflexion fähige Subjekt zum zentralen Bindeglied und gleichsam zur Prüfinstanz des Konstrukts *Bildung* macht.

> „Beides, der *Reflexionsprozeß* [kursiv, MG] auf der Basis von Vernünftigkeit, Selbstbestimmungsfähigkeit und Freiheit des Denkens und Handelns sowie die Frage nach dem vernunftbegabten, *erkenntnisfähigen Subjekt* [kursiv, MG] als autonome Person gelten als Voraussetzung und Merkmale von Mensch-Welt-Bezügen, denen man eine bildungsrelevante Bedeutung zuschreibt" (Franke 2000, S. 98).

Bedingung der Möglichkeit, um inklusiven Mensch-Welt-Bezügen bildungsrelevante Bedeutungen potenziell zuschreiben zu können, sind demnach auf der einen Seite Situationen, die eine selbstständige Reflexion des Subjekts herausfordern oder zumindest zulassen. Auf der anderen Seite ist es notwendig, die kantische Erkenntnistheorie „über das enge, sprachorientierte Vernunftverstehen hinaus zu einer Kulturtheorie zu erweitern" (Franke 2000, S. 104). In Anlehnung an Paetzold muss dafür „Kants transzendentale Logik zu einer *semiotischen* Logik erweitert werden. D. h., ihre grundlegenden Operationen sind nicht nur an das Modell sprachlicher Begriffe gebunden; der Erkenntnisprozeß, der bisher eingeengt auf die Sprache gedeutet wurde, muß prinzipiell auch offen für nicht-sprachliche Erfahrungsbereiche sein" (Franke 2000, S. 104). In Cassirers Symbolphilosophie sieht Franke ein geeignetes Instrumentarium, um diesen Schritt, weg von der Einengung des Erkenntnisprozesses auf verbale Systeme, hin zu einer grundsätzlicheren symbolhaften Auseinandersetzung mit der Welt, zu gehen, da in Cassirers Konzept der symbolischen Formung der kantische Dualismus von anschaulicher Sinnlichkeit und abstrakter Begrifflichkeit überwunden wird.

Erst wenn diese wesentliche Erweiterung der klassischen Erkenntnistheorie gelungen ist und dadurch deutlich wird, „daß nicht-verbale Symbolisierungen nicht nur eine Kennzeichnungsfunktion von Welt, sondern auch Reflexionen über die Welt ermöglichen, ist eine Brücke zum […] bildungstheoretischen Diskurs der Pädagogik zu schlagen" (Franke 1998, S. 53). Es ist zu fragen, „ob auch auf der präverbalen Ebene des Körperlichen reflexiv Distanz geschaffen werden kann, denn genau darin ist die Grundlage für Bildungsvorgänge zu sehen. Nur unter der Bedingung von reflexiver Distanz – so die allgemeine bildungstheoretische Annahme – können persönliche Handlungsspielräume gewonnen werden und persönliche Erlebnisse nachhaltig Auswirkungen auf die Person und ihren Weltzugang insgesamt haben" (Bietz 2005, S. 107).

> „Erst wenn der Strom der Regelmäßigkeiten unterbrochen wird, ‚Stolpersteine' die Routine unterbrechen, findet nicht nur ein Umsteuern statt, sondern dieser Zustand ist *fundamental für alle* [kursiv, MG] Formungs- und Prozessbedingungen im Mensch-Welt-Verhältnis" (Franke 2006b, S. 119).

Daraus lassen sich direkte bildungsdidaktische Ableitungen für das hier verhandelte Thema ziehen: Ein inklusiver Unterricht muss die Schülerinnen und Schüler zum Stolpern bzw. zur Selbstreflexion bringen, die sich dabei keineswegs in der sprachlichen Artikulation der Reflexion erschöpfen muss. Die Ausdrucksform – und hier zeigt sich erneut die Potenz des gewählten Ansatzes – ist durch ihren materiellen Träger zwar beeinflusst, aber nicht durch diesen determiniert. Die Artikulation kann ihren Ausdruck beispielsweise ebenso in einer Gebärde eines tauben Menschen oder in jeglicher anderen symbolischen Ausdrucksform finden.

Synopse

Die vorgenommene Analyse erkenntnis-, kultur- und bildungstheoretischer Grundlagen des symboltheoretischen Paradigmas liefert in Bezug auf die eingangs aufgeworfene Frage nach der Eignung des symboltheoretischen Paradigmas für das hier verhandelte Thema – speziell unter dem Primat der Autonomie und der Heterogenität – hilfreiche Erkenntnisse, denn die Betonung der Autonomie und der Heterogenität ist aus semiotischer Perspektive keine Folge normativer oder bildungspolitischer Vorüberlegungen, wie es sonst im Inklusionsdiskurs üblich ist (vgl. Abschn. 2.4.3). Das bisher Gesagte zeigt vielmehr, dass Autonomie und Heterogenität als Folge der strukturellen Grundverfasstheit des Menschen zu verstehen sind. Autonome Selbstbildung aufgrund unhintergehbarer Heterogenität ist in dieser Lesart keine Option menschlicher Handlungsmöglichkeiten, sondern primordiale erkenntnis-, kultur- und bildungstheoretische Notwendigkeit. Der Erhalt und die Förderung der Autonomie sind als Voraussetzung unserer individuellen und kulturellen Existenz zu verstehen.

Die Synthesis symbolphilosophischer Formen betont dabei explizit „die Selbständigkeit und Autonomie der Lernenden in Bezug auf die Art und Weise, wie sie ihre Weltbezüge auch und gerade im Rahmen des Lernens symbolisch formen" (Bietz 2004, S. 135), da symbolische Formungen eine gegebene „Wirklichkeit nicht (nur) ab-bilden, sondern diese bilden, d. h. sie sind poetische Systeme" (Franke 2006b, S. 115), die Wirklichkeit stets neu symbolisch erwirken.

Behinderungen, Einschränkungen von Sinnessystemen oder Insuffizienzen spezifischer Organfunktionen, wie sie als eine spezifische Form von Heterogenität verstanden werden können, befreien dabei keineswegs von dem anthropologisch begründeten Zwang zur autonomen Selbstbildung, wobei auch die Frage nach hoher oder niedriger Kultur obsolet ist (vgl. Abschn. 3.3.1). Auch die Annahme, dass die dabei erwirkten Symbolwelten in ihrer Beschaffenheit aufgrund unterschiedlicher Formungspotenziale unterschiedlicher Individuen Unterschiede aufweisen, befreit keinesfalls von der grundsätzlichen Notwendigkeit der autonomen Formung eigener symbolischer Ausdrucksformen. Blinde und sehbehinderte Menschen erzeugen in diesem Sinne beispielsweise keine irgendwie verdunkelten Wirklichkeiten, taube Menschen keine irgendwie stummen Lebenswelten und Menschen mit geistigen Behinderungen keine irgendwie reduzierten Entitäten. Die Symbolwelten sind nach Cassirer und in Einklang mit Bohlkens anthropologischer Anthologie nämlich gerade *nicht* auf struktureller Ebene durch das Material der Sinne charakterisiert (vgl. Abschn. 3.1.4), sondern auf funktionaler Ebene durch das Bestreben bedeutungshaltige Ausdrucksformen zu generieren und damit in ihrer jeweiligen Modalität immer auch vollständig (Cassirer 1996, S. 63).

3.3.2 Von der Genese überdauernder Bewusstseinsformen

Im Interesse, konkrete Hinweise für die didaktische Gestaltung eines inklusiven Unterrichts zu erlangen, bleibt zu fragen, wie die oben formulierte autonome Bildung bedeutungshaltiger Bewusstseinsinhalte zu denken ist, die hier als Erfahrungen bezeichnet werden (vgl. Abschn. 4.1), und kommen damit auf die eingangs bereits formulierte klassisch cassirerische Frage zurück, wie sich der Eindruck in überdauernden Ausdruck wandelt (vgl. Abschn. 3.2).[27] Da das symboltheoretische Paradigma neben seiner anthropologischen Fundierung auch ein Strukturgenesemodell für die Bildung symbolischer Formen enthält, ist eine Antwort im Rahmen dieses Modells möglich, die im Folgenden darzustellen ist.

> „Fixierung, Relationierung, Homogenisierung und Kontinuierung charakterisieren insgesamt die Transformation des bloßen Geschehens zu einer identifizierbaren, auch über das Ereignis ihres Auftretens hinaus präsenten Form" (Schwemmer 1997b, S. 82).

Von übergeordneter Bedeutung sind dabei vor allem die beiden untrennbar miteinander verbundenen und stets gleichzeitig auftretenden Momente der Fixierung und der Relationierung. Eine bestimmbare Identität, eine Einzig-Artigkeit, kann ein Bewusstseinsmoment nur gewinnen, wenn es sich eindeutig von anderen Bewusstseinsinhalten unterscheidet, auf die es sich gleichzeitig bezieht (Goodman 1990, S. 20). Erst durch die Relationierung zu anderen Bewusstseinsinhalten, die für die Unterscheidung und Klassifizierung ebenfalls präsent sein müssen, bekommt das Bewusstseinsmoment seine eigene Identität und kann dadurch überdauernd fixiert werden.

---

[27]Das Bewusstsein wird in Anlehnung an Cassirer als ein System von Verweisungen verstanden, in das die einzelnen Bewusstseinsinhalte integriert werden müssen, um sie identifizierbar zu machen. „Was vorbewußt ein leibliches Geschehen ist […], wird dadurch zu einem bewußten Ereignis, daß es in ein Element des Systems von Verweisungen transformiert wird, als das unser Bewußtsein existiert" (Schwemmer 1997b, S. 81). Die umfassende Verknüpfungsstruktur der symbolischen Bewusstseinsinhalte wird zur entscheidenden Eigenschaft des Bewusstseins. Ein wichtiges Charakteristikum der Bewusstseinsinhalte ist dabei, „daß alles Einzelne des Bewußtseins nur dadurch ‚besteht', daß es das Ganze potentiell in sich schließt und gleichsam im steten Übergang zum Ganzen begriffen ist" (Cassirer 1954b, S. 45).

> „Es gibt keine isolierte Identität ohne Bezug auf anderes: und zwar auf anderes, das gleichartig, d. h. das Element in einem System wechselseitiger Bezüge und möglicher Vergleiche zueinander ist. Die Identität eines Einzelnen ergibt sich nur im Vergleich mit vielem anderen – und ebenfalls aufeinander Bezogenem" (Schwemmer 1997b, S. 80).

Ergänzt werden die beiden Prozesse durch die Homogenisierung und die Kontinuierung. Bedingung der Relationierung von Bewusstseinsmomenten ist ihre weitgehende Homogenität im System von Verweisungen, das als unser Bewusstsein bestimmt wurde. Es muss etwas auf etwas anderes bezogen sein, damit es bewusst werden kann. Zum Prozess der Bewusstwerdung gehört demnach, dass das leibliche Geschehen in diesen „Modus des Aufeinanderbezogenseins" (Schwemmer 1997b, S. 82) verwandelt wird. Auch wenn durch die Transformation des leiblichen Geschehens in ein fixiertes Verweisungsmoment unseres Bewusstseins etwas Neues geschaffen wird, nämlich eine symbolische Struktur des ursprünglichen Geschehens bzw. dessen symbolische Form, so muss dieses ursprüngliche Geschehen in eben dieser Ursprünglichkeit auch sichtbar bleiben, es muss im Bewusstsein kontinuiert werden. Etwas ist dadurch *in* unserem Bewusstsein, dass es in unser symbolisches System von Verweisungen transformiert und integriert ist und in Relation zu anderen Bewusstseinsinhalten steht.[28]

Mit den Phänomenen Fixierung, Relationierung, Homogenität und Kontinuierung, die der Entstehung aller Bewusstseinsformen zugrunde liegen, erklärt Cassirer, wie sich prägnante Gestalten im Bewusstsein bilden, die jederzeit und vor allem losgelöst von dem Moment ihres Auftretens zur Verfügung stehen. Da dieser Prozess als eine Transformation beschrieben wurde, ist eine abbildhafte Integration der Bewusstseinsmomente in das Bewusstsein ausgeschlossen, was den poietischen Charakter unserer Bewusstseinsprozesse unterstreicht und sich mit dem entwickelten Inklusionsverständnis deckt.

---

[28]Ihren phylogenetischen Ausgangspunkt nimmt die Konstitutionsgeschichte der Bewusstseinsinhalte in unserem Ausdrucksleben. Das „Verstehen von Ausdruck", das für Cassirer vor dem „Wissen von Dingen" (Cassirer 1954a, S. 74) kommt, ist eine nicht hintergehbare Grundkompetenz menschlicher Lebensführung, um z. B. Gefahren einschätzen zu können. Zentral ist dabei, dass wir von den Sinneseindrücken in irgendeiner Form affektiv berührt werden, dass wir ergriffen sind und dass ein Sinn im Sinnlichen erkennbar ist. Auch wenn diesen ersten Wahrnehmungen dieselben Prozesse zugrunde liegen, die auch komplexe Wahrnehmungen und Bewusstwerdungen steuern, dürfen diese Wahrnehmungen nicht als eine tätige Gestaltung unseres Bewusstseins verstanden werden. Wir erleiden diese Wahrnehmungen vielmehr ohne unser Zutun. Fixierte Bewusstseinsmomente sind dagegen nicht einfach gegeben, sondern müssen als hergestellte Momente verstanden und erwirkt werden.

Die symboltheoretische Deklination zeigt, dass keine grundsätzlichen Aspekte gegen eine Beschreibung der Inklusionsdiskurses in den Termini des symboltheoretischen Paradigmas sprechen. Vielmehr zeigen sich weitreichende strukturelle Übereinstimmungen zwischen dem Inklusionsdiskurs und den symboltheoretischen Überlegungen, die es erlauben, Inklusion auf der Grundlage der semiotischen Fundierung zu beschreiben. Dass die eingangs angestellten Überlegungen in ein anderes theoretisches System übertragbar sind, mag zwar als positives Indiz gelten, doch führt ihre Übertragung in ein anderes deskriptives System noch nicht zu neuen Erkenntnissen. Das eigentliche Innovationspotenzial des symboltheoretischen Paradigmas zeigt sich erst darin, dass nun auch Aussagen darüber gemacht werden können, wie sich Eindruck in Ausdruck wandelt und wie die Genese überdauernder Bewusstseinsformen, die unser Verhalten nachhaltig verändern und hier als Erfahrungen bezeichnet werden, zu modellieren sind. Für den angestrebten unterrichtspraktischen Ertrag sind diese Aussagen allerdings noch zu abstrakt und bedürfen der weiteren Konkretisierung, da sie bisher noch kein praxistaugliches Genesemodell erlauben und keine Aussagen darüber, wie Unterricht inklusive Bildungsbemühungen unterstützen kann.

Wurden Fixierung und Relationierung als zentrale Phänomene bestimmt, die die überdauernde Integration von Bewusstseinsformen im Bewusstsein charakterisieren, soll der Weg von einem in der Realität stattfindenden, leiblichen Geschehen zu einer in unserem Bewusstsein unabhängig vom ursprünglichen zeitlichen oder situativen Kontext existierenden symbolischen Struktur deshalb nun weiter konkretisiert werden.

> „Schwierig wird aber die Erklärung dafür, daß sich unsere konkreten Erfahrungen – wenn wir sie denn wirklich als die selbsttätigen Gestaltungen unseres Bewußtseins verstehen – über ihre jeweilige Ausbildung hinaus zu dem im Prinzip ständig verfügbaren Repertoire unserer Erinnerungen und zum im Prinzip ständig gegenwärtigen Hintergrund unserer Wahrnehmungen verdichten" (Schwemmer 1997a, S. 94).

Im Bestreben, diese Transformation zu erklären, unterscheidet Schwemmer zwei Bewusstseinsprozesse: die primäre Bewusstwerdung eines leiblichen Geschehens und die sekundäre Vergegenwärtigung von Bewusstseinsprozessen. Die *primäre Bewusstwerdung* übersetzt ein leibliches Geschehen in die Verweisungsstrukturen des Bewusstseins. Das Ergebnis sind geistige Bewusstseinsmomente, die sich als Erlebnisse, Wahrnehmungen, Vorstellungen oder Gefühlsregungen artikulieren (Schwemmer 1997b, S. 84). Diese Bewusstseinsmomente sind keine Analogien der ursprünglichen Geschehnisse. Aufgrund der geistigen Bearbeitung der ursprünglichen Erlebnisse kommt es zu einem strukturellen Wandel der

3.3 Der Inklusionsdiskurs im Lichte des symboltheoretischen ...

Existenzform des ursprünglichen Geschehens von einem leiblichen Geschehen zu einer geistigen Form dieses Geschehens. Das Ergebnis der primären Bewusstwerdung ist allerdings immer noch in seiner Zeitlichkeit gefangen, stark an seinen lebensweltlichen Kontext gebunden und noch nicht generell verfügbar. Es wird hier, in Abgrenzung zur Erfahrung, als Erlebnis bezeichnet. Auch wenn das Erlebnis vorübergehend bewusst wird, vergeht es wieder, führt nicht zu einer überdauernden Veränderung zukünftigen Verhaltens.

Doch wie lässt sich überhaupt verstehen, dass sich einzelne Momente aus dem unablässig fließenden, amorphen Strom der Sinneseindrücke isolieren, Zentren bilden und letztlich bewusst werden? Die Antwort liegt in der immanenten Selbstgliederung unserer Wahrnehmung und verweist auf die wahrnehmungs- und erkenntnistheoretische Komponente der Cassirerschen Philosophie (vgl. Abschn. 3.3.1). Das *Animal symbola formans* ist kraft der symbolischen Prägnanz quasi dazu programmiert, im Sinnlichen immer auch sinnhafte Strukturen bildend zu erkennen, die uns affektiv berühren. Schwemmer spricht in diesem Zusammenhang von Anmutungsqualität (Schwemmer 1997b, S. 88). Die Ordnung in diesem Prozess liegt in der Wahrnehmung selbst und ist kein nachgeschalteter kognitiver Vorgang. Die Synthesis ist dabei untrennbar an die motorische Selbstbewegung gebunden, da erst sie die ökologische Bühne bereitet, auf der Mensch und Welt in Beziehung zueinander treten. Die Bewegung, als Urform der Synthesis verstanden (Scherer und Bietz 2000; Bietz 2004), stellt somit eine eigene erkenntnistheoretische Kategorie dar (vgl. Abschn. 3.3.4; Franke 1998, 2006a; Köller 2001). In diesem Sinne, der grundsätzlichen Bedingung einer synthetisierenden und nicht weiter hinterfragbaren Welterfassung, ist auch Franke zu verstehen, wenn er davon spricht, dass „die Wahrnehmung der Welt immer schon eine synthetisierende Struktur [voraussetzt, MG], so daß die menschliche Erfahrung strukturell als symbolische Tätigkeit verstanden werden kann" (Franke 2000, S. 106). Schwemmer bezeichnet die motorische Selbstgliederung und die Anmutungsqualität unseres Ausdruckslebens vor diesem Hintergrund als „die ‚natürlichen' Wurzeln für die weitere Gliederung unserer Wahrnehmungswelt" (Schwemmer 1997b, S. 89).

Erst der Prozess der *sekundären Vergegenwärtigung* löst ein Bewusstseinsmoment aus der temporären Determination und macht es unabhängig vom situativen Kontext des Auftretens verfügbar. Das solchermaßen Vergegenwärtigte ist dabei weder als eine Imitation des ursprünglichen Ereignisses noch als vorgängiger Bewusstseinsprozess zu interpretieren. Es gewinnt durch seine Vergegenwärtigung vielmehr eine eigene Identität, die unabhängig vom ursprünglichen Ereigniszusammenhang zu denken ist und sich durch die (symbolische) *Form des Ereignisses* definiert.

„Denn mit seiner Vergegenwärtigung wird dieses Ereignis aus dem ‚Strom' des Bewußtseins, aus seiner prozessualen Existenzform als Ereignis herausgehoben. Es ist nun nicht mehr eine Phase oder geformte Episode des Bewußtseinslebens, die sich entwickelt und auch dann, wenn sie Spuren hinterläßt, als Ereignis wieder verschwindet, sondern es wird mit seiner Vergegenwärtigung ein eigener, aus dem Zusammenhang der Phasen und Episoden weitgehend herausgelöster ‚Gegenstand', auf den wir uns auch unabhängig von diesem Ereignis-Zusammenhang beziehen können" (Schwemmer 1997b, S. 85).[29]

Mit anderen Worten: Das Ergebnis dieses zweistufigen Prozesses ist weder das ursprüngliche Ereignis noch dessen Bewusstseinsmoment, sondern die im Bewusstsein überdauernd fixierte *bedeutungshaltige Form* des Ereignisses, die oben bereits mit dem Terminus Erfahrung belegt wurde. Das Ergebnis ist eine Form bzw. Struktur des Bewusstseins, die zukünftiges Wahrnehmen und Handeln überdauernd verändert. Im Bestreben, damit eine hilfreiche Zusammenfassung zu liefern, sind die bisherigen Überlegungen in Abb. 3.1 schematisch dargestellt. Die nachfolgende Interpretation der Grafik soll helfen, die bisherigen Ausführungen zu erweitern und zu präzisieren:

Aus dem amorphen Strom der Sinneseindrücke, aus der Realität, werden selektiv Informationen wahrgenommen, wobei die primäre Bewusstwerdung zu einem Wechsel der Existenzform dieser Eindrücke führt. Die entstehenden Bewusstseinsformen, die hier mit dem Begriff Erlebnis überschrieben sind, werden dann zu Erfahrungen, wenn sie vergegenwärtigt werden und überdauernd im Bewusstsein integriert sind, womit ein erneuter Wechsel der Existenzform verbunden ist. Diese Modellierung erlaubt die vorgenommene begriffliche Abgrenzung zwischen Erlebnis und Erfahrung, bei der sich Erfahrungen von

---

[29]Von besonderer Bedeutung ist dabei, dass dieser Akt nach Schwemmer, ebenso wie die primäre Bewusstwerdung, eigenen Gesetzen folgt und eine andere Struktur als die Realität hat. Dass Schwemmer auch für die sekundäre Vergegenwärtigung von Bewusstseinsmomenten eine strukturelle Eigenständigkeit formuliert, ist philosophiegeschichtlich nicht unumstritten. Einigkeit dürfte dagegen wohl bei der Aussage bestehen, dass zwischen einem leiblichen Geschehen und seiner (primären) Bewusstwerdung ein struktureller und qualitativer Unterschied besteht. Für diese Arbeit ist es allerdings nötig, Schwemmers Argumentation, die auch für die sekundäre Vergegenwärtigung eine Eigenständigkeit beansprucht, zu folgen, da sonst eine entscheidende Einsicht in Cassirers Symbolphilosophie verloren gehen würde: die Einsicht in den poietischen und produktiven Charakter *aller* unserer bewussten geistigen Leistungen.

3.3 Der Inklusionsdiskurs im Lichte des symboltheoretischen ...

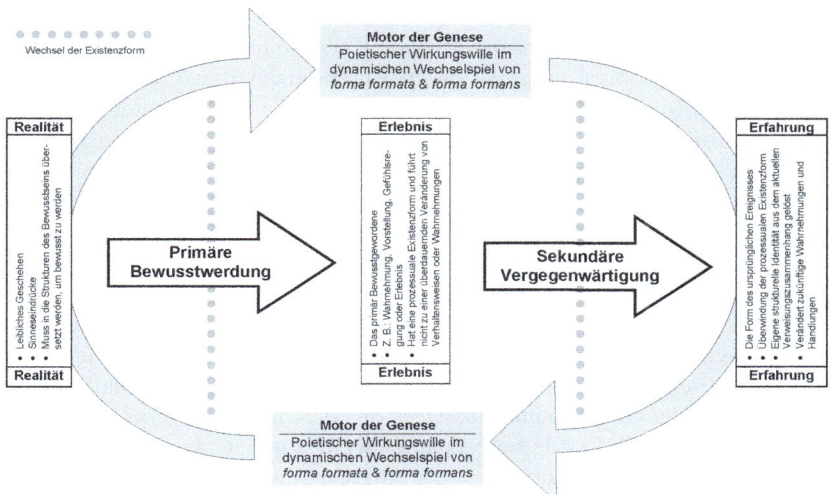

Abb. 3.1 Genesemodell überdauernder Bewusstseinsformen. (© Giese modifiziert nach Giese 2008, S. 182)

Erlebnissen dadurch unterscheiden, dass die Erstgenannten zu Veränderungen von zukünftigen Wahrnehmungen und Handlungen führen, produktiv weiter zu verwenden.[30]

---

[30]Schwemmer schlüsselt, im Bestreben eine Genealogie der Bewusstseinsformen zu entwerfen, diesen Prozess an anderer Stelle noch weiter auf und spricht von vier Bewusstseinsformen. Er unterscheidet „zwischen dem Erregungszustand in unseren Sinnesorganen und dem Gegenwärtigsein einer Weltsituation. Weiter ist zu unterscheiden zwischen diesem bloßen Gegenwärtigsein und der Verfügung über die Möglichkeit der Vergegenwärtigung, sei es als Erinnerung an Gewesenes, als sozusagen gebundene Vorstellung, oder als irgendwie phantasierte, als freie Vorstellung. Und schließlich ist zu unterscheiden zwischen einer freien Vorstellung und ihrer symbolischen Darstellung in welchem Medium auch immer" (Schwemmer 1997b, S. 82). Diese vier Stufen, die jeweils eine neue Struktur erschließen und sich nicht auf die Regeln oder Prinzipien der vorangehenden zurückführen lassen, markieren die Schritte zum Aufbau unserer Wahrnehmungs- und Erfahrungswelt. Wie der Aufbau der Wahrnehmungswelt und die Beziehung zwischen den unterschiedlichen Bewusstseinsformen zu denken ist, wird von Schwemmer dabei ausführlich dargestellt (Schwemmer 1997a, S. 73–96, b, S. 69–125). Diese Genealogie lässt sich zwar nicht ohne weiteres auf die primäre Bewusstwerdung und die sekundäre Vergegenwärtigung übertragen,

Zentrales Charakteristikum des vorgestellten Modells ist in Übereinstimmung mit dem entwickelten Inklusionsverständnis die Annahme, dass die einzelnen Bewusstseinsformen aufgrund des poietisch-produktiven Charakters unserer bewussten geistigen Leistungen auf jeder Stufe neu erwirkt werden müssen. Erfahrung ist in dieser Modellierung ein (auto-)poietischer Bildungsprozess. Diese wesentliche Bestimmung der Erfahrung findet ihre Entsprechung damit auch in der theoretischen Fixierung des Erfahrungsbegriffs in der Symbolphilosophie Cassirers und deren Adaptation durch Schwemmer. Bedingung der Möglichkeit von Erfahrung ist in dieser Modellierung Cassirers an Bewegung gebundene Fundierung des *Seins im Tun* (vgl. Abschn. 3.2.1 und 3.3.4).

Erst die kulturanthropologische Bestimmung des Menschen als eines *bewegten* Wesens (vgl. Abschn. 3.3.4), das wirkt und sich ausdrückt, lässt den Bildungsprozess in Gang kommen und hält ihn wortwörtlich fortwährend am Laufen. Dabei steht es dem Individuum keineswegs frei, diesen Weg zu gehen. Durch die kulturanthropologisch fixierte Entkopplung von Reiz und Reaktion und die darin begründete Gestaltungsbedürftigkeit der Mensch-Welt-Bezüge ist der Mensch durch das weitgehende Fehlen automatisierter Verhaltensweisen gekennzeichnet. Er tritt der Welt nicht passiv gegenüber, sondern *muss* sich mithilfe seiner synthetisierenden Kompetenzen sein eigenes symbolisches Universum bilden (Bietz 2004, S. 136).

Das Genesemodell überdauernder Bewusstseinsformen, die hier als Erfahrungen interpretiert werden, als ein autopoietischer Bildungsprozess bedarf allerdings noch der Erweiterung um das Merkmal der Selbstbezüglichkeit, was in Abb. 3.1 durch die beiden kreisförmigen Pfeile ausgedrückt ist. Indem Erfahrungen gewonnen werden, verändert sich die Art und Weise, wie neue Erfahrungen gemacht werden. Es kommt aufgrund der notwendigen selbständigen Reflexion des Geschehens zu einer Veränderung der handlungsleitenden Antizipationen. Eine objektive Wahrnehmung der Realität, des *Dings an sich,* ist im kantischen Sinne nicht möglich. Unsere Wahrnehmung ist nicht der Nullpunkt unserer Weltbegegnung, sondern aufgrund der selbstbezüglichen Grundstruktur der Erfahrung immer schon von Vorerfahrungen imprägniert. Die Weiterführung dieses Gedankens macht auch deutlich, dass das in der Realität

---

doch zeigt sich, dass eine Erweiterung bzw. eine höhere Auflösungsgenauigkeit möglich ist. Auch wenn es reizvoll wäre, weitere Bewusstseinsformen und ihre Bedeutung für die sport- und bewegungspädagogische Theoriebildung zu untersuchen, so kann dies in der vorliegenden Arbeit nicht geschehen, da die Beschränkung auf die Erfahrung bereits ein ganzes Buch füllt.

Zu-Erfahrende bereits im Rahmen der Vorerfahrungen des Individuums liegen muss. Nur was als Vorerfahrung bereits aus der Erfahrung kommt, ist für uns als Realität überhaupt erkennbar.

Dabei darf allerdings – wie bereits betont – nicht von additiven Integrationsprozessen ausgegangen werden. Neue Erfahrungen werden im Bewusstsein nicht dadurch fixiert, dass sie substanziell neben andere gestellt würden. Neu geprägte symbolische Strukturen erfahren infolge der Prozesse Fixierung, Relationierung, Kontinuierung und Homogenisierung bei ihrer Integration in das Bewusstsein nicht nur selbst eine Veränderung, sondern verändern ihrerseits auch das dynamische Verweisungssystem, in das sie integriert werden: das symbolische Netzwerk, als das unser Bewusstsein beschrieben wurde. Die alten Formen werden dabei nicht ersetzt, sondern bleiben in den neuen Formen enthalten und gehen in ihnen auf. Additive Integrationsmodelle sind somit zugunsten integrativer und strukturgenetischer Modellierungen aufzugeben.[31]

3.3.3 Überdauernde Bewusstseinsformen als Funktion der produktiven Einbildungskraft

Die vorgenommene Einordnung der Erfahrung in Schwemmers elaboriertes System der Bewusstseinsformen ist allerdings, und das sei ausdrücklich erwähnt, a posteriori vorgenommen. Auch wenn die verwendeten Texte von Schwemmer und Cassirer keine unmittelbare Bestimmung der Inklusion oder der Erfahrung zulassen, erlauben sie trotzdem weiterführende Aussagen darüber, wie der Weg des geistigen Produzierens überdauernder Bewusstseinsformen zu denken ist:

---

[31]Scherer, der die strukturelle Isomorphie zu Piaget explizit betont (Scherer 2004, S. 140), liefert ein anschauliches Beispiel, das diesen Sachverhalt verdeutlicht. In einem Lernexperiment bekamen die Probanden die Aufgabe, die beiden Trittflächen des Pedalos auf gleicher Höhe zu halten und um diese „Waage-Position" herum zu pendeln. Empirisch erhoben wurde das Fahrverhalten vor der Waage-Aufgabe, die Durchführung der Aufgabe selbst sowie das Vorwärts- und Rückwärtsfahren nach der Aufgabe. Beherrschten die Versuchspersonen vor der Waage-Aufgabe lediglich die sog. Umsteigetechnik, zeigte sich danach eine Veränderung der gesamten Bewegung. Die besondere Pointe: Das Vorwärts- und Rückwärtsfahren wird nach der Waage-Aufgabe anders gelöst als vorher, obwohl die Waageposition als isolierte Technik dort nicht vorkommt. Offenbar hat die Veränderung einer einzelnen Einheit zu einer Modifikation der gesamten Bewegung geführt, was für eine strukturgenetische Interpretation spricht (Scherer und Bietz 2001).

"Daß diese Entwicklung stattfindet, verdankt sich den poietischen Energien unseres Geistes, die Cassirer mit Vorliebe unter dem Titel ‚produktive Einbildungskraft' stellt. So betont er denn auch, daß der ‚Akt der Zentren-Bildung und Zentren-Schaffung' auf eine ‚produktive geistige Grundfunktion zurückgeht', auf eine poietische Tätigkeit, die man niemals ‚aus bloß reproduktiven Prozessen' vollständig erklären kann" (Schwemmer 1997b, S. 89).

Diese *produktive Einbildungskraft* verwirklicht sich in dem dynamischen Wechselspiel von *forma formata* und *forma formans,* auf das bereits im Abschn. 3.2.2 die Sprache gekommen ist und das im Sinne der voranschreitenden didaktischen Konkretisierung nun weiter erläutert wird:

"Wenn Cassirer diese ‚produktive Einbildungskraft' das ‚einigende ideelle Band' aller symbolischen Formen nennt, dann geht es ihm um die immer wieder von Humboldt entlehnte Unterscheidung zwischen Ergon und Energeia, zwischen der forma formata und der forma formans, zwischen dem gestalteten Werk und der gestaltenden Kraft. Die symbolischen Formen und Welten sind nur dann verständlich, wenn wir sie auf die Dynamik des gestaltenden Tuns hin ‚durchschauen', das in ihnen zum Ausdruck kommt" (Schwemmer 1997b, S. 44 f.).

Gemeinsame Ursache und Motor der Genese aller Bewusstseinsformen – und damit auch von Sinn und Erfahrung – ist die von Cassirer so bezeichnete *produktive Einbildungskraft* – das aktive intentionale Wirken des Individuums, das sich an der Widerständigkeit der Welt bricht und das dem dynamischen Wechselspiel von *forma formata* und *forma formans* folgt (vgl. Abb. 3.1). Damit sind wir in der Theoriebildung an einem Punkt angelangt, an dem es möglich wird, die Abstraktionsstufe schrittweise zu senken, ein Herunter-Brechen der bisherigen Argumentation in die Praxis sukzessive vorzubereiten, um damit die Erarbeitung didaktischer Konsequenzen anzubahnen.

Bevor dieses Konzept allerdings auf seine didaktischen Konsequenzen hin durchleuchtet werden kann, bedarf es wegen seiner zentralen Position für die Theoriebildung in dieser Arbeit der weiteren Erläuterung. Was genau meint die Rede von dem *einigenden ideellen Band?* Diese Formulierung führt leicht zu dem Gedanken, dass in allen symbolischen Formen eine gemeinsam wirkende Gestaltungskraft existent sei. Eine solche Interpretation wäre jedoch ein Missverständnis. Mit der produktiven Einbildungskraft verweist Cassirer nicht auf eine einheitliche Energie oder Gestaltungskraft, die in allen symbolischen Formen zu finden wäre, sondern auf das Produktive im schöpferischen Tun. Es existiert keine unveränderliche Formungsenergie oder gar eine starre Regelhaftigkeit, nach der sich symbolische Formen generieren, sondern nur das kreativ schöpferische Werk von Individuen. Jede symbolische Formung ist ein individueller schöpferischer Akt, der eigenen Gesetzen folgt, die nicht auf andere Formsysteme übertragbar sind. Bei diesem Werden zur Form gibt es keine substanziellen Fixpunkte, sondern stets nur funktionelle Neubildungen. Die besondere Pointe: Für Cassirer ist auch jedes Verstehen ein aktiver schöpferischer Akt, der nur funktioniert, wenn in der Form das gestaltende Wirken von Individuen erkannt wird. Auch das Verstehen verdankt sich damit der produktiven Einbildungskraft. Damit ist ein angemessenes Verständnis des einigenden ideellen Bandes gefunden: Dieses Band ist aus der Überzeugung geknüpft, dass nicht nur das Form-Schaffen, sondern auch das Form-Verstehen als gestaltende, schöpferische Akte zu interpretieren sind, in denen sich immer auch der Ausdruckswille von Individuen zeigt.

Es bleibt die zentrale Erkenntnis, dass alle divergierenden Bewusstseinsformen in einer einheitlichen poietischen Energie des Geistes wurzeln, die die Gliederung unserer Wahrnehmungs- und Erfahrungswelt begründet. Als einheitlich, über alle Formen hinweg, kann bei diesem Prozess dementsprechend lediglich die semiotische Perspektive der unhintergehbaren Symbolverwendung bzw. der Bildgestaltung erkannt werden, „aber die Verschiedenheit der Formen tritt sofort wieder hervor, sobald man auf das verschiedene Verhältnis reflektiert, das der Geist in jeder von ihnen zu der von ihm erzeugten Welt der Bilder und Gestalten sich gibt" (Schwemmer 1997b, S. 45).

Werden alle geistigen Leistungen als freie und individuelle Schöpfungen unseres Bewusstseins verstanden (Schwemmer 1997a, S. 94), so stellt sich auch die Frage nach der kulturellen Stabilität dieser Schöpfungen. Wie kann eine gemeinsame kulturelle Grundlage auf der Basis freier und individueller geistiger Schöpfungen erklärt werden? Wie ist in diesem Sinne beispielsweise Kommunikation möglich, wenn jedes Individuum sein eigenes, autonomes symbolisches Universum entwirft? Die Antwort liegt in der Interindividualität der Symbole, mit denen unsere Wahrnehmungsformen verknüpft werden. So ist die Sprache einer Kulturgemeinschaft, um bei diesem Beispiel zu bleiben, ein weitgehend geregeltes und öffentliches Symbolsystem, aber auch in der Architektur, der Mode, dem Sport oder der Behindertenpädagogik sind unsere Symbolsysteme in gewissen Grenzen kulturell vorinterpretiert. So eignen sich Kinder im Verlauf des Spracherwerbs das Konzept der Symbolisierung zwar an, doch sind sie dabei keineswegs frei in der Wahl der Namen, die sie den Dingen geben. Diese Prägung entbindet das Individuum allerdings nicht von der Notwendigkeit, die vorhandenen Symbolsysteme in das eigene Bewusstsein produktiv zu integrieren.

Überdauernde Bewusstseinsinhalte

„verlieren damit nicht ihren Charakter als individuelle Schöpfungen. Aber sie sind keine Schöpfungen aus dem Nichts, sondern eine Schöpfung inmitten der kulturellen Symbole und eine Schöpfung aus diesen kulturellen Symbolen. [...] Aus dieser Eingebundenheit in die Kultur der symbolischen Formen gewinnen sie letztlich ihre Festigkeit nicht nur über den Augenblick, sondern auch über die individuellen Geschichten der wahrnehmenden, handelnden und sich dabei immer auch artikulierenden Person hinaus" (Schwemmer 1997a, S. 95).

Die Rede von einem akkumulierenden Erfahrungsschatz, der die Mensch-Welt-Bezüge im Idealfall ständig optimiert, erklärt sich auf der Folie dieser theoretischen Fundierung somit aus der interindividuellen symbolischen Fixierung unserer Erfahrungen. Erst diese Symbolisierung erklärt die kulturelle und interindividuelle Stabilität unserer Erfahrung, die die Rede von einem akkumulierenden Erfahrungsschatz überhaupt erst ermöglicht.

Verlassen wir diesen Seitenpfad und kehren zu dem angestrebten Genesemodell symbolischer Formen respektive von Erfahrung zurück: Die Genese von Erfahrung in einem inklusiven Unterricht folgt, und dies kann als ein vorläufiges Fazit gelten, den Prinzipien der symbolischen Formung und ist an das dynamische Wechselspiel von *forma formata* und *forma formans* gebunden (vgl. Abschn. 3.2.2):

„Das Wechselspiel zwischen beiden macht erst den Pendelschlag des geistigen Lebens selbst aus. Die »*forma formans*«, die zur »*forma formata*« wird, die um ihrer eigenen Selbstbehauptung willen zu ihr werden muß, die aber nichtsdestoweniger in ihr niemals gänzlich aufgeht, sondern die Kraft behält, sich aus ihr zurückzugewinnen, sich zur »*forma formans*« wiederzugebären – dies ist es, was das Werden des Geistes und das Werden der Kultur bezeichnet" (Krois 1995, S. 18).[32]

---

[32] Das Wechselspiel von *forma formata* vs. *forma formans* verweist bei Cassirer auf die bekannte humboldt'sche Unterscheidung zwischen Sprache als Ergon vs. Energeia: „Humboldts Gedanke, daß die Sprache niemals als bloßes Werk (Ergon), sondern als Tätigkeit (Energeia) zu begreifen ist, daß alles, was an ihr ‚Tatsache' ist, erst völlig verständlich wird, wenn man es bis zu den geistigen ‚Tathandlungen' zurückverfolgt, aus denen es entspringt, erfährt hier unter veränderten geschichtlichen Bedingungen seine Erneuerung" (Cassirer 1954b, S. 120). Kongeniale Unterscheidungen zwischen der Sprache als Abstrakta und dem jeweiligen Sprechakt finden sich bei dem Begründer der modernen Linguistik, de Saussure (langue vs. parole), ebenso wie in der generativen Transformationsgrammatik von Chomsky (competence vs. performance), der sich dabei ebenfalls expressis verbis auf Humboldt beruft.

In diesem dynamischen Prinzip ist der selbstbezügliche Charakter der Erfahrung fest verankert. Indem wir beispielsweise eine Bewegung, als *forma formata*, an eine konkrete Handlungssituation herantragen, entwickelt diese Form in dem Moment der Auseinandersetzung mit der Welt ein eigenes Formungspotenzial. Besonders dann, wenn das antizipierte Resultat der Handlung nicht erzielt wird und es mit Waldenfels (2002) zu notwendigen Bruchlinien der Erfahrung kommt. Die *forma formata* wird zur *forma formans*. Mit zunehmender Passung der Handlungsabsichten zu den Effekten wird die *forma formans* immer mehr zur *forma formata*, geht in ihr aber niemals völlig auf. Verstehen wir Vorerfahrungen als *forma formata*, so lässt sich der beschriebene Mechanismus auf die Erfahrung übertragen. Unser Handeln ist immer von Vorerfahrungen bestimmt, und indem wir neue Erfahrungen machen, verändert sich nicht nur unser Erfahrungsbestand, sondern auch die Art und Weise, wie wir neue Erfahrungen machen. Darüber hinaus ist der Funktionsmechanismus, ebenso wie die Erfahrung, an die Wahrnehmung von Differenz gebunden, die sich „in der Gegenüberstellung von *forma formata* (gestaltetes Werk) und *forma formans* (gestaltende Kraft) zeigt" (Franke 2006b, S. 115). Dieser Prozess, der untrennbar an die Bewegung als fundamentaler Modus des Zur-Welt-Seins gebunden ist (vgl. Abschn. 3.3.4), ermöglicht eine Vermittlung der drei von Cassirer so bezeichneten Basisphänomene Ich, Werk und Wirken (Krois 1995, S. 123) und wird in struktureller Analogie zu Hegel als das selbstbezügliche Charakteristikum der Erfahrung beschrieben.

Die Welt bleibt nicht stumm, wenn der Mensch auf sie einwirkt. In der Wahrnehmung des erschaffenen Werks ist vielmehr eine prinzipiell unbeschränkte Zahl an Antworten enthalten, die das Ich auf der Basis seiner Vorerfahrungen interpretiert. Die bisherigen Versuche, eine semiotische Theorie des Inklusionsdiskurses zu entwickeln, zeigen Parallelen zu den Bemühungen von Bietz (2004) und Scherer (2004), das Wechselspiel von *forma formata* und *forma formans* für bewegungspädagogische Fragestellungen nutzbar zu machen. Bei ihren Bemühungen, eine symbolphilosophische Theorie des Bewegungslernens zu entwickeln, kommen sie dabei zu kongenialen Ergebnissen:

> „Bewegen und Bewegungslernen folgen […] den Grundprozessen der symbolischen Formung und unterliegen damit einer inhärent dynamischen Tendenz. Symbolische Formen entfalten ein formgebendes Potenzial, indem sie weitere Formungsprozesse in Wahrnehmung und Bewegung prägen. In Auseinandersetzung mit der Widerständigkeit von Welt, in unserem Fall mit spezifischen Bewegungssituationen, erfahren sie in dieser formgebenden Funktion zugleich eine Brechung und ihrerseits weitere Formung" (Scherer 2004, S. 138).

Bietz verweist in diesem Zusammenhang auf die enge Verwandtschaft dieses strukturgenetischen Mechanismus zu kognitionspsychologischen und bewegungswissenschaftlichen Theorien:

> „Das Lernen wird in diesen dynamischen Prozessmodellen ebenfalls nach einem strukturgenetischen Prinzip konzipiert. Die Modelle gehen im Kern davon aus, dass sich in der handelnden Auseinandersetzung des Menschen mit seiner Umwelt die handlungsleitenden Strukturen durch den zirkulären Wechsel des Einwirkens und Rückwirkens in Assimilations- und Akkommodationsvorgängen fortlaufend umformen. Es ergibt sich eine zirkuläre Grundstruktur der wechselseitigen Verknüpfung von Struktur und Funktion, die dem poietischen Formungsprinzip von forma formata und forma formans vergleichbar ist" (Bietz 2004, S. 134).

Die strukturellen Übereinstimmungen zwischen strukturgenetisch-konstruktivistischen Ansätzen in der Tradition von Piaget und Neisser auf der einen Seite und dem dichotomen Begriffspaar *forma formans* und *forma formata* auf der anderen Seite, die von Scherer und Bietz für das Lernen formuliert wurden (vgl. auch Scherer und Bietz 2013), können damit auch auf die hier vorgenommene theoretische Fundierung des Inklusionsdiskurses übernommen werden.

3.3.4 Die Bedeutung der Bewegung für die Synthesis symbolischer Formen

Konnte die kulturanthropologische Grundlegung des Inklusionsdiskurses im letzten Kapitel – auch in didaktischer Absicht – weiter konkretisiert werden, bleibt abschließend auf die zentrale Bedeutung der Bewegung, auf die Notwendigkeit, das Individuum nachhaltig in Bewegung zu bringen, in dem hier verfolgten Ansatz hinzuweisen. Wurde in Abschn. 3.2.2 bereits darauf hingewiesen, dass die einzige Schnittstelle, um den *Willen zur Form* mit der Formungswiderständigkeit der Welt in Bezug zu setzen, die Selbst-Bewegung darstellt, weil ausschließlich in ihr Welt und Wille aufeinander treffen, so kann die Bedeutung der Bewegung als Bedingung der Möglichkeit symbolischer Synthesen im Folgenden nicht hoch genug eingeschätzt werden, weil Selbstbewegung allen Synthesen konstitutiv zugrunde liegt:

> „Da auf der Bewegung der fundamentale Weltbezug des Subjekts gründet, der sich in primären Ordnungen natürlicher Symbolik niederschlägt, kann in der Bewegung die Urform der Synthesis gesehen werden, die dem Bewußtsein sowohl einen Begriff der Welt als auch vom eigenen Ich symbolisch vermittelt" (Scherer und Bietz 2000, S. 146).

3.3 Der Inklusionsdiskurs im Lichte des symboltheoretischen ...

In dem Bestreben, Kants erkenntnistheoretischen Dualismus von anschaulicher Sinnlichkeit und abstrakter Begrifflichkeit zu überwinden (vgl. Abschn. 3.3.1), kann Köller überzeugend darlegen, dass das flüchtige und nicht-sprachliche „Phänomen *Bewegung* eine elementare Methode der Welterschließung und der Erfahrungsstrukturierung" (Köller 2001, S. 20) darstellt und als eine eigene non-verbale erkenntnistheoretische Kategorie zu betrachten ist.

Erst die Bewegung ermöglicht dem Individuum die Herausbildung individueller und kultureller Symbolismen, weshalb „der Mensch sein gesamtes Dasein gewissermaßen am ‚Leitfaden der Bewegung' orientiert" (Hildenbrandt 2005, S. 205). Erst die Fähigkeit der autonomen Selbst-Bewegung erlaubt es dem Menschen, intentional und teleologisch mit der Welt in Beziehung zu treten. Nur in der Bewegung kann der Formungs- und Ausdruckswille des Individuums eine Brechung durch die Welt erfahren. Bewegung wird dadurch zum Urgrund unserer biologischen, individuellen und kulturellen Existenz.

> „Gebunden ist dieser Prozess an das Handeln. Die kulturelle Wirklichkeit muss ‚er-wirkt' werden, und auf ihrer fundamentalsten Stufe ist dieses Tun an die Bewegungsfähigkeit gebunden" (Hildenbrandt 2005, S. 206).

Kongeniale Annahmen finden sich auch bei Piaget:

> „Nach meiner Ansicht bedeutet ein Objekt zu erkennen nicht, es abzubilden, sondern auf es einzuwirken" (Piaget 1973, S. 23).

Die Bewegung wird dadurch zu einem unhintergehbaren Strukturmerkmal, das Bildung überhaupt erst ermöglicht (vgl. Abschn. 4.3). Im Kontext der Behindertenpädagogik ist es sicherlich wichtig, darauf hinzuweisen, dass die Bewegung nicht ausschließlich als komplexe, sportlich normierte Bewegung zu verstehen ist. Es geht vielmehr um selbstbestimmte, eigenständige und aktive Bewegung bzw. im Rahmen des symboltheoretischen Paradigmas im Allgemeinen um motorisch manifestierte Ausdruckshandlungen. Das schließt selbstverständlich auch die Bewegungen von schwerstmehrfachbehinderten Menschen ein, wie es beispielsweise besonders eindrücklich in Lilli Nielsens Konzept des aktiven Lernens zum Tragen kommt (Nielsen 1993, 1995). Da in der Sport- und Bewegungspädagogik explizit betont wird, dass Bewegung auch als eine non-verbale Erkenntniskategorie verstanden werden kann, ergeben sich damit auch Möglichkeiten Menschen mit geistigen oder sprachlichen Behinderungen grundlagentheoretisch mitzudenken.

Die Hochschätzung der Bewegung ist zunächst zwar behinderungsunabhängig, eine besondere Brisanz entsteht im behindertenpädagogischen Kontext allerdings, wenn Menschen mit besonderen Bedürfnissen defizitäre Bewegungsbiografien attestiert werden. So gibt es Untersuchungen, die beispielsweise darauf hinweisen, dass sehbehinderten und blinden Menschen aufgrund von Überbehütung und anderen sozialen Einflussfaktoren häufig basale motorische Fertigkeiten, die ihrerseits wiederum Grundlage weiterer Lernprozesse sind (Brian et al. 2017; Eichmann et al. 2015; Giese et al. 2012, 2014b; Teigland et al. 2015), fehlen. Augenscheinliche motorische Lernprobleme sehbehinderter Menschen sind in diesem Sinne als Folge insuffizienter Vorerfahrungen und nicht als Folge der Sehbehinderung zu verstehen (Bietz 2002).

3.4 Tragfähige Fundierungen? Eine Überleitung

Ausgehend von der Annahme, dass der bisherige Inklusionsdiskurs durch das weitgehende Fehlen einer anthropologischen Fundierung und ein explizites Theoriedefizit gekennzeichnet ist, verfolgte dieses Kapitel die Aufgabe, theoretische Grundlagen für eine anthropologische Fundierung des Inklusionsdiskurses anzudenken und dem selbstreferenziellen Tenor der bisherigen Debatte mit dem Bezug auf das aus der Sport- und Bewegungspädagogik entlehnte symboltheoretische Paradigma entgegenzuwirken.

In diesem Sinne folgte auf eine komprimierte Einführung in Cassirers Philosophie der symbolischen Formen die Betrachtung des bisherigen Inklusionsdiskurses unter der Perspektive des symboltheoretischen Paradigmas. Dabei zeigten sich besonders unter den Aspekten der Autonomie und der Heterogenität weitreichende Übereinstimmungen und Anknüpfungsmöglichkeiten: Cassirers funktionale Bestimmung des Menschen als Ausdrucks- und Wirkungswesen, das unablässig bedeutungshaltige symbolische Ausdrucksformen autonom erwirkt, macht Autonomie und Heterogenität zum primordialen Ausgangspunkt seiner erkenntnis-, kultur- und bildungstheoretischen Überlegungen. Dieser Prozess wurde als ein autopoietischer Bildungsprozess beschrieben, dessen Funktionsmechanismen nicht durch Verweis auf reproduktive Prozesse beschrieben werden können.

Die Fokussierung auf die Autonomie, auf die (auto-)poietischen Potenziale des Subjekts, sind in dieser theoretischen Verortung nicht – wie im Inklusionsdiskurs sonst häufig üblich – als Folge normativen, ideologischen oder bildungspolitischen

3.4 Tragfähige Fundierungen? Eine Überleitung

Anspruchsdenkens zu verstehen (vgl. Abschn. 2.4.3), sondern als theoretisch begründete Folgerung aus einer elaborierten und in einem gesellschaftlich-philosophischen Diskurs verhandelten philosophischen Theorie, die auch anthropologiekritische Hinweise in den Blick nimmt.

Modelliert das symboltheoretische Paradigma auch die Strukturgenese symbolischer Formen und damit überdauernder Bewusstseinsleistungen, wurde aufgezeigt, dass diese Genese an das dynamische Wechselspiel von *forma formata* und *forma formans* gebunden ist, das seinerseits an die autonome Selbstbewegung des Individuums gebunden ist. Die symbolisch konstituierten Bewusstseinsinhalte, die in diesem Prozess vom Individuum autonom gebildet werden *müssen,* werden in dieser Arbeit als *Erfahrungen* bezeichnet, was im nachfolgenden Kapitel weiter auszudifferenzieren ist.

Das Symbolische dieses Prozesses im Sinne des hier vertretenen Ansatzes zeigt sich in der Integration des ursprünglichen Erlebnisses in die Strukturen des *symbolischen Bewusstseins,* in der Verknüpfung dieser Form des ursprünglichen Geschehnisses mit schon bestehenden symbolischen Formen (vgl. Abschn. 3.3.2). Aufgrund der unhintergehbaren Verschränkung von Sinn und Sinnlichem werden dabei nicht nur geformte Sinneseindrücke verarbeitet, sondern für das Subjekt handlungsrelevante Sinnbezüge hergestellt. Mit anderen Worten: Wahrnehmung wird dann zu Erfahrung, wenn sie überdauernd in einen *bedeutungsvollen* Zusammenhang mit anderen Bewusstseinsinhalten gestellt wird. Das Symbolische der Erfahrung zeigt sich damit darin, dass eine Einzelwahrnehmung in das bestehende Symbolnetz, d. h. den bisherigen Erfahrungshorizont überdauernd integriert wird, zu einer Veränderung von zukünftigem Verhalten führt und dadurch zu einer symbolischen Form des ursprünglichen Geschehnisses wird.

Bevor im folgenden Kapitel die sich daraus ergebenden Begründungszusammenhänge und Konstitutionsmerkmale für einen sinn- und erfahrungsorientierten Unterricht dargestellt werden, an dessen Durchführung in der hier verfolgten Argumentation die Einlösung eines theoretisch und kulturanthropologisch fundierten inklusiven Unterrichts geknüpft wird, sollen die bereits an dieser Stelle deutlich gewordenen didaktischen Konsequenzen kurz resümiert werden:

Ein inklusiver Unterricht, der die Autonomie und die Heterogenität aller Individuen auf struktureller Ebene achtet, …

- bringt die Schülerinnen und Schüler in Bewegung (vgl. Abschn. 4.3),[33] weil bewegungsinsuffiziente Vermittlungsverfahren, die Ausbildung unserer individuellen und kulturellen Existenz behindern;
- bringt das Subjekt – auch auf einer vorsprachlichen Ebene – zum Stolpern, indem Unterrichtssituationen geschaffen werden, in denen die Antizipationen der Schülerinnen und Schüler wenn möglich ins Leere läuft;
- fördert die Selbstreflexion des Subjekts, weil nur unter der Annahme der autonomen und reflexiven Distanz „persönliche Handlungsspielräume gewonnen werden und persönliche Erlebnisse nachhaltig Auswirkungen auf die Person und ihren Weltzugang insgesamt haben" (Bietz 2005, S. 107);
- fördert die Autonomie der Schülerinnen und Schüler, weil eine abbildhafte Übertragung von Erfahrungen von einem Individuum auf das andere kulturanthropologisch ausgeschlossen ist.

---

[33]Es sei hier erneut erwähnt, dass sich diese Aussage nicht primär auf den Sport- und Bewegungsunterricht bezieht, sondern eine grundsätzliche und umfassende Bewegungsförderung gemeint ist. So geht es beispielsweise ebenso um bewegungsanregende Räume und Lernmaterialien wie um die Umsetzung von Konzepten des bewegten Lernens oder um Konzepte des aktiven Lernens im Sinne Lilli Nielsens etc. (Giese 2019a).

Didaktische Perspektiven 4

Wurde in Kap. 2 der Stand des Inklusionsdiskurses in der Behindertenpädagogik primär unter didaktischer Perspektive dargestellt und u. a. das Fehlen einer elaborierten anthropologischen Fundierung konstatiert, wurde im dritten Kapitel – im Sinne einer produktiven Wendung – der Versuch unternommen, eine philosophische Basis für eine fachspezifische, kulturanthropologische Fundierung des Inklusionsdiskurses zu legen. Kamen dabei bereits erste didaktische Konsequenzen noch unsystematisch zur Sprache (vgl. Abschn. 3.4), liegt der Fokus der folgenden Betrachtung nun auf einer didaktischen Konkretisierung und Systematisierung dieser Überlegungen. Da dieser Weg schlussendlich zu der Formulierung möglichst konkreter didaktischer Hinweise führen soll, wird es im Folgenden notwendig, den strukturalistischen Gang der bisherigen Argumentation zugunsten einer voranschreitenden Exemplifizierung – die notwendigerweise weitgehend auf der phänomenalen Ebene liegt – sukzessive zu verlassen.

Den nachfolgenden Überlegungen liegt dabei die Leitthese zugrunde, dass ein induktiver, konstruktivistischer, sinn- und erfahrungsorientierter Unterricht besonders geeignet erscheint, um inklusiven Unterricht zu realisieren (Fediuk 2008, S. 87; Giese und Weigelt 2013, 2015, 2016, 2017; Reich 2014). Wurden die in einem inklusiven Unterricht intendierten Bewusstseinsinhalte, die unseren Weltbezug nachhaltig verändern, im vorigen Kapitel bereits als Erfahrungen bezeichnet, ist im Folgenden zu zeigen, in welcher Art und Weise ein sinn- und erfahrungsorientierter Unterricht strukturell mit dem entwickelten semiotischen Verständnis inklusiver Bildungsprozesse kompatibel ist (vgl. Abschn. 4.1). Das theoretische Fundament auf dem diese Analyse fußt, ist, dem symboltheoretischen Paradigma folgend, eine semiotische Analyse des Erfahrungsbegriffs, wie sie sich bereits in der allgemeinen Pädagogik (Giese 2010) als auch in der Sport- und Bewegungspädagogik als fruchtbar erwiesen hat (Bietz 2002; Franke 2006b; Giese 2008a; Hildenbrandt 1994a, b). Die Aktualität dieser Überlegungen soll dabei in einem neurobiologischen Exkurs unterstrichen werden (vgl. Abschn. 4.2), der die Bedeutung der Autonomie aus einem fächerübergreifenden Blickwinkel zusätzlich betont und ihr neben den ausgeführten erziehungswissenschaftlichen Begründungszusammenhängen eine hirnphysiologische Legitimation zur Seite stellt, die sich an Überlegungen und Erkenntnissen der aktuellen Neurodidaktik orientiert.

4.1 Sinn- und Erfahrungsorientierung im inklusiven Unterricht

Wurde oben die besondere Eignung sinn- und erfahrungsorientierter Vermittlungsverfahren für die Durchführung inklusiven Unterrichts konstatiert, gilt es nun, diese Eignung in Weiterführung der semiotischen Analyse möglichst plausibel darzustellen. Aus methodologischer Perspektive sind dazu zunächst strukturelle Schnittstellen aufzuzeigen, die Parallelen zwischen einem sinn- und erfahrungsorientierten Unterricht einerseits und dem hier entwickelten Verständnis von Inklusion andererseits aufzeigen.

Ist Erfahrung seit jeher eine Art Einverständniskategorie im Kontext der Diskurse um einen zeitgemäßen Unterricht, so existiert bis heute – ähnlich wie beim Inklusionsdiskurs auch – keine *einheitliche Theorie* der Erfahrung, die über Grenzen einzelner Ansätze hinaus Grundlage erfahrungsorientierter Unterrichtspraxis wäre (vgl. Abschn. 4.1.1). Die Folgen dieser Malaise sind vielfältig und weisen strukturelle Parallelen zur Inklusionsdebatte auf: So fehlen insbesondere kongruente Klassifikationsmerkmale erfahrungsorientierten Unterrichts, die Auskunft darüber geben könnten, welche Strukturen einen solchen Unterricht charakterisieren. Um nach strukturellen Schnittstellen zu suchen, erscheint es im Sinne der Klärung verwendeter Grundbegriffe deshalb angebracht, zunächst dem Erfahrungsbegriff selbst nachzuspüren.

In diesem Kapitel soll deshalb in Anlehnung an die entsprechenden Arbeiten in der Sport- und Bewegungspädagogik gezeigt werden (Giese 2008a, 2009b, c), wie eine semiotische Analyse der Erfahrung dabei helfen kann, eine Theorie der Erfahrung konsistenter und einheitlicher als bisher zu formulieren, die auch die Frage nach der Genese von Erfahrungen beantwortet, auf deren Grundlage sich didaktische Konsequenzen entwickeln lassen, ohne dabei unangemessenen Machbarkeitsillusionen zu verfallen und die mit dem entwickelten Inklusionsverständnis kompatibel sind. Die inhaltliche Nähe der vorliegenden behindertenpädagogischen Analyse zur Sport- und Bewegungspädagogik zeigt sich damit auch in diesem Kapitel, das bisweilen sogar explizit Beispiele aus diesem Bereich aufgreift (vgl. Abschn. 4.1.4).

4.1.1 Erfahrung: Ein terminologisches Konvolut

Gadamer (1965, S. 329) resümiert bereits 1965 in *Wahrheit und Methode:* „Der Begriff der Erfahrung scheint mir – so paradox es klingt – zu den unaufgeklärtesten Begriffen zu gehören, die wir besitzen." Und Bollnow merkt dazu an, dass diese Behauptung ungeheuerlich sei, da sich „die gesamte neuzeitliche Wissenschaft als Erfahrungswissenschaft (versteht, MG), also ganz auf dem Begriff der Erfahrung aufgebaut" (Bollnow 1974, S. 19) ist. An Gadamers Einschätzung hat sich bis dato scheinbar wenig geändert, wenn Meyer-Drawe (2003, S. 505) kritisch auf „die derzeitig weite Verbreitung sowie unklare Verwendung des Wortes" verweist oder Göhlich anmerkt, dass das Verhältnis von Lernen und Erfahrung „nicht so klar oder gar als lineare Ursache-Wirkungs-Kette vorstellbar" (Göhlich 2007, S. 191) ist. Um sich trotz dieser kritischen Bekundungen dem Erfahrungsbegriff zu nähern, wird zunächst eine knappe Zusammenfassung der Ideengeschichte des Erfahrungsbegriffs dargestellt, um daraus ein geistes- bzw. vorwissenschaftliches Begriffsverständnis zu entwickeln.[1]

Etymologische Annäherungen

Das *Erfahren* stammt vom einfachen *fahren,* das in seiner ursprünglichen Bedeutung jede Art des Sich-fort-bewegens, im Sinne des *fahrenden Schülers* bzw. des *homo viators* meint (Bollnow 1981, S. 129). Das Präfix *er-* verweist auf Ziele, die zu er-reichen sind. Auch die sprachgeschichtliche Bedeutungserweiterung spiegelt diese Entwicklung. Mit Ablösung der althochdeutschen Bezeichnung *irfaran* durch den mittelhochdeutschen Terminus *ervarn* ist ein Bedeutungswandel verbunden, der von dem ursprünglichen *durchreisen,* über

---

[1] Zur Unterscheidung von natur- und geisteswissenschaftlicher Erfahrung siehe Böhme und Potyka (1995, S. 19). Zum Begriff der vorwissenschaftlichen Erfahrung siehe (Duncker 1987, S. 18). Die Auswahl der Autoren orientiert sich an der Abhandlung zur Erfahrung von Böhme und Potyka (1995) und an dem von Rudolf Eisler herausgegebenen *Historischen Wörterbuch der Philosophie* (HWP). Der exemplarisch-repräsentative Gang durch die Ideengeschichte des Erfahrungsbegriffs erhebt dabei selbstredend keinerlei Anspruch auf Vollständigkeit.

ein Land kennen lernen zum allgemeinen *kennen lernen* verläuft. Seit dem 15. Jahrhundert ist das Partizip *erfahren* mit der Bedeutung bewandert bzw. klug belegt (Kluge 1999, S. 229). Damit wird das eigenständige Durchleben zu einem Konstitutionsmerkmal der Erfahrung. Es ist unverzichtbar, die Erfahrung selbst, am eigenen Leib zu machen. Wer nicht selbst auf die Reise geht, kann keine Erfahrungen machen (Bollnow 1981, S. 29), womit bereits auf etymologischer Ebene strukturelle Schnittstellen zum Inklusionsdiskurs deutlich werden.

Philosophisch-pädagogische Annäherungen[2]

Erste terminologische Bestimmungen finden sich bei Aristoteles. Erfahrungen bezeichnen dort erworbene Fähigkeiten bzw. ein *Vertrautsein mit* etwas und werden in ihrer Bedeutung ähnlich den Begriffen Kunstfertigkeit (τέχνη) und Wissen (ἐπιστήμη) verwendet. Die höchste Form der Erfahrung zeigt sich in der Kunstfertigkeit und dem Wissen von Handwerkern. Dieses Begriffsverständnis setzt sich bis ins Mittelalter fort. Erst Bacon verleiht dem Erfahrungsbegriff einen prozesshaften, systematischen und erkenntnistheoretischen Charakter. Erfahrung steht nicht mehr in erster Linie für den Besitz menschlicher Fertigkeiten, sondern für den Prozess und die Methoden deren Gewinnung. Bacon bereitet damit den Unterschied zwischen einem allgemeinen Gebrauch des Wortes *Erfahrung* und dem engeren naturwissenschaftlichen Terminus *Experiment* vor.

Hegel unterscheidet zwischen dem wahren Wesen der Dinge (den Gegenständen) und unserem Wissen darüber, welches wir aus unserer Wahrnehmung nehmen. Unser Wissen über die Gegenstände ist eine Konstruktion unseres Bewusstseins. Indem wir mit unserem Wissen aktiv an einen neuen Gegenstand herantreten, erfahren wir nicht nur etwas über den Gegenstand, sondern auch über unseren Maßstab. Damit ändern sich die Maßstäbe, nach denen wir Realität bemessen, in und durch ihre Anwendung. So modifizieren neue Erfahrungen immer das bisherige Wissen und die Art, wie zukünftige Erfahrungen erworben werden in einem dialektischen Prozess, worauf bereits in der Diskussion von Abb. 4.1 Bezug genommen wurde (vgl. Abschn. 3.3.2). Erfahrung ist in diesem Sinne immer auch Selbsterfahrung (Duncker 1987, S. 21):

> „[…] der Maßstab der Prüfung ändert sich, wenn dasjenige, dessen Maßstab er sein sollte, in der Prüfung nicht besteht; und die Prüfung ist nicht nur eine Prüfung des Wissens, sondern auch ihres Maßstabes. Diese dialektische Bewegung, welche das

---

[2]Für eine ausführlichere philosophische Genealogie des Erfahrungsbegriffs vergleiche Giese (2008a).

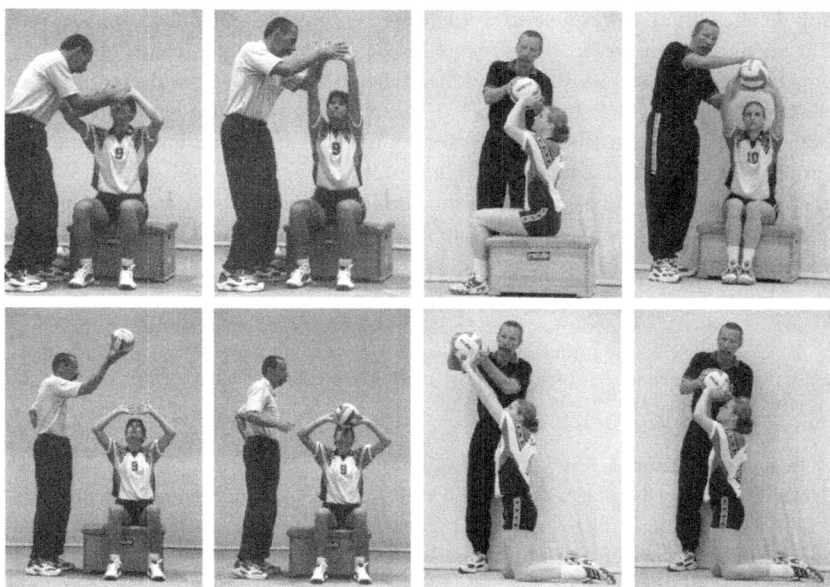

Abb. 4.1 Vermittlung des oberen Zuspiels beim Volleyball. (Aus © Meyndt et al. 2003, S. 46)

Bewusstsein an ihm selbst, sowohl an seinem Wissen als an seinem Gegenstand ausübt, insofern ihm der neue wahre Gegenstand daraus entspringt, ist eigentlich dasjenige, was Erfahrung genannt wird" (Hegel 1952, S. 72).

Die Dialektik der Erfahrung ist als strukturelle Selbstbezüglichkeit bzw. als Selbsterfahrung zu verstehen. Darüber hinaus ist der dialektische Prozess darauf angewiesen, dass das Subjekt mit seiner ganzen Person innerlich beteiligt ist, was im Kontext des Inklusionsgedankens auf die Betonung der grundsätzlichen Heterogenität aller Subjekte verweist.

„Das Prinzip der Erfahrung enthält die unendlich wichtige Bestimmung, dass für das Annehmen und Fürwahrhalten eines Inhalts der Mensch selbst dabei seyn müsse, bestimmter dass er solchen Inhalt mit der Gewißheit seiner selbst in Einigkeit und vereinigt finde" (Hegel 1952, S. 50).

Soll aus Erfahrung etwas gelernt werden, ist es nötig, dass sich das lernende Subjekt mit seiner ganzen Person *autonom* bei der Sache befindet. Hegels Formulierung des *Selbst-dabei-Seins* ist dabei mehr als ein bloßes Anwesendsein, „sondern ein ursprüngliches Inter-Esse" (Buck 1989, S. 14) am und mit dem eigentlichen Gegenstand. So macht Buck zwei Bestimmungspunkte aus, warum Erfahrung der Grund des Lernens ist. Zum einen ist die Erfahrung das erste und zentrale Wissen über ein Ding, ein Verständnis von ihm und zum anderen ist die Erfahrung die grundlegende Verwobenheit des Erfahrenden, das innere Einlassen auf die Dinge (Göhlich 2007, S. 197).

> „Das Lernen gehört notwendig zur Erfahrung und ist in ihr enthalten wie die Folge im Grund. Es ist eine immanente Konsequenz der Erfahrung. […] Eine Erfahrung, die ohne Konsequenzen bleibt, aus der man nichts gelernt hat, ist keine gewesen" (Buck 1989, S. 15).

Husserl integriert die Kategorie der Geschichtlichkeit in die Gangstruktur der Erfahrung. Dabei betont er, dass die Erfahrungsgenese ohne antizipierende Vorerfahrungen nicht denkbar wäre.[3] Er geht von einem zweiseitigen Erfahrungsbegriff aus, der auf der einen Seite die konkrete Erfahrung meint, die man gerade macht und auf der anderen Seite das „auf Grund wovon die aktualen Kenntnisnahmen überhaupt Akte des Verstehens von etwas als etwas sind" (Buck 1989, S. 62). Das Unbekannte ist nur erkennbar, wenn es sich in einem Erfahrungshorizont befindet, der eine gewisse Vorkenntnis erlaubt. Wäre dem nicht so, wäre das Unbekannte das Unverständliche. Erfahrungshorizonte sind dabei keine starren Gebilde, sondern haben denselben selbstbezüglichen, strukturgenetischen und heterogenen Charakter, den wir im vorangehenden Kapitel im Kontext der Erfahrungsthematisierung bereits erkannt haben. Zu Veränderungen kommt es, wenn die Antizipationen, die auf den Vorerfahrungen gründen, gestört werden und wir im Alltagstrott ins Stolpern geraten. Indem Husserl die Bedeutung der Antizipation für die Erfahrung spezifiziert, gewinnt ein weiteres strukturelles Merkmal der Erfahrung Kontur.

---

[3]Auf der regressiven Suche nach der ersten Erfahrung wird zwischen *Apriori* und *Vorerfahrungen* unterschieden. Apriori meint die Fähigkeit des Menschen zu ersten Erfahrungen. Die Genese der ersten Erfahrung wird im Sinne Kants transzendentaler Überlegungen ausgeklammert. Vorerfahrungen meinen hier Erfahrungen, aufgrund derer sich Lernen in Gang setzt.

4.1 Sinn- und Erfahrungsorientierung im inklusiven Unterricht

Existenzphilosophische Positionen betonen in diesem Kontext die Schmerzhaftigkeit der Erfahrung, die Passivität des Erleidens, die Notwendigkeit einer kognitiven Aufarbeitung und den begrenzenden Rahmen der Vorerfahrungen. Als Erfahrung gilt, was als *negatives* Geschehnis während der (Erkenntnis-)Reise auftritt. Erfahrungen „sind stets schmerzhafte Erfahrungen. Angenehme Erfahrungen gibt es nicht" (Bollnow 1974, S. 20). Durch neue, störende Erfahrungen werden alte Erfahrungen infrage gestellt und kommende Erwartungen verändert, die somit zur Grundlage aller weiteren Planungsaktivitäten werden. So verändert der Erfahrende seine Einstellung zur Welt und zu sich selbst.

Die Einbettung neuer Erfahrungen in den bisherigen Erfahrungshorizont bedarf kognitiver Prozesse. Dieser konstruktive Akt ist von den Vorerfahrungen abhängig und an die individuelle Biografie gebunden. Wer für neue Erfahrungen offen sein möchte, muss bereit sein, die damit verbundene Schmerzhaftigkeit zu ertragen. Erfahrungsfähigkeit ist keine angeborene Gabe, sondern Leidensfähigkeit und ständige Aufgabe, die auf „Empathie, Ambiguitätstoleranz, Rollendistanz und Ichstärke" (Duncker 1987, S. 20) beruht.

Liegen die Gemeinsamkeiten erfahrungsorientierter Lerntheorien nach Göhlich in dem gemeinsamen Postulat eines Zusammenhangs von Aktivität und Passivität, liegen die Unterschiede „in der jeweiligen Prioritätensetzung" (Göhlich 2007, S. 191). Damit ist auch die im hier diskutierten, didaktischen Kontext besonders virulente Frage nach der potenziellen Didaktisierbarkeit erfahrungsorientierter Lernsituationen verbunden. Erinnern wir uns an existenzphilosophische Positionen, erscheinen die Aussichten düster,

> „[…] denn dies »machen« ist, anders als es dem sonstigen Gebrauch entspricht, gerade kein Herstellen, kein Erzeugen, überhaupt keine Tätigkeit, sondern ein Erleiden" (Bollnow 1974, S. 20).

Oder noch unmissverständlicher mit Dieckmann (1994a, S. 79):

> Wo Erfahrung planmäßig gesucht wird, kommt es zu keiner.

Damit wäre die Suche nach einer erfahrungsorientierten inklusiven Unterrichtsdidaktik, die als Grundlage einer inklusiven Unterrichtspraxis dienen könnte, zu Grabe zu tragen.

> „Die Vorstellung, dass man vom Schicksal unvorhergesehen getroffen werden kann, verhindert zwar von Anfang an das Aufkommen eines Machbarkeitsidealismus, vor dessen pädagogischer Spielart Bollnow zu Recht warnt, aber dem Schicksal kann

doch die Fähigkeit des Menschen zum Handeln entgegengesetzt werden. […] Zu einem immer neu zu erprobenden Teil kann in dem Maße, wie aus Erfahrungen gelernt wurde, versucht werden, auf die Auswahl und Richtung künftiger Erfahrung Einfluß zu nehmen, indem beispielsweise bestimmte Situationen aufgesucht oder gemieden werden" (Duncker 1987, S. 24).

Dunckers Verweis auf ein selektives Vorgreifen und Auswählen potenziell erfahrungsrelevanter Situationen, erweitert existenzphilosophische Positionen und lenkt den Blick auf den pädagogischen Pragmatismus Deweys.

„Das Wesen der Erfahrung kann nur verstanden werden, wenn man beachtet, dass dieser Begriff ein passives und ein aktives Element umschließt, die in besonderer Weise miteinander verbunden sind. Die aktive Seite der Erfahrung ist Ausprobieren, Versuch – man *macht Erfahrung* [kursiv, MG]. Die passive Seite ist ein Erleiden, ein Hinnehmen. […] Je enger diese beiden Seiten der Erfahrung miteinander verflochten sind, um so größer ist ihr Wert" (Dewey 2000, S. 186).

Das passive Erleiden ist nachgeschaltet, als Funktion der bewussten explorierenden Welterkundung. „Das sonst bloß passive *Erleiden* wird zum *Belehrtwerden,* d. h. zur Erkenntnis des Zusammenhangs der Dinge" (Dewey 2000, S. 187). Auch Dewey betont dabei die Notwendigkeit, die Kausalkette zwischen Ursache und Wirkung möglichst genau zu bestimmen, um Vorhersagen für die Zukunft machen zu können. Da Erfahrungen aber nur selbst gemacht werden können und das Individuum bei diesem Prozess innerlich berührt sein muss, ist diese Reflexion als Selbstreflexion zu bezeichnen. Die selbstbezügliche Struktur der Erfahrung spiegelt sich damit auch in der Notwendigkeit der selbstständigen Reflexion des Erfahrungsprozesses durch das Individuum (Buck 1989, S. 163).

Terminologische Anker

Auch wenn es nach Thiele – in Analogie zum Inklusionsbegriff – im Grunde keinen Erfahrungsbegriff gibt, der „über die Grenzen der Vielzahl von Schulen hinaus konsensfähig wäre" (Thiele 1996, S. 168), können auf Basis obiger Ausführungen jedoch strukturelle Übereinstimmungen zwischen den unterschiedlichen philosophischen Ansätzen aufgezeigt werden: In Summa wird Erfahrung als aktiver (auto-)poietischer Bildungsprozess verstanden, der als selbstreflexiver Mechanismus die Mensch-Welt-Bezüge gleichsam steuert (Prozess) und vollendet (Produkt). Erfahrung führt dabei als relationales Phänomen zu einem akkumulierenden Erfahrungsschatz, der die Person-Umwelt-Relationen nachhaltig verändert und im Idealfall ständig optimiert.

4.1 Sinn- und Erfahrungsorientierung im inklusiven Unterricht

Das bisher Gesagte legt eine dreiseitige Systematisierung des Erfahrungsbegriffs nahe (Giese 2010): Auf der a) *Seite des Subjekts* ist festzuhalten, dass es seine Erfahrungen autonom selbst machen muss und eine theoretische, rein sprachliche Vermittlung von Erfahrung nicht möglich erscheint. Diese Position findet sich auch bei Piaget, der sich „entschieden gegen empiristische Auffassungen [wendet, MG], nach denen Erfahrung etwas ‚an sich' sei, was sich dem Subjekt von selbst und ohne seine Mitwirkung aufdränge. [...] Die stärkere Betonung legt er auf die Aktivität des Subjekts, ohne die jegliche Erfahrungsgewinnung nicht denkbar sei" (Scherler 1975, S. 94). Diese notwendige, aber keinesfalls hinreichende Bedingung muss durch das innere Dabei-Sein ergänzt werden, wie es u. a. Hegel oder Buck beschreiben. Doch erst das selbstreflexive Denken generiert aus den Versatzstücken des Erlebens Erfahrungen, indem Erwartungen, Ursachen und Wirkungen in Beziehung zueinander gesetzt werden.

Aber auch auf der b) *Objektseite,* auf der Seite des Lerngegenstandes können terminologische Anker geworfen werden.[4] Was erfahren werden soll, muss sich zwingend im Erfahrungshorizont des Subjekts befinden, da sonst weder Erkennen noch Lernen möglich ist, andererseits muss es die Antizipation so sehr stören, dass das Erlebnis ins Bewusstsein der Wahrnehmung rückt und nicht im amorphen Strom der Sinneseindrücke davon schwimmt. Vollkommene Fremdheit des zu Erfahrenden verhindert Erfahrungen ebenso wie völlige Vertrautheit.

Hat das Subjekt eine Erfahrung gemacht, so zeichnet sich diese c) strukturell dadurch aus, dass sie zukünftige Situationsantizipationen verändert.[5] Erfahrungen sind durch sprachlich-gedankliche Operationen ihrem originären, singulären, zeitlichen und thematischen Kontext entbunden. Sie sind in unserem Bewusstsein gleichsam auf Dauer gestellt und haben handlungsleitende Funktion für die Zukunft, wobei sie als gedankliches Abbild des ursprünglichen Erlebnisses nicht als neue Erfahrungshorizonte neben alten stehen, sondern in diese integriert werden. Die Überlegungen führen zu folgender Übersicht (vgl. auch Giese 2008a, S. 55):

---

[4]Gemeint sind keine präexistenten Objekte in der Außenwelt, die Schülerinnen und Schüler qua Erfahrung zu assimilieren hätten. Der Objektbegriff meint vielmehr die abstrakte Idee dessen, was die Lehrkraft vermitteln möchte.

[5]Das Moment der Enttäuschung wird als normativ nicht vordeterminierte Störung der Antizipation verstanden, die sowohl in einem stolpernden Misslingen als auch in einem unerwarteten Gelingen liegen kann (Giese 2008a, S. 47). In letzter Zeit mehren sich auch neurophysiologische Befunde, die der Positivität dieser Momente eine zentrale Bedeutung zuschreiben (Beck und Beckmann 2010).

a) Subjektseitige Voraussetzungen
   - Erfahrungen müssen selbst gemacht werden und sind ein aktiver Zugriff auf die Umwelt oder sie entstehen zufällig in einem „fruchtbaren Moment".
   - Erst das Denken im Sinne Deweys bzw. die Selbstreflexion im Sinne Bollnows vermag Erfahrungen zu generieren.
   - Zur Erfahrung gehört das Dabei-Sein im Sinne Hegels bzw. das Inter-Esse im Sinne Bucks.
b) Objektseitige Voraussetzungen
   - Das Zu-Erfahrende muss im Rahmen der Vorerfahrungen des Subjekts liegen.
   - Das Zu-Erfahrende muss die Antizipation des Subjekts stören. Zur Erfahrung kann nur werden, was nicht der Antizipation entspricht und uns im Handeln innehalten lässt.
c) Strukturelle Eigenschaften der Erfahrung

   - Erfahrung ist ein selbstbezüglicher und autopoietischer Bildungsprozess, der die Mensch-Welt-Bezüge als relationales Phänomen steuert (Prozess) und vollendet (Produkt).
   - Erfahrungen verändern zukünftige Antizipationen.
   - Aus Erfahrung Lernen bedeutet Umlernen.
   - Erfahrungen sind im Bewusstsein quasi *auf Dauer gestellt* und ihrer thematischen und situativen Singularität entnommen.

4.1.2 Erfahrung und Inklusion – semiotische Präzisierungsversuche

Erlaubt die vorangehende Strukturanalyse des Erfahrungsbegriffs eine terminologische Spezifizierung, die strukturelle Schnittstellen zum hier vertretenen Inklusionsbegriff aufzeigt, werden im Folgenden didaktische Konsequenzen reflektiert, die stringent aus den offen gelegten Strukturen der Inklusion und der Erfahrung abgeleitet werden. Im Geiste humanistischer Erziehungsvorstellungen kann dies aber nicht in kulturanthropologischer Beliebigkeit geschehen. Vielmehr sind Kategorienfehler und anthropologische Brüche zu beachten, denn Gadamers existenzphilosophische Überlegungen können – um ein prägnantes Beispiel zu nennen – nicht umstandslos mit dem Pragmatismus Deweys in eins gesetzt und auf den Inklusionsdiskurs übertragen werden. Da den Konzepten divergente anthropologische Grundannahmen zugrunde liegen, kommen sie zu unterschiedlichen

Erfahrungsbegriffen und didaktischen Konsequenzen. Das Fehlen *anthropologischer Brücken* macht diese beiden Bezugssysteme inkommensurabel (Giese 2008a, S. 227).

Aus methodologischer Perspektive bedarf der Merkmalskatalog der Erfahrung deshalb vor der Formulierung didaktischer Konsequenzen zunächst einer semiotischen „Reformulierung" auf der Folie der verwendeten Basistheorie, um adäquate Passungen zu analysieren und die oben geforderten anthropologischen Brücken zu bauen. Im Sinne geisteswissenschaftlicher, methodologischer Standards ist der Erfahrungsdiskurs, ebenso wie vorab der Inklusionsdiskurs (vgl. Abschn. 3.3), zunächst semiotisch zu deklinieren. Dabei ist im Sinne der Suche nach strukturellen Isomorphien in Bezug zum Inklusionsdiskurs auch die Passung des in Abschn. 3.3.3 beschriebenen Strukturgenesemodells zu untersuchen, denn es gehört zur Struktureigentümlichkeit der Erfahrung, „dass sich der Vollzug ins Dunkle zurückzieht" (Meyer-Drawe 2003, S. 509). Erst ein solches Modell würde erklären, wie der Erfahrungsprozess im Unterricht in Gang gebracht werden kann. Didaktische Konsequenzen wären dann – wie auch im Kontext des Inklusionsdiskurses angedacht – nicht mehr beliebig, ideologisch oder normativ, sondern strukturell begründet und anthropologisch fundiert.

Erfahrung – eine symboltheoretische Deklination

Bei den *subjektseitigen Voraussetzungen* existieren weit reichende Schnittstellen zur semiotischen Fundierung und zum entwickelten Inklusionsverständnis. Die Ausdifferenzierung des individuellen Symbolnetzes und die Genese symbolischer Strukturen sind poietische Akte, die jedes Individuum selbst vollziehen muss. Eine abbildhafte Übertragung dieser Netze ist nicht möglich. Im Gegenteil: Die symbolphilosophische Fundierung interpretiert Erfahrung als Rekonstruktion von (Lebens-)Wirklichkeit, wie es „in neuerer Zeit bei Konstruktivisten wie Maturana/Varela, von Foerster und von Glaserfeld" (Göhlich 2007, S. 193) zu finden ist. Auch die Forderung nach der Reflexion des Geschehens ist in der Symbolphilosophie verankert.[6] Die Entkopplung von Reiz und Reaktion und die Notwendigkeit eines autopoietischen Zwischenschritts ist eine Kernaussage der

---

[6]Cassirers Symbolisierung kann zwar nicht umstandslos mit Reflexionen gleich gesetzt werden, sieht aber auch sie Bruchlinien zwischen Vollzug und Nachvollzug vor und betont die Gestaltungsoffenheit der Mensch-Welt-Bezüge, wie sie auch in der pädagogischen Anthropologie (Dieckmann 1994b, S. 98) bzw. im Konstrukt der *exzentrischen Positionalität* formuliert ist (Plessner 1982).

symbolphilosophischen Anthropologie. Die symbolische Prägnanz, der erkannte Sinn im Sinnlichen, ist aufgrund der autonomen Ausgestaltung der Symbolwelten hochindividuell – oder in den Worten des Inklusionsdiskurses heterogen. Solch ein Vorgang setzt ein inneres *Dabei-Sein* des Individuums voraus, da der Prozess auf einem individuellen Wirkungs- und Ausdruckswillen basiert und mit Göhlich (2007, S. 194) als „existentieller Prozess" verstanden werden kann.

Die *objektseitigen Voraussetzungen der Erfahrung* implizieren eine komplementäre Verstrickung. Einerseits muss das Zu-Erfahrende im Rahmen der Vorerfahrungen liegen, andererseits muss es die Antizipation des Subjekts im Prozess der Auseinandersetzung mit dem Gegenstand stören, um Erfahrungen zu ermöglichen. Auch diese Aspekte finden ihre Entsprechung in der Synthesis symbolischer Formen, die entstehen, indem sich der autopoietische Formungswille des Individuums an der Widerständigkeit der Welt bricht. Der Begriff des Brechens impliziert, dass eine Inkongruenz zwischen Handlungsabsichten und Handlungsfolgen besteht. Entspricht das tatsächliche Handlungsergebnis nicht der Antizipation, manifestiert sich darin die notwendige Störung der Antizipation. Besteht keine Diskrepanz zwischen den Handlungsabsichten (dem Formungswillen bzw. der forma formans) und der Welt, hat die symbolische Form (die forma formata) in der Welt Bestand; kommt die symbolische Formung nicht in Gang.

Es bleiben die *strukturellen Eigenschaften der Erfahrung*. Das Individuum wirkt autonom, aktiv und intentional auf die Umwelt ein und erfährt Rückmeldungen in konkreten Situationen. Die Rückmeldungen werden durch kognitive Operationen mit den Ausgangsabsichten in Verbindung gebracht und modifizieren dauerhaft zukünftige Antizipationen. Dieser Prozess wurde als Umlernen charakterisiert. Die Syntheseprozesse werden als relationale, welterschließende Phänomene verstanden, die einem konstruktivistischen Grundzug folgen, da sie eine gegebene „Wirklichkeit nicht (nur) ab-bilden, sondern diese bilden, d. h. sie sind poetische Systeme" (Franke 2006b, S. 115), die auf der Basis von Vorerfahrungen (bereits geprägten symbolischen Strukturen) Wirklichkeit stets neu autonom, heterogen und symbolisch erwirken.

Symbolische Erfahrung

Das bisher Gesagte sollte deutlich gemacht haben, dass sich die Erfahrung in der hier entwickelten Lesart strukturell in die semiotische Fundierung und das Strukturgenesemodell einpasst und deshalb geeignet erscheint, um den theoretischen, anthropologischen und strukturellen Anforderungen an einen inklusiven Unterricht zu genügen. Die Nähen bzw. die strukturäquivalente Passung zwischen dem Inklusions- und dem Erfahrungsdiskurs sind augenscheinlich und können auf der Folie des symboltheoretischen Paradigmas plausibel und kulturanthropologisch fundiert aufeinander bezogen werden.

Um das entwickelte Erfahrungsverständnis terminologisch adäquat zu beschreiben, liegt es einerseits zwar nahe, von *symbolischer Erfahrung* zu sprechen, andererseits ist zu befürchten, dass der Terminus zu Verständigungsproblemen führt. Was ist unter einer symbolischen Erfahrung zu verstehen? Sollen Schülerinnen und Schüler so tun, als ob sie erfahren würden oder sind damit Erfahrungen gemeint, die im metaphorischen Sinne stellvertretend für reale Erfahrungen stehen? Zur Erfahrung würde in dieser Lesart etwas dann, wenn es symbolisch vermittelt wäre. Beide Interpretationen laufen in die Irre, da es um die Organisation realer Erfahrung geht. Möglich, aber ebenso irreführend, wäre auch die Interpretation, dass mit der Begrifflichkeit die Erfahrung ausgedrückt wird, dass es überhaupt Symbole gibt oder gar, dass hier das Symbol Erfahrungen macht.

Zum Kern des Symbolischen im hier entwickelten Erfahrungsverständnis stoßen wir vor, wenn das Symbolische als Integration des ursprünglichen Erlebnisses in die Strukturen des symbolischen Bewusstseins, als Verknüpfung dieser Form mit schon bestehenden symbolischen Formen verstanden wird. Aufgrund der primordialen Verschränkung von Sinn und Sinnlichem werden dabei nicht nur geformte Sinneseindrücke verarbeitet, sondern für das Subjekt handlungsrelevante Sinnbezüge hergestellt. Wahrnehmung wird zu Erfahrung, wenn sie überdauernd in einen bedeutungsvollen Zusammenhang mit anderen Bewusstseinsinhalten gestellt wird. Das Symbolische der Erfahrung zeigt sich darin, dass eine Einzelwahrnehmung in das bestehende Symbolnetz überdauernd integriert wird und dadurch zu einer symbolischen und bedeutungshaltigen Form des ursprünglichen Geschehnisses wird.

Dieses Strukturgeneseprinzip wird in der semiotischen Modellierung als *universeller Bildungsmechanismus überdauernder Bewusstseinsformen* verstanden, weshalb der Ansatz geeignet erscheint, um Inklusions- und Erfahrungskonzeptionen auf einer funktionellen Ebene und vor dem Hintergrund einer reflektierten Anthropologiekritik produktiv aufeinander zu beziehen.

> „Die semiotische Fragestellung nach Voraussetzung, Funktion und Struktur von Zeichenprozessen ist älter als alle wissenschaftliche Einzeldisziplin und ist daher geeignet, ihre Einheit ohne Aufhebung ihrer Spezialisierung wieder sichtbar zu machen" (Krampen et al. 1983, S. 9).

4.1.3 Bildungsdidaktische Konsequenzen

Verlassen wir entlang des didaktischen Anliegens den semiotischen Legitimationsdiskurs und kehren zurück zu der Frage, ob der sinn- und erfahrungsorientierte Unterricht auf dieser Basis im Hinblick auf eine inklusive Didaktik präzisiert werden kann. Bedeutsam erscheint in diesem Zusammenhang zweierlei:

- Die Modellierung der Erfahrungsgenese und des Inklusionsdiskurses erscheint auf der Basis einer einheitlichen kulturanthropologischen Fundierung möglich.
- Die symbolphilosophische Theoriebildung schwemmerscher Lesart ermöglicht im Kontext der Erfahrungs- und Inklusionsdiskurse ein elaboriertes Strukturgenesemodell überdauernder Bewusstseinsleistungen.

Die Orientierung an einer sinn- und erfahrungsorientierten Didaktik bzw. an einem sinn- und erfahrungsorientierten Unterricht legitimiert sich damit in der kulturanthropologischen und strukturgenetischen Äquivalenz der beiden Diskurse.

Pädagogische Rahmenbedingungen inklusiver Unterrichtshandlungen

Im Einzelnen können vor dem Hintergrund dieser theoretischen Fundierung zumindest vier pädagogische Rahmenbedingungen einer inklusiven Didaktik formuliert werden:
1. Lernende sind im Aufbau ihrer Erfahrungswelt, wie es in dieser Arbeit auch im Kontext der Inklusionsthematisierung konstatiert wurde, autonom. Die Erfahrungsgenese in inklusiven Prozessen ist dabei zwingend an die Eigenaktivität und die Autonomie der Individuen gebunden. Dieser Vorgang ist an keiner Stelle für direkte Eingriffe offen. Folgt die Entstehung symbolischer Formwelten tatsächlich der wirkenden Auseinandersetzung des Individuums mit der Welt, dann ist die Bildung dieser Formen zwingend an das Selbst-Machen gebunden – da gibt es weder Abkürzung noch Substitution. Durch Erklärungen lernen Schülerinnen und Schüler ebenso wenig Schwimmen wie durch Trockenübungen an Land. Es bedarf zwingend der authentischen Auseinandersetzung mit der Sache in relevanten Situationen. Eine Erkenntnis, die in den Erziehungswissenschaften zwar keineswegs neu ist, in der Praxis aber häufig hintergangen zu werden scheint und theoretisch zudem oft nicht ausreichend legitimiert bzw. reflektiert ist. Scherler führt dazu unter Bezug auf Piaget aus,

4.1 Sinn- und Erfahrungsorientierung im inklusiven Unterricht

„daß Verstehen nur Erfinden oder Rekonstruktion durch Wiederentdecken heißen können und daß selbst der Umstand, dabei Zeit zu verlieren und Umwege zu durchlaufen, nicht nur als Nachteil anzusehen sei. Da das Erkennen ein aktiver und konstruktiver Prozess ist, den das Individuum selbst erfahren muß und der durch die Vermittlung von Kenntnissen oder Fertigkeiten nicht außer Kraft gesetzt werden kann, ist selbstbestimmtes Handeln eine notwendige Voraussetzung" (Scherler 1975, S. 138).

Oder in den Worten Funke-Wienekes (2004, S. 238):

„Direktives Handeln, das die Interpretations- und Suchleistungen, also die im Handeln erst stattfindende Erfahrungsbildung, abkürzend überspringen möchte, wird hier vom Grundsatz her ausgeschlossen."

2. Eng daran gekoppelt ist die Erkenntnis, dass dieser Prozess nicht mimetisch, sondern exklusiv autopoietisch zu interpretieren ist. Der Glaube, dass Schülerinnen und Schüler Lösungen von Problemen, die sie vorgegeben bekommen, einfach abbilden könnten und ihnen damit ein Teil des Selbstbildungsprozesses abgenommen werden könnte, ist ein Irrglaube. Die semiotische Fundierung macht vielmehr deutlich, dass es sich eben nicht um einen *Ab*-Bildungs-, sondern um einen *Um*-Bildungsprozess handelt. Dieser autopoietische Vorgang beginnt bei den einfachsten Wahrnehmungsleistungen und setzt sich – unabhängig von möglichen Behinderungsformen – bis zu der Genese jeglicher kultureller Symbolismen fort.
3. Symbolische Formen kristallisieren sich am Leitfaden von Bedeutungsrelationen in bewegten Mensch-Umwelt-Beziehungen. Damit werden die Sinnbezüge des Handelns Dreh- und Angelpunkte des Lernens. Es gibt nach diesem Verständnis keine neutralen Handlungen in einer bedeutungssterilen Welt. Ist die Form die Manifestation eines vorgängigen Sinns bzw. einer intentionalen und teleologischen Handlungsabsicht, dann muss dieser Sinn im Vermittlungsprozess transportiert werden und zwar in einer Art und Weise, die es Schülerinnen und Schülern erlaubt, diesen Sinn auch erkennen zu können. Spätestens an dieser Stelle sollte deutlich werden, warum in dieser Arbeit explizit von einem *sinn*- und erfahrungsorientierten Unterricht gesprochen wird.
4. Neue Erfahrungen sind an Vorerfahrungen, an das jeweilige symbolische Universum gebunden, weshalb die Unterrichtsinhalte möglichst passgenau an die jeweiligen Vorerfahrungen anzuschließen sind. Eine Orientierung der Vermittlungsprozesse an den Objektstrukturen der Gegenstände tritt in den Hintergrund. Diese kann allerdings nur gelingen, wenn Schülerinnen

und Schüler stärker dafür sensibilisiert und dazu befähigt werden, mehr Verantwortung für den eigenen Erfahrungsprozess zu übernehmen. Gestützt werden diese Thesen auch durch Befunde der Blindensportforschung. In seiner Untersuchung zur Bewegungsvorstellung bei Blindheit konnte Bietz (2002) in verschiedenen Lernexperimenten zeigen, dass die Fähigkeit zur Bildung adäquater Bewegungsvorstellungen nicht von den modalen Aspekten der Wahrnehmung abhängt, sondern von der Möglichkeit der Lernenden, mit den sprachlichen Instruktionen adäquate semantische Korrelate zu aktivieren, um dadurch passende Sinnbezüge in der Bewegung zu konstruieren. Diese Fähigkeit ist aufgrund des selbstbezüglichen Charakters der symbolischen Formung von den Vorerfahrungen eines Individuums abhängig. Wenn Menschen mit einer Sehbehinderung aufgrund von Überbehütung und anderen sozialen Einflussfaktoren allerdings über beeinträchtigte Bewegungsbiografien verfügen (Schwier 1995; Abschn. 3.3.4), sind ihre Schwierigkeiten letztlich nicht im Visusausfall, sondern in mangelnden Vorerfahrungen begründet (Bietz 2002, S. 210). Ein inklusiver Unterricht, der sich sinn- und erfahrungsorientiert nennt, muss sich daran messen lassen, ob es ihm gelingt, vorhandene Vorerfahrungen aufzuspüren und adäquat an diesen anzusetzen.

Methodisch-didaktische Schlussfolgerungen
Es sollte bereits deutlich geworden sein, dass eine gelungene Vermittlung von Unterrichtsinhalten wesentlich von der Art und Weise abhängig ist, *wie* die Beziehung zwischen Mensch und Gegenstand gestiftet wird. Die adäquate Methodenkonstruktion wird damit zur Gretchenfrage bei der Umsetzung eines inklusiven Unterrichts. Lassen wir uns nicht von einem Defizitbild von Menschen mit Behinderungen leiten, ist gelungener Unterricht weder durch spezifische Behinderungsformen noch durch die jeweilige Struktur einzelner Themenfelder ausreichend determiniert. Es geht vielmehr um eine auf die individuellen Bedürfnisse adaptierten Gestaltung der Lernprozesse – eben eine Frage der adäquaten Methodenkonstruktion (Giese 2009d; Giese et al. 2017; Scherer und Herwig 2002).

Aufgabenorientierung
Das bisher Gesagte verweist zunächst auf die Notwendigkeit der Konstitution geeigneter Aufgabenarrangements. Diese Aufgaben zeichnen sich dabei durch (ergebnis-)offene Lösungswege aus, bei denen es gemäß den theoretischen Überlegungen nicht darum gehen kann, vorgegebene Inhalte eklektisch nachzubilden. Vielmehr muss es gelingen, Schülerinnen und Schüler für individuell relevante Probleme zu sensibilisieren. Der Unterricht hat dafür Sorge zu tragen, dass die

Schülerinnen und Schüler zunächst das Problem bzw. die Fragestellung verstehen, bevor fertige Lösungswege dargeboten und zu dem Problem individuell passende Aufgaben arrangiert werden. Dies ist nur möglich, wenn die Bedeutung der Aufgabe im Sinne des Erhalts der Sinnbezüge transparent ist. Entsprechende Aufgaben, in denen Schülerinnen und Schüler in selbstständiger, tätiger Auseinandersetzung mit einem als sinnhaft erkannten Problem Lösungen selbst explorieren, lassen potenziell immer auch ein Scheitern zu. Stoßen Schülerinnen und Schüler in solchen Aufgaben tatsächlich auf individuell relevante Probleme, wie beispielsweise das meist widerständige Geradeausfahren im Kanu (Müller H. 2010), dann gewinnen die gefundenen Lösungen für sie auch eine individuelle Bedeutung und realisieren einen Sinn. Entdecken Schülerinnen und Schüler in geeigneten Aufgabenarrangements beispielsweise (Müller H. 2010, S. 198), dass sie das Kanu mit einer spezifischen Paddelbewegung (dem Bogenschlag) leichter geradeaus steuern können, haben sich individuell sinnvolle Aktions-Effekt-Relationen etabliert, die das weitere Handeln im Kanu nachhaltig verändern.

Ähnliches gilt auch für schwer mehrfachbehinderte Menschen, die es sich beispielsweise zur Aufgabe machen, eine Resonanzplatte zum Vibrieren oder einen Big-Mäc zum Sprechen zu bringen. Unterschiede in Bezug auf geistige Abstraktionsstufen oder Unterschiede in Bezug auf die Komplexität der Zielbewegung spielen in der hier verfolgten strukturalistischen Betrachtungsweise keine tragende Rolle.

Sinnerhaltende Elementarisierung
Ein besonderes Augenmerk ist deshalb auf die Aufbereitung der Unterrichtsinhalte zu legen, was hier als *sinnerhaltende Elementarisierung* bezeichnet wird. Die notwendige Vereinfachung der Lernsituation, die sich insbesondere in der Sport- und Bewegungspädagogik üblicherweise an einer Orientierung an einer ideellen, für Schülerinnen und Schüler aber weder wahrnehmbaren noch existenten Objektstruktur der Bewegung folgt, wird damit obsolet.[7] So ist es beispiels-

---

[7]Mit der Objektstruktur der Bewegung ist eine Orientierung an den äußerlich sichtbaren Verlaufsmerkmalen von Bewegungen gemeint. So lässt sich beispielsweise der Speerwurf nach äußeren Kriterien in eine Anlauf-, eine Abwurf- und eine Endphase unterteilen, wobei diese Phasen in deduktiven Vermittlungswegen üblicherweise auch gleich zu den Elementen des Lernens werden. Sind solche Analyseverfahren im Kontext empirischer bewegungs- bzw. trainingswissenschaftlicher Untersuchungen selbstredend hilfreich, so sind sie auf der Folie einer symbolphilosophischen Theoriebildung mit den erfahrungsorientierten Überlegungen inkommensurabel, weil sie die symbolisch vermittelte, semantische Ebene individueller Mensch-Welt-Bezüge systematisch ausblenden.

weise wenig lernwirksam, um an das Beispiel zum Kanufahren anzuknüpfen, wenn Schülerinnen und Schüler über den adäquaten Ausstellwinkel beim Bogenschlag informiert werden und diesen dann in einer separaten Trockenübung an Land üben sollen. Geeignete Vereinfachungsstrategien orientieren sich in einem sinn- und erfahrungsorientierten Sportunterricht vielmehr an der Bedeutungsebene von Bewegungsproblemen. Hildenbrandt und Scherer (2010) schlagen deshalb vor, Bewegungsprobleme auf ihre elementaren Einheiten hin zu reduzieren, wobei der *semantische Kern* erhalten bleiben muss.

„Viele der gängigen Vermittlungsstrategien erzeugen hier ein Reduktionismus-Problem, indem sie die Elemente des methodischen Aufbaus aus Elementen der Zieltechnik gewinnen. Abgesehen davon, daß einem solchen Vorgehen analytische Fehlschlüsse (z. B. vom Produkt auf den Prozeß und von der Außen- auf die Innensicht) zugrunde liegen, wird das Verhältnis von Aufgabe und Lösung umgedreht: Methodische Aufgaben entwickeln sich dann aufgrund gegebener Techniken, nicht, wie üblicherweise beim Handeln, Lösungstechniken aufgrund gegebener Aufgaben." (Hildenbrandt und Scherer 2010, S. 61)[8]

Im Unterschied zu Vereinfachungsstrategien, die sich an der äußeren Verlaufsform von Bewegungen orientieren, wird bei einer sinnerhaltenden Elementarisierung nicht nach zerlegbaren Teilen von Techniken, sondern nach elementaren Themen, Aufgaben und Lösungsfunktionen gesucht. Dies sei am Beispiel des Werfens mit sehgeschädigten Personen verdeutlicht: Hier stellt sich für die Vermittlung ein besonderes Problem, denn für blinde Menschen ist das Werfen eine eigentlich sinn-*lose* Handlung. Im Alltag eines blinden Kindes bedeutet etwas wegzuwerfen, das Wurfobjekt aus der eigenen Kontrolle in den nicht-wahrnehmbaren Raum zu entlassen und Gefahr zu laufen, es nicht wiederzufinden (Hildenbrandt und Scherer 2010). Hochgradig sehbehinderte und blinde Kinder haben daher in der Regel kaum Wurferfahrung und es geht zunächst einmal darum, den vertrauten Nah- und Greifraum zum Wurfraum zu erweitern, indem das im Alltag Unsinnige sportlichen Sinn gewinnt.

Der Sinn des Werfens wird von seinen zentralen Funktions- und Erlebnismomenten getragen, die z. B. darin liegen können, Ziele zu treffen, Distanzen zu überwinden oder Flugeigenschaften von Geräten und Flugbahnen zu verfolgen.

---

[8]Wird bspw. Speerwurf vermittelt, indem die Gesamtbewegung wie oben beschrieben in Teilbewegungen seziert wird, die dann einzeln gelernt und schlussendlich wieder zusammengesetzt werden, bekommen die Teilbewegungen im Üben andere Sinnkonnotationen. Der Kreuzschritt, in endloser Reihe über den Platz getänzelt, ist eben ein anderer als der, der tatsächlich einen konkreten Abwurf vorbereitet (Scherer 2001a).

Solche elementaren Aufgaben und Handlungen gilt es, in den Erlebnis- und Erfahrungshorizont sehbehinderter und blinder Schülerinnen und Schüler zu rücken, indem die Effekte wahrnehmbar bzw. kontrollierbar werden. Dies ist beispielsweise möglich, indem man die schrittweise Distanzvergrößerung durch das Werfen an eine Wand hörbar macht, das Treffen der Dosenpyramide zum echten *Kracher* wird oder indem Flugbahn und -weite geräuscherzeugender Wurfobjekte verfolgt werden können. Bei entsprechend breiter Variation von Wurfgeräten, Themen und Aufgaben werden nicht nur grundlegende Sinndimensionen des Werfens erfahrbar, sondern zugleich grundlegende Bewegungsmuster des Werfens ausgebildet, die zu spezifischen Wurftechniken weiterentwickelt werden können (Giese und Scherer 2010).

Wie solche sinnerhaltenden Elementarisierungen im Kontext von schwerer geistiger Behinderung zu denken sind, hat insbesondere Lillie Nilson wiederholt eindrucksvoll illustriert, wenn Handlungen beispielsweise in einem Kleinen Raum (Nielsen 1993, S. 75) oder auf einer Positionsplatte (Nielsen 1993, S. 108) auf ihre elementaren Kommunikationsfunktionen reduziert und für das Individuum sinnvoll realisierbar werden.

Initiierung von Reflexionsleistungen
Eine weitere, auf der Folie der hier entwickelten Theoriebildung wichtige Konsequenz: die Initiierung von Reflexionsleistungen. Dieser Prozess kann beispielsweise unterstützt werden, indem Schülerinnen und Schüler vor der Auseinandersetzung mit der Sache ihre Erwartungen in Bezug auf die Aufgabenlösung explizit formulieren. Im Kern dieser Bemühungen geht es um die Bewusstmachung von – möglicherweise unbewussten – Antizipationen sowie um die Sensibilisierung für Diskrepanzen zwischen Absichten, Handlungen und Effekten. In der Unterrichtspraxis haben sich zu diesem Zweck u. a. *Lernplakate* als sinnvoll und hilfreich erwiesen, da auf ihnen die Bandbreite möglicher Erfahrungen ebenso dokumentiert werden kann wie mögliche Diskrepanzen zwischen Antizipationen und Effekten. Ziel der Reflexionen ist nicht die ständige Aufschaltung kognitiver Prozesse im Handeln selbst, sondern eine Unterstützung von Reflexionsvorgängen, die sich im und aus dem Handeln ergeben.[9]

---

[9]Franke unterscheidet in diesem Sinne „eine Reflexion im Vollzug" und „eine Reflexion über den Vollzug", wobei die erste eher leiblich-körperlicher Natur ist, während sich die nachgeschaltete sprachliche Reflexion über den Vollzug dadurch auszeichnet, „dass der Vollzug des Tuns (einschließlich der darin involvierten Reflexionen) zum Gegenstand wird. Sie kann deshalb als eine höherstufige Reflexion angesehen werden" (Franke 2006a, S. 205).

Unabhängig von diesen lerntheoretischen Überlegungen scheinen im Kontext der – aus grundlagentheoretischer Perspektive notwendigen – kognitiven Durchdringung der Lerninhalte auch grundsätzliche Komplikationen im Kontext des Inklusionsgedankens auf: Ist die (selbst-)reflexive Durchdringung der Lerninhalte auf Basis der hier vorgenommenen, kulturanthropologisch fundierten Theoriebildung ein konstitutives Moment einer inklusiven Didaktik, stellt sich die Frage, wie beispielsweise mit Formen geistiger Behinderung oder sprachlichen Behinderungen umzugehen ist, die eine solchen Durchdringung möglicherweise erschweren oder gar verhindern (vgl. Abschn. 4.1.4). Vielversprechend erscheint in diesem Kontext darauf zu verweisen, dass insbesondere die Sport- und Bewegungspädagogik darauf hinweist und theoretisch elaboriert begründet, dass die Bewegung selbst auch auf einer vorsprachlichen Ebene als eine eigene Erkenntniskategorie verstanden werden kann.

Transparente Handlungsziele

Obige Ansprüche können allerdings nur dann realisiert werden, wenn Schülerinnen und Schüler am Entstehen der Lösung beteiligt werden und eigene Lösungsansätze unter der Maßgabe einer klaren Zielvorgabe entwickeln und erproben. Damit wird – häufig fehlinterpretiert – keine didaktische Beliebigkeit kolportiert, vielmehr ist damit das Gravitationszentrum, um das sich die Ursachen für das Scheitern offener bzw. erfahrungsorientierter Unterrichtskonzeptionen bewegen, benannt: Die autonome Auseinandersetzung mit ergebnisoffenen Aufgaben ist nicht als sinn- und vor allem zielloses *anything goes* zu verstehen. Durch ein transparentes Handlungsziel, das von den Schülerinnen und Schülern selbstständig kontrolliert werden kann, erhalten die Aufgaben vielmehr eine intersubjektiv sinnvolle und klare Struktur.

Neue Bewusstseinsstrukturen können sich auf der Basis der vorgenommenen Theoriebildung nur herausschälen, wenn Schülerinnen und Schüler selbstständig kontrollieren können, ob die von ihnen gewählten Lösungsvarianten zu adäquaten Resultaten führen. Bei Giese et al. (2010) werden dazu im Tischtennis Zielzonen ausgelegt, deren Positionen mit den Schülerinnen und Schülern unter spieltaktischer Perspektive thematisiert werden und deren Anspielen – was von den Schülerinnen und Schülern kontrolliert werden kann – funktionale Lösungen von unfunktionalen unterscheiden hilft. Es sollte allerdings genügend Zeit zur Verfügung stehen, um die Effekte unterschiedlicher Aktionen sinnvoll miteinander abgleichen zu können. Vor dem Hintergrund transparenter, sinnvoller und realisierbarer Handlungsziele können die Schülerinnen und Schüler im Abgleich von autonom antizipierten Lösungsmöglichkeiten, mit kontrastierenden Lösungsvarianten und deren divergierenden Effekten die individuell optimale

Lösung selbstständig erkennen und stimmige Aktions-Effekt-Beziehungen aufbauen (Hasper 2009a). Auch hier soll unter der Perspektive schwerer Behinderungen ergänzt werden, dass Handlungsziele auch dann transparent gemacht werden können, wenn sie nicht sprachlich transportiert werden können, sondern vorsprachlich im Bildungsprozess wirksam werden.

Fassen wir das bisher Gesagte zusammen, dann ergeben sich daraus zumindest die folgenden Konsequenzen: Ein inklusiver Unterricht, der den hier vertretenen Prinzipien folgt, stellt die Autonomie der Schülerinnen und Schüler in den Mittelpunkt seiner Bemühungen. Der Vermittlungsprozess ist durch die Genese authentischer Situationen gekennzeichnet, in denen Schülerinnen und Schüler auf relevante Probleme stoßen, die in ihrer Bedeutung transparent sind und die dem Primat der Sinnbezüge folgen. Die Person-Umwelt-Beziehung ist dabei so zu gestalten, dass es zu einer ergebnisoffenen Auseinandersetzung mit dem Gegenstand kommt, deren Erfolg – und dies wurde besonders betont – *von den Schülerinnen und Schülern aufgrund verständlicher Kriterien selbstständig evaluiert werden kann.* Wegen des Fehlens vorgegebener Lösungen müssen die Schülerinnen und Schüler auf Basis ihrer Vorerfahrungen selbstständig Antizipationen generieren, die im Auseinandersetzungsprozess mit der Welt bestätigt oder enttäuscht werden und die Differenzerfahrungen ermöglichen. Unterstützt wird dieser Prozess durch (vor-)sprachliche Reflexionsanlässe und die sinnerhaltende Elementarisierung der Lerninhalte.

4.1.4 Grenzen der Sinn- und Erfahrungsorientierung im Inklusionsdiskurs

Obige Ausführungen sind nicht als Apologie pro bedenkenloser Herstellbarkeit der Erfahrung zu verstehen, vielmehr wird Göhlichs Ansicht, dass Erfahrung kein „durch und durch rationaler, kognitiv steuerbarer, in Plan-Umsetzungs-Effekt-Ketten zerlegbarer Prozess" (Göhlich 2007, S. 194) ist, explizit geteilt. Waldenfels (2002) „Bruchlinien der Erfahrung" sind ebenso unhintergehbar wie Meyer-Drawes Einstehen dafür, dass Erfahrung immer auch „Widerfahrnis" ist.

Die Erfahrungsorientierung im Kontext der Inklusionsprogrammatik erhält damit ein Janusgesicht: Einerseits müssen erfahrungsamputierte Machbarkeitsillusionen zwangsläufig ins Leere oder besser gesagt am didaktischen Kern der Sache vorbei laufen, andererseits können wir „Bedingungen günstig gestalten" (Meyer-Drawe 2003, S. 509), sodass die Wahrscheinlichkeit für Erfahrung für möglichst viele Schülerinnen und Schüler möglichst groß ist. An dieser Stelle kann die semiotische Theoriebildung hilfreiche Dienste leisten, weil sie einheitliche, theoretisch elaborierte und anthropologisch fundierte Kriterien ermöglicht, die diese Bedingungen weiter spezifizieren helfen.

Im kantischen Sinne lassen sich damit *Bedingungen der Möglichkeit* formulieren, wie inklusive didaktische Arrangements zu gestalten sind. Diese Arrangements gründen dabei nicht auf einem Konglomerat divergierender Theorien, sondern werden aus einer einheitlichen Fundierung hergeleitet, was das inkludierende Potenzial der Bezugstheorie unterstreicht. Dies ermöglicht die Einbettung einer erfahrungsorientierten, inklusiven Unterrichtskonzeption in einen theoretischen Gesamtrahmen, ohne Erfahrung und Inklusion dafür in ein Prokrustesbett legen zu müssen. Da andererseits auch kritische Einwände gegen einen sinn- und erfahrungsorientierten inklusiven Unterricht zu beachten sind, soll die bisher skizzierte inklusive Unterrichtskonzeption im Folgenden auch auf ihre Machbarkeit bzw. ihre Grenzen hin durchleuchtet werden.[10]

Erfahrung zwischen Offenheit und Vorstrukturierung

Insbesondere im Hinblick auf die Vermittlung motorischer Kompetenzen sollte bereits deutlich geworden sein, dass ein sinn- und erfahrungsorientierter inklusiver Sportunterricht auf direkte Bewegungsanweisungen, die sich auf äußerlich sichtbare Ausführungsparameter der Zielbewegung beziehen (Scherer 2005b), weitgehend verzichtet und auch in anderen Unterrichtsfächern gilt es, die Verlaufsaspekte der Wissensvermittlung zugunsten einer reinen Zielorientierung stärker zu fokussieren, wie es u. a. Wagenschein in seiner genetischen Physikdidaktik wiederholt eindrucksvoll illustriert hat (Wagenschein 1999, 2003). Gerade dieser Aspekt ist andererseits auch ein Kristallisationspunkt der Skepsis gegenüber offenen Unterrichtsformen. So sehen sich induktive Unterrichtskonzeptionen gerade im Sportunterricht häufig dem Generalverdacht ausgesetzt, für die Vermittlung genormter Fertigkeiten nicht geeignet zu sein. So ist das Erlernen komplexer und weitgehend genormter motorischer Fertigkeiten wie beispielsweise dem oberen Zuspiel beim Volleyball scheinbar untrennbar an die Überzeugung gebunden, dass die Lehrkraft den Schülerinnen und Schülern genau erklären müsse, was zu tun sei und ihm am besten sogar die Hand führe.

---

[10]Die kritischen Anmerkungen zu den Grenzen inklusiven Anspruchsdenkens werden dem bisherigen Argumentationsduktus folgend anhand von konkreten Beispielen aus dem Sportunterricht illustriert. Es soll an dieser Stelle aber ausdrücklich darauf hingewiesen werden, dass die Beispiele selbstverständlich Analogien zu anderen Fächern zulassen, die hier allerdings nicht ausgedeutet werden.

4.1 Sinn- und Erfahrungsorientierung im inklusiven Unterricht

Stellvertretend für solche Positionen sei hier auf Abb. 4.1 verwiesen (Meyndt et al. 2003), die eine solche Unterrichtsszene zur Vermittlung des oberen Zuspiels beim Volleyball zeigt und illustriert, welchen geringen Stellenwert der Autonomie der Lernenden dabei zugmessen wird (Giese und Grotehans 2009). Besonders plausibel erscheint die Annahme, dass Offenheit und Varianz strikt zu vermeiden sind in sicherheitsrelevanten Bereichen. Für die Vermittlung der Sicherungstechniken beim Klettern scheint sich ein sinn- und erfahrungsorientierter Ansatz geradezu zu verbieten, da deren korrekte Anwendung keinerlei Varianz in der Ausführung zulässt und am Ende aus guten Gründen streng normierte Techniken stehen (Giese 2009a). Dieser Einwand ist ernst zu nehmen, doch sind die aktuellen Sicherheitsstandards nicht vom Himmel gefallen, sondern das Resultat einer langen Entwicklung, die im Unterricht durchaus nachgezeichnet werden kann.

Auch wenn tatsächlich nicht jede Feinheit dieser Entwicklung selbst erfahrbar gemacht werden kann, weil dafür notwendige Situationen nicht immer (gefahrlos) herstellbar sind, können zumindest die jeweiligen Probleme, die mit den etablierten Techniken gelöst werden, im Unterrichtsverlauf transparent gemacht werden (vgl. Abschn. 4.1.3). Aufgrund dieser Erfahrungsbasis können dann auch normierte Bewegungsformen als funktional optimierte Varianten der von den Schülerinnen und Schülern angedachten Lösungen nachvollzogen werden.

Neben sicherheitssensiblen Bereichen sind zumindest im Kontext von Sport und Bewegung weitere Aspekte kritisch zu beachten, die das eigenständige Suchen und Finden funktionaler Lösungen erschweren (Giese 2009e, S. 43). Hochgradig *artifizielle Zieltechniken* implizieren aufgrund ihrer Alltagsferne häufig eine große Entdeckungs-Widerständigkeit und drittens sind Erfahrungsbereiche zu nennen, die sich nur durch einen unverhältnismäßig *großen Aufwand* realisieren lassen. Wenn Surf- oder Kanuschüler nach einem Sturz ins Wasser lange Zeit brauchen, um wieder in die Ausgangsposition zu gelangen, stößt dieses Verfahren zusätzlich zu möglichen Frustrationen und entstehenden Ängsten auch an pragmatische Grenzen.

Dass Schülerinnen und Schüler funktionale und standardisierte Techniken in Folge dieser Kontraindikationen nicht immer selbstständig entdecken, ist allerdings nicht als Auflösung des sinn- und erfahrungsorientierten Unterrichtsprinzips zu werten, *solange* die Sinnbezüge des Bewegungshandels erhalten bleiben und die Schülerinnen und Schüler damit einordnen können, für welches Problem, das sie selbst als solches erkannt haben, die normierten Bewegungsvorschriften optimierte Lösungen darstellen. Üblicherweise werden Erfahrungsfelder dazu in Anlehnung an Wagenschein unterschiedlich stark vorstrukturiert und neben der Möglichkeit des freien Erprobens gegebenenfalls divergierende Lösungs- und Ausführungsvarianten vorgeben, die in ihrer bewussten Kontrastierung das Explorieren funktionaler Lösungen erleichtern.

Zeitaufwand und Planbarkeit erfahrungsorientierter Verfahren

Das bisher Gesagte zeigt, dass sinn- und erfahrungsorientierte Unterrichtskonzeptionen in pädagogischen Bildungseinrichtungen mit zwei prekären Ressourcen erkauft werden, der *effektiven Lernzeit* und der *partiellen Unplanbarkeit* des Unterrichtsgeschehens. Auch wenn Zeit in Zeiten sich selbst beschleunigender Lebenswirklichkeiten einen inflationären Wert hat, ist die landläufige Standarddebatte um den Zeitaufwand induktiver Vermittlungskonzeptionen zu relativieren, denn dadurch, dass das Ergebnis in deduktiven Vermittlungswegen zu Beginn der Auseinandersetzung mit dem Gegenstand vorgegeben wird und dadurch eine Schimäre der Zeiteffektivität heraufbeschworen wird, ist nicht sichergestellt, dass die Schülerinnen und Schüler dieses Ergebnis auch in ihr Bewusstsein übernehmen. Die vorgenommene Theoriebildung lässt eher das Gegenteil vermuten: Da sich deduktiv-geschlossene Vermittlungsverfahren nicht an den (Selbst-)Bildungsmechanismen orientieren, ist zu erwarten, dass sie diese Bildungsmechanismen nicht positiv unterstützen, weil sie die Autonomie des Individuums hintergehen.

Heterogenität als Störgröße?

Einwände ergeben sich auch aus der Perspektive divergierender Vorerfahrungen. Da die Möglichkeit neuer Erfahrungen immer von den bereits gemachten Erfahrungen abhängig ist, bezeichnet Bietz (2004, S. 135) die Vorerfahrungen als „die Bedingung des Lernens und der Autonomie der Lernenden". Da sich Vorerfahrungen trotz ihrer grundsätzlichen kulturellen Stabilität von Biografie zu Biografie unterscheiden, resultieren daraus selbstredend Schwierigkeiten beim Versuch, sinn- und erfahrungsorientierte Lehrwege zu konzipieren.

> „Jedoch ergibt sich auch hier ein prinzipielles und wohl kaum lösbares Dilemma. […] Ein didaktisches Arrangement von Situationen ist so aus prinzipiellen Gründen immer insofern unbestimmt, als es auf die spontane *Deutung* des Erfahrenden angewiesen ist. Erfahrung kann demnach über das Instrument des äußerlich verbleibenden Situationsarrangements *nicht hergestellt,* sondern bestenfalls *angeregt* werden." (Thiele 1996, S. 242)

Die Offenheit der Situationen wird in dieser Sichtweise zum Stolperstein ihrer Didaktisierung, weil die Lernenden diese Deutung auf der Grundlage ihrer je eigenen Biografie vollziehen und sie für die Lehrkraft dadurch zu einer unbekannten Größe im Vermittlungsprozess wird. Hier ist – gerade im Kontext von Inklusion und inklusiver Didaktik – ein Umdenken unumgänglich: Es kann in der Tat nicht sichergestellt werden, wer in welcher Situation welche Erfahrung macht und ebenso wenig können – wie die Theoriebildung explizit gezeigt hat – Sinn oder Erfahrung von außen hergestellt werden. Es gilt sich aber davon zu lösen, diese Tatsache als ein Grunddilemma zu betrachten. Mit der Anerkennung des Faktums, dass Bildungsprozesse – wegen ihrer primordialen Biografiebezogenheit – keinen eindeutig quantifizierbaren Output haben, wird auch der Glaube an die Existenz operationalisierbarer Lernziele grundsätzlich infrage gestellt.

> „Abschied zu nehmen hätte eine auf die konkrete Praxis ausgerichtete erfahrungsorientierte Pädagogik von der Festschreibung eindeutig fixierter, operationalisierbarer Lehr-Lern-Ziele." (Thiele 1996, S. 292)

Die Operationalisierbarkeit der Lernziele

Hier ist die kulturanthropologisch begründete Annahme zentral, dass die Unmöglichkeit eindeutiger Operationalisierbarkeiten unhintergehbar ist und zieldifferente Vermittlungsansätze in Betracht gezogen werden müssen, unabhängig davon, wie Vermittlungsprozesse angelegt werden. Dies gilt auch – oder besser gesagt ganz besonders – für deduktiv instruierende Unterrichtskonzeptionen. Verstehen wir Vorerfahrungen tatsächlich als Bedingung des Lernens und Erfahrens, dann wirkt die individuelle Biografie in jeder Unterrichtskonzeption als unbekannte Größe, ganz gleich wie die Vermittlungsprozesse angelegt werden. Dieses Phänomen wird in klassischen, deduktiven Lernmodellen keineswegs aufgefangen oder umgangen, sondern lediglich ignoriert und inklusives Denken damit gleichsam negiert.

Unterrichtskonzepte, die davon ausgehen, dass mit klar definierten Vermittlungsverfahren klar definierte Lernfortschritte bei den Schülerinnen und Schülern provoziert werden können, ignorieren in ihren immanenten Lernannahmen die Wirkungsmechanismen des Erfahrens bzw. der Inklusion und verfehlen damit den kulturanthropologischen Kern der Thematik und damit auch das Wesen inklusiven Bildungsprozesse. Lehrpersonen *können* nicht sicherstellen, dass für alle Schülerinnen und Schüler passende Unterrichtsarrangements bestehen. Werden Schülerinnen und Schüler dazu befähigt bzw. sensibilisiert, mehr Eigenverantwortlichkeit für ihre Bildungsprozesse zu übernehmen, brauchen die Lehrkräfte dies auch nicht. Die Frage nach der individuellen Passung ist stärker von der Lehrkräfte- auf die Schüler*innenseite zu übertragen. Im Sinne einer inneren, von den Schülerinnen und Schülern getragenen Differenzierung ist zu beachten, dass der Unterricht den Schülerinnen und Schülern die Möglichkeit bietet, die gerade beschriebene Passung suchen, finden und herstellen zu dürfen.

Von zieldifferentem Unterricht und der Fertigkeitsorientierung

Wird in diesem Beitrag argumentiert, dass ein inklusiver Unterricht auch die Fertigkeitsorientierung im Blick haben muss, dass es dabei nicht darum gehen kann, Behinderung zu negieren und dass die Schule auch einen legitimen gesellschaftlichen Allokationsauftrag zu erfüllen hat (Ahrbeck 2013, S. 83), dann drängt sich die Frage auf, in welchem Verhältnis solche Überlegungen zu der omnipräsenten inklusiven Forderung nach einem zieldifferenten Unterricht stehen (vgl. Abschn. 2.2.2 und 2.4.1; Saldern 2013, S. 8; Giese und Weigelt 2015). Die Frage, was mit Zieldifferenz genau gemeint ist, bleibt dabei allerdings weitestgehend vage und im Detail letztlich unbeantwortet: Muss es beispielsweise Grenzen der Zieldifferenz geben oder gilt diese immer und uneingeschränkt für jedes Kind und alle Jugendliche in jedem Fach in jeder Unterrichtssituation? Ist jedes Ziel, das von den Schülerinnen und Schülern erreicht wird, automatisch legitim und gleichwertig, hat jede Behinderungsform ihre eigene Zieldimension oder werden die differierenden Ziele von den Lehrkräften für jedes Kind individuell vorgegeben? Dann stellt sich die Frage, nach welchen Kriterien diese Ziele definiert werden. Gibt es Grenzen der Zieldifferenzierung, müsste wiederum geklärt werden, nach welchen Kriterien diese Grenzen gesetzt würden. Solche Überlegungen, die hier selbstverständlich nur angedeutet werden können, mögen dafür sensibilisieren, dass Bildungsstandards, Vergleichsarbeiten, Kompetenzorientierung usw. obsolet würden, wenn die Zieldifferenz uneingeschränkt gelten soll. In diesem Fall wäre auch auf jede Form einer vergleichenden Leistungsfeststellung ebenso zu verzichten wie auf schulische Noten.

Hinter dieser Frage, die sich gerade im Unterrichtsfach Sport explizit an der Debatte um die Fertigkeitsorientierung kristallisiert, verbirgt sich eine ungeklärte Frage im Inklusionsdiskurs, die weit über den Sportunterricht hinaus geht, den Kern der Inklusionsprogrammatik berührt (Ahrbeck 2013, S. 82) und auch im Kontext von schweren Mehrfachbehinderungen explizit bejaht wird.

> „Wenn die Selbst-Wahrnehmung sich zu einem wirklichen Selbstbild entwickeln soll, müssen kontinuierliche Interaktionen mit anderen, Erfahrungen mit der Umgebung und das Erlangen von Fertigkeiten stattfinden" (Nielsen 1993, S. 13)

Da diese Frage den hier gesteckten thematischen Rahmen übersteigt, soll, ohne dabei ins Detail zu gehen, exemplarisch auf den Soziologen Stichweh verwiesen werden, der darauf hinweist, dass Inklusion in modernen Gesellschaften nicht binär nach dem Motto gedacht werden kann, dass Menschen entweder (voll-) inkludiert oder exkludiert sind (Giese und Weigelt 2015).

> „In einem parallelen Verständnis lässt sich für die von uns diagnostizierte Disjunktion von strukturell nahegelegten Inklusionserwartungen einerseits und den faktischen Unmöglichkeiten der Realisierung von Vollinklusion andererseits die Hypothese einer Anomie der Weltgesellschaft vertreten." (Stichweh 2009, S. 36)

In ähnlicher Diktion argumentiert auch der Soziologe Windolf (2009):

> „In modernen Gesellschaften ist das Individuum nicht mehr in 'die' Gesellschaft inkludiert; es gibt keine Totalinklusion. Abhängig vom Lebenszyklus werden Personen vorübergehend oder dauerhaft in die verschiedenen Teilsysteme inkludiert: in das Wirtschaftssystem über den Beruf, in das Rechtssystem im Falle des Rechtsstreits, in das politische System als Wähler oder Abgeordnete, in das Gesundheitssystem im Fall der Krankheit."

Diese soziologischen Überlegungen können als ein Aufruf zur ideologische Entspannung der Debatte gelesen werden, weil sie dafür sensibilisieren, die Diskussion „mehrschichtiger" zu betrachten und im Sinne Tenorths binäre Kategorisierungen zu vermeiden, „denn wir wissen ja aus alten Kämpfen in binär codierten Problemlagen, dass der pädagogische und erziehungswissenschaftliche Ertrag der Frontenbildung meist im umgekehrten Verhältnis zur Schärfe der Debatte stand" (Tenorth 2013, S. 1).

Die kognitive Durchdringung der Inhalte

Es ist in Abschn. 4.1.3 bereits angesprochen worden, dass aus behindertenpädagogischer Perspektive kritisch zu hinterfragen ist, ob die Fokussierung auf die bedeutungsgenerierende, kognitive Durchdringung der Inhalte tatsächlich von allen Schülerinnen und Schülern geleistet werden kann. Gibt es Ausnahmen, weil beispielsweise aufgrund bestimmter geistiger oder anderer Behinderungen die kognitive Durchdringung des Lerninhalts auf einem sprachlich-abstrakten Niveau nicht geleistet werden kann, kommt die autonome Erfahrungsgenese im Sinne der hier vorgenommenen Modellierung nicht in Gang. Besonders im Bereich der geistigen Behinderung, der Sprachbehinderung oder der Lernbehinderung lassen sich sicherlich Fälle finden, in denen ein solches Kriterium als Ausschlusskriterium von den betreffenden Bildungsprozessen zu werten ist (Giese 2019a; Giese und Buchner 2019; Giese und Sauerbier 2018). Bei der Frage, wie mit dieser Crux umgegangen werden kann, zeichnen sich drei Antwortstrategien ab:

a) Kann die gewählte theoretische und anthropologische Fundierung doch nicht bedingungslos alle Menschen unter einem gemeinsamen didaktischen Überbau zusammenführen, ist die Fundierung zumindest an dieser Stelle unbrauchbar und es bedarf der weiteren didaktischen-konzeptionellen Forschung, um diesen didaktischen Überbau zu konstruieren. Es wäre in dieser Sichtweise nicht akzeptabel, dass in Folge der strukturalistischen, semiotischen Analyse Gruppen identifiziert werden, die aus grundlagentheoretischer Perspektive eben nicht inkludierbar wären, was dem Kern des Anliegens diametral entgegenstände.

b) Der Anspruch, alle Individuen trotz ihrer konstatierten Heterogenität unter dem Dach eines gemeinsamen pädagogisch-didaktischen Überbaus in Unterrichtsprozessen zusammenzuführen, ist als ideologische Vision überzogen und muss grundsätzlich relativiert werden, weil die tatsächliche Heterogenität den Inklusionsgedanken auf grundlagentheoretischer Ebene ad absurdum führt (vgl. Abschn. 4.1.4).

c) Wie oben bereits zur Sprache gekommen ist, ermöglicht der Verweis auf die Sport- und Bewegungspädagogik hier möglicherweise eine bildungstheoretische Lösung, indem diese explizit betont und begründet, dass Bewegung auf einer nonverbalen bzw. vorsprachlichen Ebene als eigene Erkenntniskategorie verstanden werden kann (vgl. Abschn. 3.3.1). Damit wären auch teleologisch Handlungsleistungen mit dem hier entwickelten Ansatz zu modellieren, die beispielsweise schwer mehrfachbehinderte Menschen in einem Kleinen Raum oder auf einer Resonanzplatte erbringen.

Weil diese Arbeit – wie eingangs wiederholt betont – nicht als Diskussionsbeitrag oder gar als Apologie pro oder contra Inklusion konzipiert ist, sondern vielmehr als strukturelle, grundlagentheoretische und anthropologische Suche nach Bedingungen der Möglichkeiten einer inklusiven Didaktik, muss die aufgeworfene Frage hier zunächst unbeantwortet bleiben, auch wenn die dritte Antwortstrategie befürwortet wird und der interdisziplinäre Ansatz dabei wertvolle Orientierungsleistungen bieten kann, weil das in der Sport- und Bewegungspädagogik breit diskutierte Ansinnen, den kantischen Dualismus von anschaulicher Sinnlichkeit und abstrakter Begrifflichkeit zu überwinden, genau darauf abzielt, dass „der Erkenntnisprozeß, der bisher eingeengt auf die Sprache gedeutet wurde, [...] prinzipiell auch offen für nicht-sprachliche Erfahrungsbereiche sein" (Franke 2000, S. 104) kann. Trotzdem bleibt jenseits ideologischer und bildungspolitischer Dispute in Folge des strukturalistischen Argumentationsdiskurses zu konstatieren, dass die bildungstheoretisch weitgehend unbestrittene Betonung der kognitiven Durchdringung der Lerninhalte – auf welcher kognitiven

Ebene bzw. auf welchen Abstraktionsniveau auch immer – einer grundlagentheoretischen Klärung bedarf, damit diese bildungstheoretische Annahme nicht dazu führt, dass Menschen mit Behinderungen von solchen Bildungsprozessen ausgeschlossen werden, wie es in der behindertenpädagogischen Anthropologiekritik beschrieben wird (Brinkmann 2018; Giese 2019b).

4.1.5 Zwischenfazit

Im Sinne eines Zwischenfazits lässt sich resümieren, dass sich der sinn- und erfahrungsorientierte Ansatz im Kontext einer inklusiven Unterrichtslehre durch die strukturäquivalente Passung zwischen dem Inklusions- und dem Erfahrungsdiskurs auf kulturanthropologischer und strukturalistischer Ebene legitimiert. Dabei konnten methodisch-didaktische Rahmenbedingungen, aber auch konzeptionelle Grenzen bzw. offene Fragen formuliert werden, die ihren Ursprung in der semiotischen Analyse der zugrunde liegenden Basisphänomene finden und folgendermaßen zusammengefasst werden können.

Im Kontext methodisch-didaktischer Rahmenbedingungen ist zentral zu beachten, dass die Autonomie der Schülerinnen und Schüler im Mittelpunkt aller Planungs- und Unterrichtsbemühungen steht. Um autonom zu werden, müssen Schülerinnen und Schüler einerseits in Bewegung gebracht werden und andererseits geht es darum, Routinen ins Leere laufen zu lassen, produktiv zu verunsichern und das Subjekt metaphorisch und real zum Stolpern zu bringen. Diese Verunsicherungen sind ihrerseits Ausgangspunkt und Grundlage eigenständiger sprachlicher und vorsprachlicher Reflexionsleistungen, die den Bildungsprozess in Gang bringen und müssen deshalb wo möglich gefördert bzw. initiiert werden. Im Unterrichtsverlauf ist daher darauf zu achten, dass möglichst alle Schülerinnen und Schüler mit offenen Aufgaben konfrontiert werden, deren Bedeutung und Sinnhaftigkeit im Unterricht geklärt bzw. transportiert wurde. Bei der Bewertung, ob die individuellen Aufgabenlösungen zu funktionalen Ergebnissen führen, können den Schülerinnen und Schülern transparente Handlungsziele helfen, deren Sinnhaftigkeit ebenfalls im Unterricht thematisiert wurde.

Auf der anderen Seite zeigen sich allerdings auch ernst zu nehmende Grenzen einer inklusiven Didaktik. So ist grundsätzlich ungewiss, wie und ob die individuelle Passung zwischen Offenheit und Vorstrukturierung hergestellt werden kann. Außerdem ist der Zeitaufwand für die Planung erfahrungsorientierter inklusiver Verfahren – gerade im Vergleich mit vorstrukturierten deduktiven Unterrichtsvorhaben – ggf. groß. Besondere Schwierigkeiten ergeben sich zudem aus grundlagentheoretischer und kulturanthropologischer Perspektive, wenn die kognitive

Durchdringung der Lerninhalte nicht immer geleistet werden kann. Kritisch bleibt dabei zu resümieren, dass die Betonung der kognitiven Durchdringung der Inhalte ggf. als ein Ausschlusskriterium von Schülerinnen und Schülern verstanden werden kann, die diese Anforderung nicht leisten können, wenn sich hier keine plausible bildungstheoretische Lösung finden lässt (Giese 2016b, c; Giese und Buchner 2019; Giese und Ruin 2018).

4.2 Inklusive Didaktik im Spiegel der Hirnforschung – ein neurophysiologischer Exkurs

Wurde im vorigen Kapitel eine sinn- und erfahrungsorientierte, inklusive Unterrichtslehre vorgestellt, die im Zeichen der Autopoiese den Erhalt und die Förderung der Autonomie in das Zentrum ihrer didaktischen Bemühungen stellt, sollen im Folgenden Parallelen dieses Ansatzes mit aktuellen Konzepten der Neurophilosophie und Neurodidaktik aufgezeigt werden, um den Ansatz weiter interdisziplinär zu legitimieren (Giese 2007, 2013).

Im Kontext eines sport- und bewegungspädagogischen Forschungsparadigmas wurde die Frage, welche Bedeutung neurophilosophische Überlegungen für den Anthropologiediskurs haben können, von Gissel (2007); Schürmann (2007) und zuletzt von Reinold (2008) diskutiert. Gissels Bekundung, dass die Sport- und Bewegungspädagogik „ihre anthropologischen Grundannahmen keinesfalls aufgeben" (2007, S. 15) muss, sondern diese durch neue Bewusstseinstheorien in wesentlichen Teilen vielmehr sogar eine Bestätigung finden, wird von Schürmann und Reinold aus *erkenntnis- und wissenschaftstheoretischer Perspektive* zurückgewiesen, weil philosophische Fragen gerade „nicht naturalisierbar" (Schürmann 2007, S. 447) seien und die Nicht-Beachtung der Kontextgebundenheit, Perspektivität, Partikularität, Modellhaftigkeit und Pluralität von Wissensbeständen (Reinold 2008, S. 419) einen anachronistischen „Rückfall hinter Kant" (Schürmann 2007, S. 448) bedeuten würde. Im Folgenden soll diesem Diskurs auf didaktischer Ebene nachgegangen werden. Dazu wird nach der Vereinbarkeit zwischen Erkenntnissen der Hirnforschung und dem entwickelten inklusiven Vermittlungsverfahren gefragt. Eingrenzend beschränkt sich die Argumentation dem thematischen Rahmen der vorliegenden Arbeit folgend auf die Diskussion kulturanthropologischer Grundannahmen und daraus resultierende didaktische Rahmenleitlinien.

Ohne Eins-zu-eins-Relationen zu postulieren, die sich aufgrund unterschiedlicher Paradigmen verbieten, wird sich vorausblickend zeigen, dass die Erkenntnisse der Hirnforschung die *didaktischen Aussagen* eines sinn- und erfahrungsorientierten inklusiven Unterrichts in weiten Teilen unterstützen (vgl. Abschn. 4.2.2). Bezüglich der *kulturanthropologischen Grundannahmen* ist die Situation allerdings deutlich schwieriger: Strukturisomorphe Modellierungen existieren zwar insofern, dass übereinstimmend von einer grundsätzlichen Weltoffenheit des Menschen ausgegangen wird (vgl. Abschn. 4.2.1). In den hier zitierten Arbeiten zur Hirnforschung bleibt dabei allerdings weitgehend unbeachtet, dass die aus dieser Annahme resultierende Notwendigkeit zur *autopoietischen* Ausgestaltung dieser Weltoffenheit in der entwickelten Theoriebildung durchgängig an die Fähigkeit des Individuums zur autonomen Selbstreflexion gebunden ist. Diese (Selbst-)Reflexivität setzt allerdings Bewusstsein voraus. Das System beschäftigt sich aus neurophysiologischer Perspektive aber „hauptsächlich mit sich selbst; 80 bis 90 % der Verbindungen sind dem inneren Monolog gewidmet" (Singer, W. 2002, S. 103), weshalb „die meisten Konstruktionen von Bedeutung in unserem Gehirn hochautomatisiert und völlig unbewusst ablaufen" (Roth 2006b, S. 56; vgl. auch Singer, W. 2004, S. 47). Verschärft wird die Problematik dadurch, dass diese Konstruktionen nicht nur unbewusst, sondern nach Ansicht vieler Hirnforscher auch determiniert ablaufen und damit die Frage aufgeworfen wird, ob die kulturanthropologisch fixierte Autopoiese mit den Hinweisen auf die neurobiologische Determination des Menschen in Einklang gebracht werden können (vgl. Abschn. 4.2.4).[11]

4.2.1 Die Bedeutung der Autopoiese für die erfahrungs- und bildungsorientierte Theoriebildung

Die Autopoiese bezeichnet als philosophischer Begriff ein zweckgebundenes Bilden bzw. Erschaffen. So ist die Poietik bei Plato die dem Herstellen von etwas dienende Wissenschaft (z. B. Architektur). In der Neuzeit wurde der Begriff von dem chilenischen Neurobiologen Humberto Maturana (2009) – in

---

[11]Hier deuten sich weitere Komplikationen in Hinblick auf den Aspekt der (Selbst-)Reflexion an (vgl. Abschn. 4.1.4), weil die (Selbst-)Reflexion in Folge der Determinismusdebatte in den Neurowissenschaften den Individuen grundsätzlich abgesprochen wird. Die möglicherweise naheliegende Lösung in Folge dieser neurophysiologischer Annahmen auf das Postulat der (Selbst-)Reflexion zu verzichten, stellt keine tragbare Lösung dar, weil dann auch das Postulat der Autonomie aufzugeben wäre, was das hier vertretene Menschenbild einer inklusiven Didaktik damit grundsätzlich ad absurdum führen würde (vgl. Abschn. 4.2.5).

Bruch mit der griechischen Begriffstradition – neu konnotiert und bezeichnet die Selbsterschaffung und den Selbsterhalt eines Systems in einem rekursiven Prozess. In den frühen 1980er Jahren wurde der Begriff von Luhmann (1987) für die Beschreibung sozialer Systeme verwendet. Autopoietische soziale Systeme bestehen in diesem Kontext aus Kommunikation und erschaffen sich in einem ständigen, nicht zielgerichteten autokatalytischen Prozess aus sich selbst heraus ständig neu. In Tradition der aristotelischen Begriffsbildung versucht v. Prondczynsky (1993) den Begriff der Poiese auch für die Pädagogik nutzbar zu machen, indem er insbesondere darauf hinweist, dass damit eine pädagogisch fruchtbare Mittellage zwischen praktischem und theoretischem Handeln modellierbar wird.

Im Kontext des symboltheoretischen Paradigmas (Drexel 2002, S. 184) findet der Begriff der Autopoiese in der vorliegenden Arbeit allerdings eine spezifische Verwendung: er wird als „Erzeugung der Ordnung unseres Bewußtseins, unserer Wahrnehmungs- und Vorstellungswelt" (Schwemmer 1997b, S. 46) verstanden. Dass diese Ordnung entsteht, verdankt sich der ‚produktive Einbildungskraft' unseres Geistes (Schwemmer 1997b, S. 89), was in Abschn. 3.3.3 bereits dargestellt wurde.

> „Wir müssen lernen, weil wir nicht alles schon wissen und kein Fühlen und Verhalten unmittelbar feststeht; und wir wissen nicht alles auf immer oder bauen unser Verhalten um, weil wir erfahren" (Dieckmann 1994b, S. 98).

Weil die mentalen Bewusstseinsinhalte, die in Folge dieses Bildungsprozesses gestaltet werden, dem Zurechtfinden in der Welt dienen und aus diesem Bestreben gleichsam emergieren, hat der Bildungsprozess einen sinnstiftenden Charakter (vgl. Abschn. 3.3.1). Der Mensch verleiht seiner Welt in diesem Prozess Bedeutung (Cassirer 1996, S. 63). Die Autopoiese kann damit als ein ontologisches Kernelement anthropologischer Wesensbestimmungen in induktiven Ansätzen identifiziert werden (Giese 2010). Da sich Methoden und Menschenbilder gegenseitig bedingen, impliziert die Autopoiese auch didaktische Konsequenzen, was im vorangehenden Kapitel bereits dargelegt wurde.

Die autopoietische Gestaltungstätigkeit des *animal symbolicum* ist ihrerseits allerdings – sollen diese Momente bildungs- und erfahrungswirksam wirken – nach Franke (2001, S. 36) an die selbstreflexive Fähigkeit zur Wahrnehmung von Diskrepanzen zwischen der Ideal- und der Ausführungsform, an die Wahrnehmung von Differenz-Erfahrungen (Franke 2006a, S. 191), an den „Reflexionsprozess auf der Basis von Vernünftigkeit, Selbstbestimmungsfähigkeit und Freiheit des Denkens und Handelns" (Franke 2000, S. 98) gebunden. In didaktischer Wendung geht es in diesem Sinne um die selbstreflexive „Demontage der Normativität des Faktischen" (Alkemeyer 2003, S. 58) bzw. mit Waldenfels (2002) um die Bruchlinien der Erfahrung, die den poietischen Bildungsprozess durch die Verunsicherung des Gewohnten in Gang bringen. Das Stolpern bzw. die Störung des Gewohnten oder Antizipierten wird damit zum Ausgangspunkt des autopoietisch konstituierten Erfahrungsprozesses.

4.2.2 Neurodidaktische Analogien

Wird das Konzept der Autopoiese als ein zentraler Grundstein inklusiver Unterrichtsverfahren verstanden und ist das In-Gang-Kommen des Bildungsprozesses an das metaphorische Stolpern im Alltag gebunden, wird nun nach der Vereinbarkeit der entwickelten Wissensbestände mit Erkenntnissen der Hirnforschung gefragt. Weil ein direkter Vergleich aufgrund der unterschiedlichen Forschungsparadigmen nicht möglich ist und unweigerlich zu Kategorienfehlern führen muss, wird im Folgenden nicht nach direkten Entsprechungen, sondern – dem bisherigen Argumentationsduktus folgend – vielmehr nach strukturell ähnlichen Modellierungen gesucht, die inhaltliche und konzeptionelle Kongruenzen plausibel erscheinen lassen.[12]

Wie eingangs erwähnt, geht auch die Hirnforschung einerseits von einer grundsätzlichen Weltoffenheit des Subjekts aus, weil keine andere Spezies „mit einem derart offenen, lernfähigen und durch eigene Erfahrungen in seiner weiteren Entwicklung und strukturellen Ausreifung gestaltbaren Gehirn zur Welt (kommt, MG) wie der Mensch" (Hüther 2006, S. 70) und andererseits von einem transzendentalen Ausdrucks- und Wirkungswillen, der unabwendbar bedeutungshaltige Ausdrucksformen generiert:

> „Nicht nur die Fähigkeit, ständig Neues hinzuzulernen, sondern auch diese Lust, immer wieder Neues zu entdecken, bringen Kinder mit auf die Welt. Auch sie ergibt sich aus dem Umstand, dass das kindliche Gehirn für die nutzungsunabhängige Herausformung bestimmter Verschaltungsmuster auf ein möglichst breites Spektrum unterschiedlichster Anregungen angewiesen ist" (Hüther 2006, S. 74).

---

[12]An der methodologischen Schnittstelle von Hirnforschung, Sportpädagogik und Behindertenpädagogik können und werden in diesem Sinne keine Lösungen für die Überbrückung der differierenden Wissensbereiche formuliert. Es geht bescheidener vielmehr darum, in einem ersten Schritt durch einen möglichst systematischen Abgleich anthropologischer und didaktischer Positionen Indizien für die Vereinbarkeit obiger Wissensbestände zu identifizieren.

Wurde in diesem Zusammenhang die autopoietische Sinnkonstitution unterstrichen, betont Roth dazu, dass Bedeutungen nicht übertragen werden können, sondern „vom Gehirn des Lernenden konstruiert werden" (Roth 2006b, S. 56) müssen. Um diesen konstruktiven Wirkmechanismus richtig zu verstehen, ist im Sinne des symboltheoretischen Paradigmas zu beachten, „dass dieses ‚Tun' als Gestalten zu verstehen ist, als die Schaffung von Ausdrucksformen im allgemeinen, von Bildern und Begriffen im besonderen" (Schwemmer 1997b, S. 30). Die Übereinstimmung mit neurowissenschaftlichen Annahmen ist augenfällig:

> „Alles, was das Kind bereits über die Welt erfahren hat, ist in Form bestimmter Aktivierungs- und Verschaltungsmuster von Nervenzellen in seinem Gehirn als inneres Bild, als innere Repräsentanz verankert worden" (Hüther 2006, S. 76).

In ähnlicher Diktion ist der Mensch bei Singer durch drei kognitive Leistungen definiert, die „ihn als einzigen zum Träger einer kulturellen Evolution werden ließen […]: Es sind dies erstens das Vermögen, uns unserer kognitiven Prozesse und mentalen Operationen gewahr zu werden, die so erfahrenen Inhalte symbolisch zu repräsentieren und in rationalen Sprachen anderen Menschen mitzuteilen […]" (Singer, W. 2002, S. 191). Verwendet die Symboltheorie zur Modellierung des Lernzuwachses die Begrifflichkeit der Ausgestaltung des symbolischen Netzwerkes, sprechen Hirnforscher in konzeptioneller und quasi begrifflicher Analogie von einer Veränderung des neuronalen Netzes bzw. der funktionalen Architektur.

> „Jeder Lern- bzw. Vergessensvorgang, jede Programmänderung also, bedingt entsprechend eine Modifikation dieser funktionellen Architektur. Das »Wissen« eines Nervensystems ist somit in seiner strukturellen und funktionellen Organisation verankert. Die Frage nach dem Erwerb von Wissen, nach der Bildung von Repräsentationen, wird damit zur Frage nach der Entwicklung und Veränderung funktioneller Architekturen" (Singer, W. 2002, S. 120).

Dabei wird auch im Kontext der Hirnforschung nachdrücklich die Notwendigkeit der Selbstaktivität betont, um diese symbolischen bzw. neuronalen Netze optimal zu entwickeln.

> „Nur-Zuschauen genügt also nicht. Selbermachen ist entscheidend, weil nur dann der interaktive Dialog mit der Umwelt einsetzen kann, der für die Optimierung von Entwicklungsprozessen unabdingbar ist" (Singer, W. 2002, S. 50).

Auch in der Sport- und Bewegungspädagogik finden sich solche Modellierungen, denn nach Scherer sind Lernende, „gleich wie wir die Vermittlung anlegen, in ihren Lernprozessen autonom, oder salopper formuliert: Lernen muss jeder selber" (Scherer 2001c, S. 19) und auch Funke-Wieneke schließt „direktives Handeln, das die Interpretations- und Suchleistungen, also die im Handeln erst stattfindende Erfahrungsbildung abkürzend überspringen möchte" (Funke-Wieneke 2004, S. 238), kategorisch aus. Nicht weniger klar äußert sich Roth, der anmerkt, dass „Wissen nicht übertragen werden (kann, MG); es muss im Gehirn eines jeden Lernenden neu geschaffen werden" (Roth 2006b, S. 55). Und an anderer Stelle ergänzt er, „dass wir keinen willentlichen Einfluss auf den Lernerfolg haben, weder auf den eigenen noch den unserer Schüler, sondern jede Einflussmöglichkeit [...] nur über die Beeinflussung der *Rahmenbedingungen* des Lehrens und Lernens" (Roth 2006b, S. 68) gehen kann.

Darüber hinaus werden auch wahrnehmungstheoretische Übereinstimmungen sichtbar, denn Wahrnehmung ist „aufgrund ihrer eigenen Artikulation in der Lage, aus einem amorphen Strom sinnlicher Eindrücke bedeutsame Einheiten abzugrenzen und damit zum Ausdruck zu bringen. Letztlich erweist sich Wahrnehmen so als »bildende«, nicht »abbildende« Kraft" (Hildenbrandt 2005, S. 207). Kongenial formuliert Singer, „dass Wahrnehmung nicht als passive Abbildung von Wirklichkeit verstanden werden darf, sondern als das Ergebnis eines außerordentlich aktiven, konstruktivistischen Prozesses gesehen werden muss, bei dem das Gehirn die Initiative hat" (Singer, W. 2002, S. 72). Dabei bleibt die Herausbildung des symbolischen bzw. neuronalen Netzwerkes „dynamisch, sie bleibt permanente Aufgabe" (Schmidt-Millard 2005, S. 144).

4.2.3 Sinn- und Erfahrungsorientierung im Spiegel der Neurodidaktik

Zunächst ist zu erwähnen, dass aktuelle Arbeiten der Hirnforschung darauf hindeuten, dass Bewegungen, Wahrnehmungen und Erfahrungen von ihrem Ende her, über ihr antizipiertes Resultat bzw. ihre angestrebten Effekte organisiert sind. Eine neue Erfahrung entsteht nur im Stolpern, wenn das *erwartete* Resultat nicht eintritt und es zu einer Störung der Antizipation kommt.

> „Man nimmt aufgrund neuerer Erkenntnisse an, dass im motorischen Cortex zusammen mit der Erstellung von ‚Kommandos' an die Muskeln, die für die Ausführung von Willkürhandlungen notwendig sind, ein Modell derjenigen Rückmeldungen von der Haut, den Muskeln, Sehnen und Gelenken entworfen wird, die zu erwarten sind, wenn die Bewegung so wie geplant ausgeführt wird. Gibt es hierbei stärkere Abweichungen oder Störungen [...] tritt das Gefühl der Fremdheit der Bewegung auf" (Roth 2006a, S. 37).

Strukturisomorphe Modellierungen haben in der Sportwissenschaft bereits eine lange Tradition und werden über die Grenzen einzelner Forschungsparadigmen hinaus vertreten. In der Sportsemiotik (Giese 2008a), der Bewegungspädagogik (Scherer 2005a) und der Bewegungswissenschaft (Hossner und Künzell 2003) wird – häufig unter Bezugnahme auf Hoffmanns (1993, 2001) Modell der antizipativen Verhaltenskontrolle – übereinstimmend davon ausgegangen, dass Wahrnehmen, Handeln und Bewegen über (unzureichend) antizipierte Effekte und nicht über Ausführungsdetails gesteuert werden (vgl. auch Kibele 2006, S. 101).

„Das für die Formulierung von Erwartungen erforderliche Vorwissen liegt bereits in der funktionellen Architektur der Großhirnrindenverbindungen dauerhaft verankert. Vermittels spontanen Austauschs von Aktivität zwischen den gekoppelten Neuronen könnte dieses Wissen dann in dynamische, raum-zeitlich hochkomplexe und vermutlich sehr spezifische Schwingungsmuster umgesetzt werden. Diese Muster hätten dann de facto die Funktion intern generierter Hypothesen und formten eintreffende Sinnessignale gemäß diesen Erwartungen so um, dass diese ihrerseits raum-zeitliche Muster aufgeprägt bekommen, in denen sich der Grad der Übereinstimmung zwischen Erwartungen und tatsächlich Vorhandenem ausdrückt" (Singer, W. 2002, S. 109).

Singer betont in diesem Zusammenhang auch, dass das Gehirn „auf der Basis seines Vorwissens unentwegt Hypothesen über die es umgebende Welt formuliert, also die Initiative hat, anstatt lediglich auf Reize zu reagieren" (Singer, W. 2002, S. 111). Dabei ist einerseits auf den Erhalt der Sinnbezüge zu achten, denn „wir lernen und behalten eigentlich nur das, was Sinn ergibt, was wichtig für uns ist und was für uns Bedeutung hat" (Schirp 2006, S. 111) und andererseits sind offene Aufgaben zu konzipieren, die „ganz gezielt mit [...] kognitiven Widerständen etc. operieren" (Schirp 2006, S. 116), damit das, was es zu erlernen gilt, nicht im amorphen Wahrnehmungsstrom davon fließt, denn nur, wenn „der Hippokampus eine Sache als neu und interessant bewertet, dann macht er sich an ihre Speicherung, d. h. bildet eine neuronale Repräsentation von ihr aus. Daraus folgt, dass eine Sache vergleichsweise neu und interessant sein muss, damit unsere schnell lernende Hirnstruktur sie aufnimmt bzw. ihre Aufnahme unterstützt" (Spitzer 2009, S. 34).[13] Dabei ist zentral, dass die Aufgaben ein tatsäch-

---

[13] Wenn in diesem Zitat „der Hippokampus eine Sache als neu und interessant bewertet", spricht Spitzer ihm damit letztlich Subjektqualitäten zu. Dieses in der Philosophie als Homunkulus-Problem bezeichnete Paradoxon wird hier zwar nicht diskutiert, weil es gewissermaßen quer zur gewählten Argumentationslinie verläuft, soll aber trotzdem nicht unerwähnt bleiben.

liches Wirken der Schülerinnen und Schüler zulassen, denn „die Herausbildung komplexer Verschaltungen im kindlichen Gehirn kann nicht gelingen, wenn Kinder daran gehindert werden, eigene Erfahrungen bei der Bewältigung von Schwierigkeiten und Problemen zu machen" (Hüther 2006, S. 71). Somit lassen sich mit Ausnahme der Forderung nach Reflexionsleistungen – in konzeptioneller Analogie – alle in Abschn. 4.1.3 angeführten didaktischen Merkmale eines sinn- und erfahrungsorientierten Sportunterrichts auch in neurodidaktischen Ansätzen wiederfinden.

4.2.4 Autopoiese – ein kompatibles Konstrukt?

Die Beispiele zeigen, dass grundsätzlich strukturelle Isomorphien in kulturanthropologischer und vor allem didaktischer Perspektive existieren und dass die symbolphilosophische Nomenklatur quasi homonyme Begrifflichkeiten verwendet. Die konzeptionellen und terminologischen Ähnlichkeiten verstellen allerdings leicht den Blick für Unvereinbarkeiten, sprechen doch die neurobiologischen Bezugsquellen überall dort, wo sowohl in sport- und bewegungspädagogischer als auch in behindertenpädagogischer Diktion von dem Subjekt, dem Individuum oder ganz allgemein von dem Lernenden gesprochen wird, expressis verbis von dem Gehirn. Bei der Bewertung dieses keineswegs rein terminologischen Unterschieds ist zu beachten, dass dem Pars pro Toto, dem auf das Gehirn reduzierten Wesen, wesentliche Eigenschaften, die, wie in Kap. 3 gezeigt wurde, zum Kernbestand pädagogischer Anthropologien und inklusiver Bildungskonzeptionen gehören, weitestgehend abgesprochen werden, nämlich gerade Autonomie sowie Freiheit und Bewusstsein im Handeln. Ohne hier die bekannten Experimente zur Willensfreiheit von Libet (1983, 2004); Haggard und Eimer (1999) zu diskutieren,[14] sollen die daraus resultierenden Komplikationen am Beispiel des Bewusstsein illustriert werden, weil gerade die *bewusste* Selbstreflexion konstitutiv mit dem Konzept der Autopoiese und damit auch mit einer inklusiven Didaktik verknüpft ist.

Innerhalb neurobiologischer Beschreibungssysteme ist das, was wir gemeinhin als Bewusstseinsentscheidungen interpretieren, „nichts anderes als eine nachträgliche Begründung von Zustandsänderungen, die ohnehin erfolgt wären, deren tatsächliche Verursachung für uns aber in der Regel nicht in ihrer Gesamtheit

---

[14]Eine Darstellung und Problematisierung dieser Experimente findet sich u. a. bei Rösler (2006).

fassbar sind" (Singer, W. 2002, S. 75). Bewusstsein ist in dieser Sichtweise bestenfalls ein Ratgeber, aber „keine Entscheidungsinstanz" (Roth 2006a, S. 38). Das didaktische Moment der Reflexion fehlt in neurobiologischen Annahmen also systemlogisch deshalb, weil die bewusste Reflexion den Entscheidungen bestenfalls hinterherläuft. Jenseits begrifflicher Ähnlichkeiten wird die Unvereinbarkeit der Ansätze bzw. ihrer theoretischen Begründungsrahmen an diesem Punkt in besonderer Weise evident: Denn ruft das Stolpern in sinn- und erfahrungsorientierter Diktion das Bewusstsein auf den Plan und gerät der Erfahrungs- und Bildungsprozess damit zuallererst in Gang, sind aus neurobiologischer Perspektive alle relevanten Bewertungs-, Entscheidungs- und Speicherprozesse an dieser Stelle bereits abgeschlossen. Dieses Moment zum Ausgangspunkt und zur Voraussetzung von Bildungsprozessen zu machen, würde damit ebenso obsolet wie daraus resultierende didaktische Konsequenzen.

> „Wie wir gesehen haben, beruht die Vorbereitung, das Auslösen und die Steuerung einer Willkürhandlung auf einer komplizierten Interaktion zahlreicher Gehirnzentren, von denen nur die wenigsten bewusstseinsfähig sind" (Roth 2006a, S. 37).

Weil solche Annahmen nicht nur autopoietisch verfassten Kulturanthropologien widersprechen, dokumentieren sie nach Geyer „den neuesten Stand einer Provokation. Der Stachel sitzt tief, den Hirnforscher in unseren Kopf getrieben haben. Anders ist es kaum verständlich, dass sich so viele Philosophen, Juristen, Literaturwissenschaftler herausgefordert fühlen, wenn in der Hirnforschung die Revolution des Menschenbildes geprobt wird" (Geyer 2004, S. 9). Bei der Bewertung der Konsequenzen für induktive Vermittlungsverfahren ist allerdings sorgfältig zwischen den Strukturen der Bildungs- und Erfahrungsprozesse einerseits und pädagogischen Implikationen bzw. Begründungszusammenhängen andererseits zu unterscheiden (Giese 2008b), denn auch wenn „Strukturen als solche inhaltlich neutral sind" (Scherer 2005a, S. 137), gewinnt die geführte Debatte „mit der Einbeziehung der Kategorie Bildung in den Begründungszusammenhang der Bewegungspädagogik […] eine explizit normative Orientierung" (Schmidt-Millard 2005, S. 147). Da die didaktischen Leitlinien, wie in Abschn. 4.2.3 gezeigt wurde, mit den neurodidaktischen Forderungen weitgehend in Einklang stehen, liegt die Inkompatibilität weniger in den strukturellen Mechanismen des Bildens und Erfahrens begründet als vielmehr darin, dass explizit normative Begründungszusammenhänge und damit verbundene pädagogische Implikationen relativiert werden müssten, was an zwei Beispielen zu illustrieren ist.

Zum einen werden sinn- und erfahrungsorientierte Vermittlungsverfahren u. a. damit begründet, dass die Methoden, mit denen Heranwachsende zu Mitgliedern unserer freiheitlich-demokratischen Gesellschaft erzogen werden, auch die Qualifikationen schulen bzw. widerspiegeln sollten, die diese Gesellschaft konstituieren. Deduktiv instruierende Verfahren erscheinen dafür wenig geeignet, weil sie kaum eine selbstreflexive und demokratisch-teilhabende Beteiligung am Werden des Produkts vorsehen (Giese 2009d). Zum anderen weisen u. a. Franke (2003) und auch Thiele (1996) darauf hin, dass Erfahrungsorientierung ein adäquates Instrument zur Domestizierung der Pluralität in (post-)modernen Lebenswelten darstellt.

> „Wenn die Schulung der Erfahrungsfähigkeit zum Anforderungsprofil des modernen Menschen gehört, und wenn leibliche Erfahrungsprozesse für dieses Ziel in besonderer Weise geeignet sind, weil sie die Selbstbezüglichkeit nachhaltig ‚erfahren' lassen, dann hätte die Pädagogik hier eine wichtige Aufgabe wahrzunehmen" (Thiele 1996, S. 264).

Beide Aspekte sind in der Art und Weise wie der jeweilige Funktionsmechanismus gedacht wird, an die bewusste Selbstreflexivität des Bildens und Erfahrens gebunden, transzendieren diesen Mechanismus aber gleichsam, indem sie auf pädagogisch-kulturanthropologische Zielsetzungen und Begründungszusammenhänge verweisen. Ist die Annahme einer *bewussten* Handlungssteuerung in bildungswirksamen Momenten zu relativieren oder gar aufzugeben, könnte der Unterricht zwar weiterhin entsprechend den formulierten didaktischen Leitlinien konzipiert werden, die damit verbundenen pädagogischen Implikationen, die sich aus der kulturanthropologischen Fundierung des Konzeptes ergeben, würden allerdings obsolet. Der bildungstheoretische und pädagogische Unterbau bzw. besser dessen Fundament ginge verloren.

4.2.5 Zwischenfazit

Jenseits oberflächlicher Kompatibilitäten sollte deutlich geworden sein, dass die Autopoiese nicht nur aus erkenntnis- und wissenschaftstheoretischer Perspektive, sondern auch aus der Perspektive eines sinn- und erfahrungsorientierten Unterrichts – auf Basis der bisherigen Paradigmen – kein kompatibles Konstrukt darstellt, weil wir auf pädagogisch-kulturanthropologische Begründungszusammenhänge und Ansprüche verzichten müssten, die das Bildungspotenzial eines sinn- und erfahrungsorientierten inklusiven Unterrichts überhaupt erst konstituieren. Verlieren die didaktischen Leitlinien eines sinn- und erfahrungsorientierten Unterrichts ihr kulturanthropologisches Fundament, wären sie gerade nicht mehr aus einer kulturanthropologisch fundierten Versicherung über die Strukturen und Mechanismen des Bildens, des Erfahrens und der Inklusion gewonnen und würden damit letztlich beliebig. Der entscheidende Vorteil, didaktische Entscheidungen nicht mehr unreflektiert normativ oder bildungspolitisch begründen zu müssen, ginge verloren.

Das bisher Gesagte ist dabei allerdings nicht im Sinne unangebrachter Entweder-oder-Positionen zu verstehen. Neurophysiologische Erkenntnisse verlieren durch ihre Inkompatibilität mit sport- und bewegungspädagogischen bzw. behindertenpädagogischen Wissensbeständen nicht ihre Relevanz – ebenso wenig wie umgekehrt. Es geht vielmehr um die epagogische Sensibilisierung für konzeptionelle Komplikationen, die eine allzu sorglose Eingemeindung neurobiologischer Wissensbestände mit sich bringt.

4.3 Die Bedeutung der Bewegung für inklusive Bildungsprozesse

Wurden bisher didaktische Kriterien eines sinn- und erfahrungsorientierten, inklusiven Unterrichts diskutiert, geht es nun abschließend darum, die zentrale Bedeutung der Bewegung für inklusive Bildungsprozesse zu reflektieren (vgl. Abschn. 3.3.4). Sport- und Bewegungsunterricht an Sonder- bzw. Förderschulen ist keineswegs eine Selbstverständlichkeit. Vielmehr steht die Thematisierung von Sport und Bewegung in ständiger Konkurrenz zu anderen Unterrichtsinhalten und ist, ebenso wie an der Regelschule, einem fortwährenden Legitimationsdruck ausgesetzt. Soll die Thematisierung von Sport und Bewegung kein Kollateralschaden schulischer bzw. föderaler Effizienzbemühungen sein, wenn es beispielsweise um die Verteilung begrenzter Ressourcen oder die Gewichtung in der Stundentafel geht, bedarf es stichhaltiger Sachargumente, die auch für Nicht-Sportkollegen sachlich überzeugend sind (Giese und Hildenbrandt 2010).

Ein gesundheitsorientiertes, präventives oder therapeutisches Bewegungstraining, bei dem es beispielsweise um Haltungsschwächen oder das Herz-Kreislauf-System geht, erscheint in dieser Gemengelage meist sogar unproblematisch. Auch eine allgemeine Bewegungserziehung im Kindesalter ist in der Regel unstrittig und erscheint auch dem Laien pädagogisch sinnvoll. Die Legitimationsnot nimmt allerdings schnell zu, wenn solche scheinbar offensichtlichen Begründungsmuster nicht sofort erkennbar sind oder auch wenn es um die

Vermittlung konkreter sportlicher Techniken geht, die evtl. sogar unter kompetitiven Gesichtspunkten thematisiert werden.

4.3.1 Anthropologische Legitimationslinien

Das hier vertretene Menschenbild folgt gemäß Kap. 3 der Annahme, dass der Weltbezug des Menschen prinzipiell *gestaltungsbedürftig* ist. Eine systematische und möglichst breit gefächerte Auseinandersetzung mit Sport und Bewegung ist damit unverzichtbar, weil unser gesamter Weltbezug untrennbar an die autonome Selbstbewegung gebunden ist. Sehen, Sprechen, Schreiben, der gesamte Kontakt zu unserer Umwelt sowie der Aufbau einer individuellen und kulturellen Identität realisiert sich ausschließlich im Modus der autonomen (Selbst-) Bewegung. Erst die Bewegung bereitet die Bühne, auf der Mensch und Welt in Beziehung zueinander treten können, weil Bewegung Wahrnehmung überhaupt erst ermöglicht was u. a. v. Weizsäcker (1947) in seiner Theorie des Gestaltkreises modelliert.

Die Annahme, dass der Aufbau einer erfüllten individuellen und kulturellen Existenz ursächlich an unsere Bewegungsfähigkeit gebunden ist, ist zwar behinderungsunabhängig, eine besondere Brisanz entsteht im Kontext der Behindertenpädagogik jedoch dadurch, dass insbesondere Jugendlichen mit Behinderungen möglicherweise defizitäre Bewegungsbiografien attestiert werden müssen, wenn wir beispielsweise an Körper- oder Sinnesbehinderungen denken (vgl. Abschn. 3.3.4 und 4.1.3).[15]

Auch wenn wir uns in Anlehnung an Watzlawick nicht nicht bewegen bzw. im Sinne Cassirers nicht nicht gestalten können, ist davon auszugehen, dass motorische Insuffizienzen zu Defiziten in der individuellen und kulturellen Entwicklung führen können. Einer umfassenden und ggf. kompensierenden Sport- und Bewegungsschulung kommt bei Menschen mit Behinderungen deshalb aus anthropologischer Perspektive eine existenzielle Notwendigkeit zu.

---

[15]Ob bzw. in welcher Form Kindern und Jugendlichen mit Behinderungen tatsächlich insuffiziente Bewegungsbiografien attestiert werden müssen, ist empirisch noch weitestgehend unklar (Block et al. 2017; Brian et al. 2017). In einem Pilotprojekt der Universität Koblenz-Landau und der Dt. Blindenstudienanstalt e. V. in Marburg wird zurzeit an einer Schrittzählerstudie gearbeitet, die erste belastbare empirische Daten zum tatsächlichen Bewegungsverhalten sehgeschädigter Kinder und Jugendlicher liefern soll. Erste Ergebnisse zeigen dabei, dass die Beeinträchtigung beim Sporttreiben mit dem Grad der Sehschädigung signifikant zunimmt (Giese et al. 2014a, 2017, 2019).

4.3.2 Soziologisch-gesellschaftliche Legitimationslinien

Es klang bereits wiederholt an, dass die individuelle Entwicklung nicht unabhängig vom kulturellen Kontext gedacht werden kann. Daraus ergeben sich zumindest zwei soziologisch-gesellschaftliche Grundannahmen, die eine intensive Beschäftigung mit Sport und Bewegung rechtfertigen.

Teilhabe an der (Bewegungs-)Kultur
Der Anspruch von Menschen mit Behinderungen auf Selbstbestimmung und Teilhabe an der Gesellschaft – und dies schließt die aktive Teilnahme an der Freizeit-, Sport- und Bewegungskultur im Sinne des § 30 der UN-BRK selbstverständlich mit ein – ist keine utopische Forderung bemühter Betroffenenverbände. Wenn beispielsweise sehbehinderte oder blinde Jugendliche in Sportvereinen Anschluss finden, ihren Sport gemeinsam mit Sehenden ausüben und an den gesellschaftlichen Veranstaltungen des Vereins partizipieren, kann das sicher als ein Paradebeispiel praktizierter Inklusion verstanden werden. Ein Gedanke, der bei genauerem Hinsehen allerdings schnell als utopisch erscheinen mag, denn wie soll beispielsweise eine hochgradig sehbehinderte oder blinde Schülerin Ski fahren oder Fußball mit Sehenden spielen?

Die Argumentationsfigur wird im Folgenden quasi umgedreht und motorische Kompetenz wie beispielsweise das parallele Schwingen auf Skiern als notwendige Bedingung bzw. Zugangsvoraussetzung verstanden, um an den entsprechenden Vereinsgruppen zu partizipieren. Sportmotorische Grundfertigkeiten gehören in dieser Argumentationsfigur zu den unhintergehbaren Basisqualifikationen, die gewissermaßen als „Sesam öffne Dich!", den Zugang zur Sportkultur überhaupt erst ermöglichen (Bindel 2008, S. 170; Cassirer 1996, S. 63). Die selbstbestimmte Teilhabe von Menschen mit Behinderungen an der Bewegungskultur wird durch ein Mindestmaß an sportmotorischer Kompetenz zumindest befördert (Giese 2012). In diesem Sinne wird hier die These vertreten, dass der Fertigkeitsanspruch bzw. die Vermittlung genormter und kulturell tradierter (motorischer) Kompetenzen nicht als Hemmschuh, sondern vielmehr als Bedingung der Möglichkeit von Inklusion und Teilhabe zu verstehen ist.

Eine blinde Jugendliche beispielsweise, die sich zu der Alpenvereinssektion ihrer Stadt begibt, um dort an der Jugend-Klettergruppe teilzunehmen, wird bei dem Übungsleiter und den Gruppenteilnehmern ggf. nicht nur allgemeine Berührungsängste im Umgang mit Behinderten auslösen, auch existenzielle Ängste der sehenden Kletterer stehen einer gelingenden Teilhabe an der Klettergruppe unter Umständen entgegen: „Kann sie mich überhaupt richtig sichern, ohne etwas zu sehen?" „Stellt ihre Sehbehinderung eine Gefahr für mich oder

4.3 Die Bedeutung der Bewegung für inklusive Bildungsprozesse

die anderen Kletterer dar?" „Kann ich sie aus versicherungstechnischen Gründen überhaupt in die Gruppe aufnehmen?" Ein wirksames Mittel, um solche tendenziell diskriminierenden, aber sicherlich existierenden Zugangsbarrieren zu überwinden, ist die Dokumentation relevanter Kompetenzen: Kann die blinde Klettersportlerin relevante Knoten knüpfen, sind ihr die Spezifika verschiedener Sicherungstechniken bekannt und kann sie die Sicherungsgeräte kompetent bedienen, garantiert das zwar noch keine gelingende Inklusion, es stellt aber zumindest eine notwendige Voraussetzung dafür dar.

Da es eines spezialisierten Wissens und einer spezifischen Didaktik bedarf (Giese und Scherer 2010), um blinden und sehbehinderten Kindern und Jugendlichen motorische Fertigkeiten wie die Sicherungstechniken beim Klettern (Giese und Bietz 2005), das alpine Skifahren (Herwig 2010; Scherer 1990) oder das Windsurfen (Arnold 2010; Herwig 1988) zu vermitteln,[16] impliziert dies gleichzeitig, dass der Sportverein bzw. in diesem Fall die Alpenvereinssektion in aller Regel nicht der Ort dieses Kompetenzerwerbs sein wird. Gerade in dem kleinen Förderschwerpunkt Sehen kann realistischer Weise nicht erwartet werden, dass entsprechend sehgeschädigtenpädagogisch geschultes Personal zur Verfügung steht, das diese hoch spezifischen Lernprozesse adäquat steuern könnte.[17]

Das Beispiel soll zeigen, dass ein zentrales Ziel sehbehindertenpädagogischen Handelns in der adäquaten Vermittlung kulturell tradierter (motorischer) Kompetenzen zu sehen ist. Der Geburtsblinde, der noch nie einen Basketball in der Hand hatte, und die zentrale Spielidee bisher nicht erfassen konnte, kann mit kompetenten und sehenden Freunden die Faszination eines NBA-Spiels nicht teilen, da helfen auch keine Spielberichte der Freunde – Nicht-Wissen und nicht Blindheit wirkt in einem solchen Fall segregierend.

Im Bestreben, die im Kontext der Inklusionsthematisierung zentrale Autonomie der Sehgeschädigten zu erhalten und zu fördern, kann der notwendige Kompetenz-*Erwerb* allerdings weder in kulturanthropologischer noch in pädagogischer Beliebigkeit vollzogen werden. Sollen Selbstbestimmung und gleichberechtigte Teilhabe am Leben in der Gesellschaft tatsächlich gefördert werden, dann müssen diese Qualitäten im Vermittlungsprozess auch transportiert – oder

---

[16]Diese exemplarische Auflistung ist selbstverständlich auch auf andere Sportarten übertragbar und zeigt, dass sich ein inklusiver Sportunterricht keineswegs per se einem Fertigkeitsanspruch verweigern muss.

[17]Die Statistik der Kultusministerkonferenz (Kultusministerkonferenz 2018) weist für den Förderschwerpunkt Sehen 8149 Betroffene im schulfähigen Alter aus, womit der Förderschwerpunkt Sehen den kleinsten Förderschwerpunkt im Kontext der sonderpädagogischen Förderung darstellt.

besser – gelebt werden (Zirfas 2012, S. 80). Da hinter Unterrichtsmethoden immer auch Menschenbilder stehen, ebenso wie mit ihnen immer auch Menschenbilder versteckt transportiert werden, wäre es wünschenswert, wenn sich in einer freiheitlich-demokratischen Grundordnung erwünschte Verhaltensweisen auch in den Vermittlungsweisen spiegeln, mit denen Heranwachsende zu Mitgliedern solcher Sozialgemeinschaften erzogen werden, denn „anthropologische Prämissen prägen letztlich jegliche pädagogische Vermittlung" (Scherer 2001b, S. 166). Diese Überlegungen unterstreichen zusätzlich das Primat induktiver Vermittlungsverfahren, die in Abschn. 4.1 aus grundlagentheoretischer Perspektive bereits favorisiert worden sind.

Domestizierungsversuche der (Post-)Moderne

Begünstigen sinn- und erfahrungsorientierte Vermittlungsverfahren den inklusiven Erwerb von Kompetenzen in besonderem Maße und damit auch die Teilhabe an der Sport- und Bewegungskultur, verweisen solche Vermittlungsweisen gleichzeitig auch auf die Kompetenz des Lernen lernens bzw. der Erfahrungs-*Fähigkeit*. Zwei Fragen gilt es in diesem Kontext zu klären: a) Warum wird der Erfahrungsfähigkeit bzw. dem Lernen lernen eine besondere Bedeutung zugesprochen und b) warum verweisen gerade erfahrungsorientierte Vermittlungsverfahren auf diese Kompetenzen.

Folgen wir a) zeitgenössischen sozialphilosophischen Analysen, dann befinden wir uns in der sog. (Post-)Moderne, die durch die „These von der Pluralität als ein Grundaxiom gegenwärtiger Weltdeutung" (Thiele 1996, S. 40) bestimmt ist. Unter Verweis auf die Analysen von Welsch und Lyotard bestimmt Thiele den veränderten Stellenwert von Paradoxien, die Radikalisierung der Pluralität und den Bedeutungszuwachs von Dissensstrukturen als wesentliche Merkmale der Postmoderne. Folgen wir diesen Annahmen, dann „stehen Wahrheit, Gerechtigkeit, Menschlichkeit im Plural" (Welsch 2002, S. 5) und die Halbwertszeit verlässlicher Handlungsmaximen geht drastisch zurück (Thiele 1996, S. 74). Dies führt zu der Forderung, Heranwachsende zu einem „vernünftigen Umgang mit Dissens" (Thiele 1997, S. 10) zu befähigen, denn „die Wahrscheinlichkeit des Aufeinanderprallens heterogener Sichtweisen ist angesichts der veränderten Ausgangsbedingungen ausgesprochen hoch und erfordert ein Einüben von Bewältigungsstrategien" (Thiele 1997, S. 9).

Welcher Ausweg bleibt, um den veränderten Rahmenbedingungen in pluralistischen Gesellschaften gerecht zu werden? Es bleibt der Übergang von der Substanzialität zur Prozessualität, von der Erziehungsbedürftigkeit zur Erfahrungsfähigkeit. Schülerinnen und Schüler müssen lernen, ihre eigenen Lern- und Erfahrungsprozesse zu reflektieren und mitzubestimmen. Sie müssen des

Erfahrens kompetent werden, um auf eine Welt des niemals endenden Lernens vorbereitet zu werden.

Aus b) methodisch-didaktischer Perspektive erscheinen sinn- und erfahrungsorientierte Vermittlungsweisen als probates Mittel im Umgang mit den Pluralitätstendenzen und der Kontingenzzunahme in modernen Industriegesellschaften, weil entsprechende Vermittlungsverfahren immer auch auf sich selbst verweisen und damit eo ipso immer auch den Lernprozess thematisieren (vgl. Abschn. 4.1.1; Wagenschein 1999; Thiele 1996; Giese 2008a; Franke und Bannmüller 2003). Sind Schülerinnen und Schüler dazu aufgefordert, ausgehend von einem konkreten Problem Ursache- und Wirkungszusammenhänge selbst zu entdecken, ohne dass ihnen die Lösung von vornherein vorgegeben ist, werden damit immer auch ihre Aneignungs- und Problemlösekompetenzen trainiert. Eine selbstbezügliche Perspektive ist nach Thiele deshalb u. a. dort sinnvoll, „wo sie als Weg zur Bewältigung der Anforderungen postmoderner Gesellschaften verstanden wird" (Thiele 1996, S. 250), weil sie unmittelbar auf das Lernen lernen verweist.

Zusammenfassend lässt sich resümieren, dass Sport- und Bewegungsförderung an sonderpädagogischen Bildungseinrichtungen aus soziologisch-gesellschaftlicher Perspektive deshalb von zentraler Bedeutung ist, weil die Schülerinnen und Schüler in einem inklusiven Unterricht Kompetenzen erwerben, die sie zumindest potenziell zu der Teilhabe an der öffentlichen Sport- und Bewegungskultur befähigen. Auf die Vermittlung entsprechender Fertigkeiten zu verzichten, würde den Schülerinnen und Schülern im Umkehrschluss den Zugang zur Sportkultur wesentlich erschweren, weil Hemmschwellen größer wären und im Sportverein in der Regel kein sonderpädagogisch geschultes Personal zur Verfügung steht – bzw. ganz allgemein die u. U. hohe und gleichzeitig notwendige Expertise fehlt –, das entsprechende Lernprozesse adäquat steuern könnte. Zudem begünstigen sinn- und erfahrungsorientierte Vermittlungsmethoden die Entwicklung der Erfahrungsfähigkeit und schulen damit die in heutigen Gesellschaften unabdingbare Kompetenz des Lernen lernens.

4.3.3 Motorisch-gesundheitliche Legitimationslinien

Jenseits anthropologischer und soziologischer Überlegungen existieren auch positive medizinische bzw. physiologische Auswirkungen, die kurz skizziert werden sollen. Dass Bewegung und Sport in Ergänzung zu den bisher genannten Aspekten eine nachhaltige positive Auswirkung auf die physische und psychische Gesundheit von Kindern und Jugendlichen hat, steht heutzutage außer Frage. So weist auch der bundesweit repräsentative Kinder- und Jugendgesundheitssurvey des Robert-Koch-Instituts (sog. KiGGS-Studie) nach, dass körperliche Aktivität signifikanten Einfluss auf die Gesundheit und das Wohlbefinden von Kindern und Jugendlichen hat:

> „Regelmäßige körperliche Aktivität ist einer der wichtigsten Einflussfaktoren auf die Gesundheit und das Wohlbefinden. Durch gezielte Förderung eines aktiven Lebensstils lässt sich in jedem Alter der Entwicklung von Krankheiten und Beschwerden vorbeugen. Dazu gehören Herz-Kreislauf-Krankheiten, Diabetes mellitus Typ II, Darmkrebs, Osteoporose und Rückenschmerzen. Ebenso wird eine Verminderung physiologischer und verhaltensbezogener Risikofaktoren erreicht, die bei der Entstehung chronisch-degenerativer Krankheiten eine Schlüsselrolle spielen. Zu nennen sind hier unter anderem Übergewicht, Bluthochdruck und Rauchen. Bei vorhandenen Krankheiten und Beschwerden kommt Bewegungs- und Sportprogrammen eine wichtige Rolle in der Behandlung und Rehabilitation zu. Darüber hinaus kann von positiven Auswirkungen auf die psychische Gesundheit und die gesundheits-bezogene Lebensqualität sowie von einer Stärkung der personalen und sozialen Ressourcen ausgegangen werden. Für Kinder und Jugendliche ist körperliche Aktivität eine wesentliche Voraussetzung für ein gesundes Aufwachsen" (Lampert et al. 2007, S. 634).

Die aktuelle Empfehlung der WHO zum Sport- und Bewegungsverhalten von Kindern und Jugendlichen sieht eine tägliche Bewegungszeit von mindestens 60 min bei moderater bis starker Belastung vor und skandinavische Untersuchungen gehen inzwischen davon aus, „dass sogar die bislang gültige 60 min-Empfehlung zu gering ist, um den besten Schutz vor Herz-Kreislauf-Erkrankungen zu erzielen. Die Forscher haben festgestellt, dass etwa 90 min körperlich-sportlicher Aktivität den besten Schutz bieten" (Opper et al. 2007, S. 882).

Die Ergebnisse der KiGGS-Studie zeigen, dass selbst die 60 min-Empfehlung „lediglich von jedem vierten Jungen und jedem sechsten Mädchen im Alter von 11–17 Jahren erreicht" (Lampert et al. 2007, S. 640) wird. Auch wenn bis dato kaum belastbare Daten in Bezug auf Schülerinnen und Schüler mit Behinderungen vorliegen (vgl. Abschn. 4.3.2), ist anzunehmen, dass sich diese Gruppe nochmals signifikant weniger bewegt als nicht behinderte Kinder und Jugendliche. Daraus folgt, dass zielgruppenspezifische Bewegungsangebote hier sowohl im Sinne der individuellen Gesundheitsvorsorge als auch im Sinne des *public health* Gedankens besonders von Nöten sind.

4.3.4 Neurophysiologische Legitimationslinien

In Anlehnung an Abschn. 4.2 bleibt abschließend zu konstatieren, dass körperliche Aktivität nicht nur einen positiven Einfluss auf die Gesundheit hat, sondern auch die Konzentration und das Lernen unterstützt, was inzwischen durch eine Vielzahl pädagogischer, klinischer und experimenteller Befunde belegt ist. Hillman, Erickson und Kramer (2008) haben in diesem Zusammenhang überblicksartig nachgewiesen, dass schulische Leistungen positiv mit dem Fitnesslevel korrelieren und Budde, Pietraßyk-Kendziorra und Voelcker-Rehage zeigen – stellvertretend für eine ganze Klasse ähnlicher Untersuchungen,[18] dass „körperliche Bewegung […] einen positiven Einfluss auf die Aufmerksamkeits- bzw. Konzentrationsleistung hat" (Budde et al. 2008, S. 163).

4.4 Inklusive Didaktik im Spiegel Allgemeiner Didaktik und empirischer Lehr-Lernforschung

Wird in der Erziehungswissenschaft spätestens seit der Jahrtausendwende kritisch diskutiert, ob eine Allgemeine Didaktik überhaupt noch sinnvoll bzw. möglich ist, soll in diesem abschließenden Kapitel der Versuch unternommen werden, den entwickelten Ansatz einer inklusiven Didaktik vor dem Hintergrund dieser Gemengelage zu verorten. Dabei wird auch Bezug auf die empirische Lehr-Lernforschung genommen, die in den letzten Jahren im Sinne einer „Empirisierung" der Didaktik stark an Einfluss gewonnen hat und hier – um sich dem dort geläufigen Sprachduktus betriebswirtschaftlicher Provenienz zu bedienen – aufgrund ihrer dominanten Marktpräsenz nicht unerwähnt bleiben kann.

Die Skepsis gegenüber einer Allgemeinen Didaktik ist nach Terhart (2008) zweifach motiviert: Zum einen führt die zunehmende Spezialisierung der Erziehungswissenschaften dazu, dass die unterschiedlichen erziehungswissenschaftlichen Betätigungsfelder und auch die einzelnen Unterrichtsfächer jeweils eigene Fachdidaktiken entwickeln und diese „breite Spanne aller möglichen Lehr-Lern-Felder […] womöglich kein Allgemeines mehr" (Terhart 2008, S. 13) kennt. Zum Anderen erfährt die Allgemeine Didaktik eine zunehmende „Konkurrenz der

---

[18]Stellvertretend sei hier beispielsweise auf die Arbeitsgruppe Bewegung und Lernen verwiesen, die am Transferzentrum für Neurowissenschaften und Lernen etabliert ist (www.znl-ulm.de). Auf der Website des Zentrums können die aktuellen und abgeschlossenen Forschungsprojekte zu dieser Thematik eingesehen werden.

Deutungshoheit" (Terhart 2008, S. 14), weil im großen Sammelbecken der sog. Bildungswissenschaften auch andere Fachgebiete wie beispielsweise die Lehr-Lernforschung oder die Neurodidaktik für sich in Anspruch nehmen, Aussagen darüber zu treffen, wie sich Lehr-Lernprozesse modellieren und organisieren lassen.

In einer metaanalytischen Betrachtung traditioneller allgemeindidaktischer Ansätze unterscheidet Terhart (2008) eine bildungstheoretische, eine lehrtheoretische und eine kommunikative Didaktik und unter der Metaperspektive neuerer, aktueller Ansätze die konstruktivistische Didaktik, die Bildungsgangdidaktik und die Neurodidaktik. Wurde bereits mehrfach erwähnt, dass der Versuch einer kulturanthropologischen Fundierung einer inklusiven Didaktik mit der Bezugnahme auf Cassirer in der Tradition eines konstruktivistischen, bildungstheoretischen Denkens steht, verortet sich der eigene didaktische Entwurf auf der Folie von Terharts Matrix didaktischer Ansätze damit im Grenzgebiet zwischen bildungstheoretischer und konstruktivistischer Didaktik (vgl. Abschn. 2.4). Damit wird hier allerdings explizit nicht der Anspruch einer allgemeinen Didaktik vertreten, die von sich behauptet, „derjenige Teil der Erziehungswissenschaft zu sein, der sich mit den theoretischen und praktischen Problemen des Lehrens und Lernens auf allen Stufen und in allen Inhaltsbereichen des Bildungssystems beschäftigt" (Terhart 2008, S. 13). Im Fokus der entwickelten, inklusiven Didaktik stehen in dieser Arbeit exklusiv schulische Lehr-Lernprozesse in einem inklusiven Unterrichtssetting, in dem Schülerinnen und Schüler mit und ohne Behinderung zusammen unterrichtet werden. Allgemein ist in diesem Ansatz allenfalls, dass sich die didaktische Rahmung nicht auf einzelne Fächer oder einzelne Förderschwerpunkte beschränkt, weshalb allenfalls von einer allgemeinen inklusiven Unterrichtsdidaktik im Kontext der Dimension Behinderung gesprochen werden kann.

Klassisch bzw. traditionell im Sinne Terharts didaktischer Matrix erscheint bei der hier vorgestellten didaktischen Programmatik allerdings, dass sie ohne empirische Prüfung ihrer Wirksamkeit entstanden ist, dem empirischen Mainstream damit diametral entgegensteht und sich damit automatisch auch dem Verdacht anrüchig macht, ebenfalls dem kolportierten zentralen Defizit der etablierten Allgemeinen Didaktik in Deutschland zu erliegen – dem Defizit der fehlenden empirischen Orientierung (Meyer et al.2008, S. 7). Dabei ist allerdings zu bedenken, dass die Größe des Grabens zwischen der Lehr-Lernforschung und Ansätzen der allgemeinen Didaktik sehr unterschiedlich eingeschätzt wird und die wechselseitige Anschlussfähigkeit nach Einschätzung von Arnold und Koch-Priewe (2008, S. 94) gerade von „Seiten empirischer Lehr-Lernforscher vermutlich erheblich unterschätzt" wird.

4.4 Inklusive Didaktik im Spiegel ...

Im Folgenden kann und soll es jedoch nicht darum gehen, atavistische und unproduktive Entweder-Oder-Positionen zu proklamieren, um empirische und nicht-empirische Bildungsforschung gegeneinander auszuspielen. Es kann kein Zweifel daran bestehen, dass die Schul- und Unterrichtsentwicklung selbstverständlich auch einer empirischen Wirkungsforschung bedarf.

Gleichwohl liegt das hier verfolgte Projekt, eine didaktische Rahmung für einen inklusiven Fachunterricht zu schaffen, der seine pädagogische und erzieherische Orientierung nicht aus einer normativen oder bildungspolitischen Setzung gewinnt, sondern diese systematisch aus einer diskursiv verhandelten Versicherung über die kulturanthropologische Grundverfasstheit des Menschen gewinnt, quer zu den Herangehensweisen, Methoden und Grundannahmen einer empirischen Lehr-Lernforschung und kann sicherlich nicht ohne Kategorienfehler auf diese bezogen werden, was hier exemplarisch an der Inkongruenz in Bezug auf Helmkes „Angebots-Nutzungsmodell" des Unterrichts dargestellt werden soll (Helmke 2003, S. 42).[19]

Suggeriert bereits der Titel von Helmkes Modell Nähen zu marktwirtschaftlichen Denkansätzen und wird Unterricht in diesem Ansatz nach Gruschka (2011, S. 34) auch tatsächlich als ein Geschäft verstanden, „in dem der Lehrer ein Angebot für das Lernen macht, das der Schüler mit seinen Aktivitäten nutzen soll, geht es hier doch viel eher noch um eine Vorstellung einer spätbehavioristischen Relation von Reiz und Reaktion" (Gruschka 2011, S. 34). Dass solche behavioristischen Annahmen grundsätzlich inkommensurabel mit dem hier entwickelten Verständnis vom Menschen als *animal symbolicum* sind und dass die semiotische Fundierung vielmehr auf die Unbestimmtheit des Weltbezugs verweist, um die autonomen und selbstreflexiven Leistungen der Schülerinnen und Schüler zu fokussieren, wurde in Abschn. 3.2.1 bereits expressis verbis dargelegt und bedarf hier nicht der Wiederholung.

Zudem ist mit Gruschka zu konstatieren, dass das Angebots-Nutzungsmodell „wenig zu tun hat mit der Abbildung der organischen Struktur und Komplexität des Sachverhalts »Unterricht«. Vielmehr wird Unterricht modelliert nach den

---

[19]Helmkes „Angebots-Nutzungsmodell" wird hier wegen seiner großen Verbreitung und enormen Wirkungsmächtigkeit als bekannt vorausgesetzt und Bedarf nicht der weiteren Erläuterung. Grundsätzliche Einführungen in das Modell und die damit verbundene Lehr-Lernforschung finden sich beispielsweise bei Helmke (2009). Eine kritische Auseinandersetzung mit dieser Forschungstradition, die den Nutzen und den Ertrag einer solchen Forschung grundsätzlich infrage stellt, findet sich beispielsweise bei Gruschka (2011).

Strategien der empirischen Unterrichtsforschung. […] Tatsächlich wird hier nämlich mit einer »black box« gearbeitet, in der das eigentliche Geschehen unsichtbar bleibt. Etwas anderes als allgemeine Rezepte, die aus dem empirischen Wirkungsmodell unmittelbar abgeleitet werden, können von dieser Form der Annäherung nicht erwartet werden" (Gruschka 2011, 36 ff.).

Eine solche Forschung „kommt nicht ans messbare Ziel, und vor allem vermag sie nicht die spezifischen Probleme des »Systems« zu begreifen und entsprechend praktisch zu bearbeiten: Sie verfehlt die pädagogische Substanz der Aufgabe der Schule, insbesondere ihre Erziehungsaufgabe und Bildungsfunktion" (Gruschka 2011, S. 18).

Unabhängig von der Frage, wie weit der grundsätzlichen Kritik von Gruschka inhaltlich gefolgt wird und auch ohne die Leistungen und Erkenntnisse der Lehr-Lernforschung grundsätzlich infrage stellen zu wollen, bleibt zu konstatieren, dass es nicht zum Anspruch der vorliegenden Arbeit gehört, einen empirischen Beitrag zur Lehr-Lernforschung zu leisten. In expliziter Anerkennung der Erziehungs- und Bildungsfunktion von Schule und Unterricht geht es vielmehr darum, einen kulturanthropologisch elaborierten, didaktischen Orientierungsrahmen zur Diskussion zu stellen, der auf einer diskursiv verhandelten und theoretisch einheitlichen – hier semiotisch verfassten – Grundlage fußt und geeignet erscheint, pädagogische Orientierung für das schwierige Geschäft des inklusiven Unterrichtens zu bieten.

Fazit 5

Fassen wir den Gang der Untersuchung und die zentralen Ergebnisse im Sinne einer Synopse abschließend zusammen, fand die Argumentation ihren Ausgangspunkt in der Annahme einer dreifachen Insuffizienz der Diskurse um Inklusion (vgl. Abschn. 2.4.3).

Dabei ging es im Einzelnen um …

- eine Theorieferne, die sich bisweilen als explizite Theorieabstinenz äußert;
- das weitgehende Fehlen einer kulturanthropologischen und grundlagentheoretischen Fundierung;
- methodologische Schwächen, in deren Folge (erziehungs-)wissenschaftliche methodologische Mindeststandards wenig Beachtung finden.

Die schuladministrative bzw. bildungspolitische Virulenz der drängenden Praxisprobleme scheint eine Auseinandersetzung mit grundlagentheoretischen und kulturanthropologischen Fragestellungen zu verdrängen. So wurde auch dem Index für Inklusion das weitest gehende Fehlen einer kulturanthropologischen Fundierung sowie eine mangelnde Auseinandersetzung mit den impliziten Normativa attestiert (vgl. Abschn. 2.3.3), was pädagogisch zumindest langfristig dysfunktional wirken muss und zudem keinen Anschluss an die allgemeinen Erziehungswissenschaften erwarten lässt. Erscheinen kulturanthropologische Grundlagen arbiträr und sind in ihrer Auswahl und Anwendung weder transparent, noch systematisch, noch plausibel, wird der Anschluss an die aktuellen Bildungs- und Ästhetikdiskurse in der allgemeinen Pädagogik nicht gelingen (vgl. Abschn. 2.4.2).

In dem Versuch, die beschriebenen Leerstellen im Inklusionsdiskurs als Forschungsdesiderate konstruktiv zu wenden, wurde auf der Basis der *Philosophie der symbolischen Formen* Ernst Cassirers bzw. dem *symboltheoretischen*

Paradigma in einem interdisziplinären Ansatz im Grenzgebiet zwischen Behindertenpädagogik sowie Sport- und Bewegungspädagogik eine kulturanthropologische Fundierung des Inklusionsverständnis zur Diskussion gestellt (vgl. Kap. 3), die sich einerseits an der strukturellen Verfasstheit des Inklusionsbegriffs und andererseits an der philosophischen und behindertenpädagogischen Anthropologiekritik orientiert.

Im Ergebnis des sportsemiotischen Zugriffs zeichnete sich eine inklusive Didaktik ab, die darum bemüht ist, die Autonomie und die Heterogenität aller Individuen auf struktureller Ebene zu fördern und zu bewahren (vgl. Abschn. 3.4), indem sie

- … die Schülerinnen und Schüler – auch im Kontext schwerer, mehrfacher Behinderung – in Bewegung bringt, weil bewegungsinsuffiziente Vermittlungsverfahren, die Ausbildung unserer individuellen und kulturellen Existenz ebenso behindern wie die Teilhabe am gesellschaftlichen Leben (vgl. Abschn. 3.3.4 und 4.3);
- … das Subjekt zum Stolpern bringt, indem Unterrichtssituationen geschaffen werden, in denen Antizipationen der Schülerinnen und Schüler ggf. ins Leere laufen, um damit – auch auf einer vorsprachlichen bzw. körperlichen Ebene – Selbstreflexions- und Bildungsprozesse in Gang zu setzen (vgl. Abschn. 4.1.3 und 4.1.4);
- … die Autonomie bzw. die Autopoiese der Schülerinnen und Schüler fördert, weil eine abbildhafte Übertragung von Erfahrungen von einem Individuum auf das andere kulturanthropologisch ausgeschlossen ist.

Da der sportsemiotische Forschungszugriff sowohl eine funktionale, anthropologische Fundierung ermöglicht (vgl. Abschn. 3.1.4), als auch ein kompatibles Strukturgenesemodell impliziert, das Erklärungen dafür liefert, wie inklusive Bildungsprozesse gedacht werden können, bleiben bildungstheoretische und bildungsdidaktische Schlussfolgerungen in dieser Denke keine Folge normativer, ideologischer oder bildungspolitischer Setzungen, sondern können vielmehr sachlich aus einer Analyse der Basisphänomene gewonnen werden, was zu einer Versachlichung und stärkeren grundlagentheoretischen Fundierung der Debatte beitragen mag.

Folgte Kap. 4 dem Bestreben, die didaktischen Rahmenbedingungen eines inklusiven Unterrichts sowohl grundlagentheoretisch als auch kulturanthropologisch zu fundieren und gleichsam zu konkretisieren, kann abschließend bilanziert werden, dass auf der Folie der sportsemiotischen Argumentationsfigur – im Sinne eines Primats des Induktiven – ein sinn- und erfahrungsorientierter

Unterricht besonders geeignet erscheint, um die Förderung der Autonomie und die Bewahrung der Heterogenität als Grundpfeiler einer inklusiven Didaktik zu realisieren. Diese Bekundung legitimiert sich auf kulturanthropologischer Ebene durch die strukturäquivalente Passung zwischen dem Inklusions- und dem Erfahrungsdiskurs, wie sie in Abschn. 4.1 herausgearbeitet wurde. Dabei konnten methodische Rahmenbedingungen und didaktische Konsequenzen (vgl. Abschn. 4.1.3), aber auch konzeptionelle Grenzen formuliert werden (vgl. Abschn. 4.1.4), die auf der Folie der sportsemiotischen Analyse der zugrunde liegenden Basisphänomene entwickelt wurden und in diesem Sinne nicht ausschließlich ideologisch, bildungspolitisch oder normativ begründet sind, was in Kap. 2 als typisch für den Inklusionsdiskurs beschrieben wurde.

In einem neurophysiologischen Diskurs in Abschn. 4.2 zeigte sich, dass die entwickelte kulturanthropologische Fundierung zumindest auf didaktischer Ebene auch Nähen bzw. Parallelen zur Neurodidaktik aufweist. Kritisch zu resümieren bleibt in diesem Zusammenhang allerdings, dass sich scheinbar unüberbrückbare Differenzen in Bezug auf die anthropologischen Grundannahmen ergeben, wenn dem auf das Gehirn reduzierten Menschen Eigenschaften wie die Selbstreflexion oder die Selbstbestimmung im Denken und Handeln grundsätzlich abgesprochen werden.

Insbesondere bei der diffizilen Frage, wie sich die aus bildungstheoretischer Perspektive notwendige kognitive Durchdringung der Lerninhalte bzw. Momente der bewussten (Selbst-)Reflexion modellieren lassen, wenn dabei auch Menschen mit Behinderungen in den Blick genommen werden (z. B. Menschen mit schweren geistigen Mehrfachbehinderungen), die zu den intendierten Abstraktions- und Reflexionsleistungen nicht in der Lage sind, weil „hiermit doch oftmals sehr umfangreiche Rationalitäts- und Reflexivitätsansprüche verbunden (sind, MG), die von vielen Menschen kaum eingelöst werden können" (Zirfas 2012, S. 80), kann der interdisziplinäre Ansatz Lösungs- und Modellierungsmöglichkeiten aufzeigen, weil in der Sport- und Bewegungspädagogik gut begründet davon ausgegangen wird, dass Bildungsprozesse nicht ausschließlich an Sprache gebunden sein müssen, sondern sich auch auf einer vorsprachlichen Ebene bildungswirksam artikulieren können (vgl. Abschn. 4.1.4).

Frankes Bestrebungen, den kantischen Dualismus von anschaulicher Sinnlichkeit und abstrakter Begrifflichkeit zu überwinden und die kantische Erkenntnistheorie „über das enge, sprachorientierte Vernunftverstehen hinaus zu einer Kulturtheorie zu erweitern" (Franke 2000, S. 104), eröffnen in diesem Kontext bildungstheoretische Anschlussmöglichkeiten, denn erst wenn die Erweiterung der klassischen Erkenntnistheorie gelungen ist und dadurch deutlich wird, „daß nicht-verbale Symbolisierungen nicht nur eine Kennzeichnungsfunktion von

Welt, sondern auch Reflexionen über die Welt ermöglichen, ist eine Brücke zum [...] bildungstheoretischen Diskurs der Pädagogik zu schlagen" (Franke 1998, S. 53).

Darüber hinaus zeigen die Ausführungen in Abschn. 4.3, dass ein breiter und vor allem interdisziplinärer Konsens bei der positiven Einschätzung von Bewegung und Sport für Kinder und Jugendliche vorliegt, der kulturanthropologische und bildungstheoretische Ebenen explizit mit einbezieht. Vor dem Hintergrund dieser Erkenntnisse sollten sich Bildungseinrichtungen verstärkt und nachhaltig darum bemühen, die Bewegungsaktivitäten der Schülerinnen und Schüler nachhaltig zu fördern. Hilfreich und administrativ machbar wäre sicherlich ein – ggf. zusätzliches – AG- und Neigungsfachangebot, weil es individuelle Vorlieben und Einschränkungen besonders effizient berücksichtigen kann. Diese Forderung geht weit über den Sportunterricht hinaus und schließt explizit bewegungsorientierte Klassen- und Studienfahrten sowie Exkursionen, eine bewegte bzw. rhythmisierte Schule und Konzepte des bewegten Lernens mit ein. (Junge) Menschen – egal ob mit oder ohne Behinderung – nachhaltig in Bewegung zu bringen, ist in dieser Lesart eine kulturanthropologische Notwendigkeit.

Kommen wir abschließend auf die im Vorwort aufgeworfene Frage zurück, wie sich die zahlreichen inklusiven Fachdidaktiken bzw. die förderschwerpunktspezifischen Fachdidaktiken bildungstheoretisch zusammenzuführen lassen, oder ob lediglich eine übergreifende allgemeine inklusive Didaktik existiert, dann verweist die hier verwendete strukturalistische Argumentationsfigur bereits darauf, dass dafür plädiert wird, den Blick von den konkreten Fächern und Inhalten abzuwenden, um zunächst nach den wirkenden Tiefenstrukturen bzw. der Grammatik einer inklusiven Didaktik zu fragen (vgl. Kap. 3) und „erst von da aus die Diskussion einzelner Sachfragen auf der phänomenalen Ebene anzugehen" (Hildenbrandt 2005, S. 202). Kehren wir in diesem Sinne die Blick- und Argumentationsrichtung tatsächlich um, erscheint offensichtlich, dass die in der vorliegenden Untersuchung herausgearbeiteten Merkmale einer inklusiven Didaktik, in der Form inklusiver, grammatikalischer Regeln *allen* konkreten inklusiven, methodisch-didaktischen Unterrichtszugriffen zugrunde liegen. Somit kann es auf der phänomenalen Ebene der Oberflächenphänomene durchaus unterschiedliche Ausformungen einer inklusiven Didaktik geben, die auf die Spezifika der jeweiligen Fächer oder der jeweiligen Förderschwerpunkt zurückzuführen sind.

Folgen wir dabei den hier entwickelten kulturanthropologischen und grundlagentheoretischen Überlegungen, liegt diesen divergierenden didaktischen Ausformungen andererseits jedoch ein einheitliches Strukturgenesemodell bzw. eine einheitliche inklusive grammatikalischen Formungsregeln zugrunde. In diesem

5 Fazit

Sinne wird hier dafür plädiert, nicht von unterschiedlichen inklusiven Fachdidaktiken zu sprechen, sondern vielmehr von *einer* kulturanthropologisch fundierten inklusiven Fachdidaktik, die sich allerdings durchaus in unterschiedlichen Ausformungen artikulieren kann, solange die inklusive Grammatik dabei bewahrt bleibt.

Literatur

Adorno, T. W. (1966). *Negative Dialektik*. Frankfurt am Main: Suhrkamp.
Ahrbeck, B. (2013). Ist es normal, verschieden zu sein? Über Grenzen und Chancen der Inklusion. In M. Brodkorb & K. Koch (Hrsg.), *Inklusion – Ende des gegliederten Schulsystems?* (3, S. 72–88). Schwerin: Ministerium für Bildung, Wissenschaft und Kultur Mecklenburg-Vorpommern.
Ahrbeck, B. (2014). *Inklusion. Eine Kritik*. Stuttgart: Kohlhammer.
Alkemeyer, T. (2003). Formen und Umformungen. Die Bedeutung von Körpersoziologie und Historischer Anthropologie für eine kritisch-reflexive Sportpädagogik. In E. Franke & E. Bannmüller (Hrsg.), *Ästhetische Bildung* (Jahrbuch Bewegungs- und Sportpädagogik in Theorie und Forschung, Bd. 2, S. 38–70). Butzbach-Griedel: Afra Verlag.
Arnold, G. (2010). Wie Blinde zum Surfen finden. In M. Giese (Hrsg.), *Sport- und Bewegungsunterricht mit Blinden und Sehbehinderten. Band 2: Praktische Handreichungen für den Unterricht* (S. 206–221). Aachen: Meyer und Meyer.
Arnold, K.-H. & Koch-Priewe, B. (2008). Allgemein und fachlich bildender Unterricht: Die integrative Perspektive der kritisch-konstruktiven Didaktik. *Zeitschrift für Erziehungswissenschaft, 10* (9), 87–100.
Beck, F. & Beckmann, J. (2010). Die Bedeutung striataler Plastizitätsvorgänge und unerwarteten Bewegungserfolgs für sportmotorisches Lernen. *Sportwissenschaft, 40* (1), 19–25. Abgerufen von http://dx.doi.org/10.1007/s12662-009-0075-6
Bielefeldt, H. (2009). *Zum Innovationspotenzial der UN-Behindertenrechtskonvention* (3. aktualisierte und erweiterte Auflage) (Deutsches Institut für Menschenrechte, Hrsg.) (Essay No. 5) Berlin: Deutsches Institut für Menschenrechte unter http://www.institut-fuer-menschenrechte.de/uploads/tx_commerce/essay_no_5_zum_innovationspotenzial_der_un_behindertenrechtskonvention_aufl3.pdf
Bietz, J. (2002). *Bewegungsvorstellung und Blindheit. Eine repräsentationstheoretische und symboltheoretische Grundlegung* (Reihe Motorik, Bd. 25). Schorndorf: Hofmann.
Bietz, J. (2004). Anthropologische Grundlagen des Bewegens und Bewegungslernens. In M. Schierz & P. Frei (Hrsg.), *Sportpädagogisches Wissen. Spezifik – Transfer – Transformationen* (Bd. 141, S. 128–137). Hamburg: Czwalina.
Bietz, J. (2005). Bewegung und Bildung – Eine anthropologische Betrachtung in pädagogischer Absicht. In J. Bietz, R. Laging & M. Roscher (Hrsg.), *Bildungstheoretische

Grundlagen der Bewegungs- und Sportpädagogik (Bewegungspädagogik, Bd. 2, S. 83–122). Baltmannsweiler: Schneider Verlag.

Bindel, T. (2008). *Soziale Regulierung in informellen Sportgruppen. Eine Ethnographie des informellen Sportengagements.* Hamburg: Czwalina.

Block, M. E., Giese, M. & Ruin, S. (2017). Inklusiver Sportunterricht – eine internationale Standortbestimmung. *Sonderpädagogische Förderung heute, 62* (3), 233–243. https://doi.org/10.3262/sof1703233.

Boban, I. & Hinz, A. (2003). *Index für Inklusion. Lernen und Teilhabe in Schulen der Vielfalt entwickeln. Übersetzte und adaptierte Fassung von Booth, T. & Ainscow, M. (2002): Index for Inclusion. Developing Learning and Participation in Schools.* Halle (Saale): Martin-Luther-Universität Halle-Wittenberg. Zugriff am 12. April 2019 unter https://www.eenet.org.uk/resources/docs/Index%20German.pdf

Boban, I. & Hinz, A. (2004). Qualität des Gemeinsamen Unterrichts (weiter-)entwickeln – Inklusion. *Leben mit Down-Syndrom* (45), 10–14.

Boban, I. & Hinz, A. (2012). Auf dem Weg zur inklusiven Schule – mit Hilfe des Index für Inklusion. In V. Moser (Hrsg.), *Die inklusive Schule. Standards für die Umsetzung* (S. 71–76). Stuttgart: Kohlhammer.

Bockrath, F. (1998). Die Macht der Bilder – Vom sinnlichen Eindruck zum symbolischen Ausdruck. In J. Schwier (Hrsg.), *Jugend – Sport – Kultur: Zeichen und Codes jugendlicher Sportszenen* (Bd. 92, S. 139–148). Hamburg: Czwalina.

Bohlken, E. (2012). Anthropologische Grundlagen einer Ethik der Behindertenpädagogik. In V. Moser & D. Horster (Hrsg.), *Ethik in der Behindertenpädagogik. Menschenrechte, Menschenwürde, Behinderung. Eine Grundlegung* (S. 59–74). Stuttgart: Kohlhammer.

Böhme, G. & Potyka, K. (1995). *Erfahrung in Wissenschaft und Alltag: eine analytische Studie über Begriff, Gehalt und Bedeutung eines lebensbegleitenden Phänomens.* Idstein: Schulz-Kirchner.

Bollnow, O. F. (1974). Was ist Erfahrung? In R. Vente (Hrsg.), *Erfahrung und Erfahrungswissenschaft* (S. 19–29). Stuttgart: Kohlhammer.

Bollnow, O. F. (1981). *Philosophie der Erkenntnis.* Stuttgart: Kohlhammer.

Booth, T. (2008). Ein internationaler Blick auf inklusive Bildung: Werte für alle? In A. Hinz, I. Körner & U. Niehoff (Hrsg.), *Von der Integration zur Inklusion. Grundlagen, Perspektiven, Praxis* (S. 53–73). Marburg: Lebenshilfe-Verlag.

Booth, T. & Ainscow, M. (Hrsg.). (2002). *Index for Inclusion: Developing Learning and Participation in Schools* (Rev ed). Bristol: CSIE.

Booth, T. & Ainscow, M. (Hrsg.). (2011). *Index for inclusion. Developing learning and participation in schools* (3d ed). Bristol: CSIE.

Booth, T. & Kingston, D. (2004). *Index for Inclusion: Developing Learning, Participation and Play in Early Years and Childcare.* Bristol: CSIE.

Borchert, J. (Hrsg.). (2007). *Einführung in die Sonderpädagogik* (Hand- und Lehrbücher der Pädagogik). München: Oldenbourg.

Brian, A., Haibach-Beach, P., Lieberman, L. & Giese, M. (2017). Motorische Fertigkeiten im inklusiven Sportunterricht mit sehgeschädigten Schülern vermitteln – eine internationale Bestandsaufnahme. *Sonderpädagogische Förderung heute, 62* (3), 288–298. https://doi.org/10.3262/sz1703288.

Brinkmann, M. (2018). Verkörperungen zwischen Normalisierung und Subjektivierung. Zur Anthropologie und Sozialtheorie pädagogischer Praxis der Köperbildung und

-erziehung. *Vierteljahresschrift für Heilpädagogik und ihre Nachbargebiete, 87* (3), 191–204. https://doi.org/10.2378/vhn2018.art21d.

Brokamp, B. (2012). Qualifizierte Begleitung inklusiver Schulentwicklung. In V. Moser (Hrsg.), *Die inklusive Schule. Standards für die Umsetzung* (S. 62–70). Stuttgart: Kohlhammer.

Buck, G. (1989). *Lernen und Erfahrung – Epagogik*. Darmstadt: Wissenschaftliche Buchgesellschaft.

Budde, H., Pietraßyk-Kendziorra, S. & Voelcker-Rehage, C. (2008). Koordinative Aufgaben über 10 Minuten führen zu verbesserten Konzentrationsleistungen bei Schülern. In M. Knoll & A. Woll (Hrsg.), *Sport und Gesundheit in der Lebensspanne* (S. 160–164). Hamburg: Czwalina.

Bundesministerium für Arbeit und Soziales. (2011a). *Übereinkommen über die Rechte von Menschen mit Behinderungen* (Bundesministerium für Arbeit und Soziales, Hrsg.) (A 729), Bonn. Zugriff am 18. November 2014 unter http://www.bmas.de/SharedDocs/Downloads/DE/PDF-Publikationen/a729-un-konvention.pdf?__blob=publicationFile

Bundesministerium für Arbeit und Soziales. (2011b). *Übereinkommen über die Rechte von Menschen mit Behinderungen in Leichter Sprache* (Bundesministerium für Arbeit und Soziales, Hrsg.) (A 729L), Bonn. Zugriff am 18. November 2014 unter http://www.bmas.de/SharedDocs/Downloads/DE/PDF-Publikationen/a729L-un-konvention-leichte-sprache.pdf?__blob=publicationFile

Buytendijk, Frederik Jacobus Johannes. (1956). *Allgemeine Theorie der menschlichen Haltung und Bewegung: als Verbindung und Gegenüberstellung von physiologischer und psychologischer Betrachtungsweise*. Berlin: Springer.

Cassirer, E. (1954a). *Philosophie der symbolischen Formen. Dritter Teil: Phänomenologie der Erkenntnis*. Oxford: Bruno Cassirer.

Cassirer, E. (1954b). *Philosophie der symbolischen Formen. Erster Teil: Die Sprache*. Oxford: Bruno Cassirer.

Cassirer, E. (1954c). *Philosophie der symbolischen Formen. Zweiter Teil: Das mythische Denken*. Oxford: Bruno Cassirer.

Cassirer, E. (1994). *Wesen und Wirkung des Symbolbegriffs*. Darmstadt: Wissenschaftliche Buchgesellschaft.

Cassirer, E. (1996). *Versuch über den Menschen: Einführung in eine Philosophie der Kultur* (Philosophische Bibliothek, Bd. 488). Hamburg: Felix Meiner Verlag.

Dederich, M. & Schnell, M. (2009). Ethische Grundlagen der Behindertenpädagogik: Konstitution und Systematik. In M. Dederich & W. Jantzen (Hrsg.), *Behinderung und Anerkennung* (Behinderung, Bildung, Partizipation, Bd. 2, S. 59–86). Stuttgart: Kohlhammer.

Deutscher Behindertensportverband. (2014). *Index für Inklusion im und durch Sport. Ein Wegweiser zur Förderung der Vielfalt im organisierten Sport in Deutschland* (1. Auflage) (Deutscher Behindertensportverband, Hrsg.), Frechen. Zugriff am 16. November 2014 unter http://www.dbs-npc.de/tl_files/dateien/sportentwicklung/inklusion/Index%20fuer%20Inklusion/2014_DBS_Index_fuer_Inklusion_im_und_durch_Sport.pdf

Deutsches Institut für Menschenrechte. (2011). *Stellungnahme der Monitoring-Stelle: Eckpunkte zur Verwirklichung eines inklusiven Bildungssystems (Primarstufe und*

Sekundarstufen I und II). Mit Empfehlungen an die Länder, die Kultusministerkonferenz (KMK) und den Bund. (Deutsches Institut für Menschenrechte, Hrsg.), Berlin unter http://www.institut-fuer-menschenrechte.de/uploads/tx_commerce/stellungnahme_der_monitoring_stelle_eckpunkte_z_verwirklichung_eines_inklusiven_bildungssystems_31_03_2011.pdf

Dewey, J. (2000). *Demokratie und Erziehung: eine Einleitung in die philosophische Pädagogik* (Pädagogische Bibliothek Beltz, Bd. 8). Weinheim: Beltz.

Dieckmann, B. (1994a). *Der Erfahrungsbegriff in der Pädagogik.* Weinheim: Dt. Studien-Verlag.

Dieckmann, B. (1994b). Erfahrung und Lernen. In C. Wulf (Hrsg.), *Einführung in die pädagogische Anthropologie* (S. 98–114). Weinheim: Beltz.

Drexel, G. (2002). *Paradigmen in Sport und Sportwissenschaft* (Reihe Sportwissenschaft Ansätze und Ergebnisse, Bd. 30). Schorndorf: Hofmann.

Drexel, G. (2003). Anthropologie, Menschenbilder und Paradigmen in der Sportwissenschaft – zu den Grenzen der Einheit unseres Faches. In M. Krüger (Hrsg.), *Menschenbilder im Sport* (Reihe Sportwissenschaft, Bd. 32, S. 296–328). Schorndorf: Hofmann.

Duncker, L. (1987). *Erfahrung und Methode: Studien zur dialektischen Begründung einer Didaktik der Schule.* Langenau-Ulm: Armin Vaas Verlag.

Eichmann, B., Giese, M., Gießing, J. & Teigland, C. (2015). *Abschlussbericht MoBli-Studie. Ein Forschungsprojekt der Universität Koblenz-Landau zur Mobilität von sehbehinderten und blinden Schülerinnen und Schülern.* Marburg: Tectum.

Fediuk, F. (2008). *Sport in heterogenen Gruppen. Integrative Prozesse in Sportgruppen mit behinderten und benachteiligten Menschen.* Aachen: Meyer und Meyer.

Fediuk, F. & Hölter, G. (2003). Schüler mit Behinderung. Für eine Sportpädagogik der Vielfalt. *Sportpädagogik, 27* (4), 22–25.

Feuser, G. (1989). Allgemeine integrative Pädagogik und entwicklungslogische Didaktik. *Zeitschrift für Behindertenpädagogik, 28* (1), 4–48.

Feuser, G. (1999). Integration – eine Frage der Didaktik einer Allgemeinen Pädagogik. *Behinderte in Familie, Schule und Gesellschaft, 29* (1), 39–49.

Feuser, G. (2008). Didaktik integrativen Unterrichts. Eine Problemskizze. In H. Eberwein & J. Mand (Hrsg.), *Integration konkret. Begründung, didaktische Konzepte, inklusive Praxis* (S. 121–136).

Feyerer, E. (2003). Pädagogik und Didaktik integrativer bzw. inklusiver Bildungsprozesse. Herausforderung an Lehre, Forschung und Bildungsinstitutionen. *Behinderte in Familie, Schule und Gesellschaft, 33* (1), 38–52.

Foucault, M. (2003). *Die Anormalen: Vorlesungen am Collège de France (1974–1975).* Frankfurt am Main: Suhrkamp.

Franke, E. (1994). Semiotik des Sports – Eine übersehene Variante in der Theoriediskussion. In G. Friedrich, E. Hildenbrandt & J. Schwier (Hrsg.), *Sport und Semiotik* (Bd. 61, S. 33–66). Sankt Augustin: Academia Verlag.

Franke, E. (1998). Bildung – Semiotik – Ästhetische Erfahrung. Stichworte auf dem Weg zu einer neuen Legitimation sportpädagogischen Handelns. In J. Schwier (Hrsg.), *Jugend – Sport – Kultur: Zeichen und Codes jugendlicher Sportszenen* (Bd. 92, S. 45–62). Hamburg: Czwalina.

Franke, E. (2000). Symbolisches Wissen durch den Körper – Möglichkeiten für eine Renaissance bildungstheoretischen Denkens in der Sportpädagogik. In H.-G. Scherer &

J. Bietz (Hrsg.), *Kultur – Sport – Bildung. Konzepte in Bewegung* (Sportwissenschaft und Sportpraxis, Bd. 125, S. 95–111). Hamburg: Czwalina.

Franke, E. (2001). Ironie im Sport? Ein Beitrag zur Bedeutungsanalyse nicht-verbaler Symbole. In G. Friedrich (Hrsg.), *Zeichen und Anzeichen – Analysen und Prognosen des Sports* (Bd. 116, S. 23–44). Hamburg: Czwalina.

Franke, E. (2003). Ästhetische Erfahrung im Sport – ein Bildungsprozess? In E. Franke & E. Bannmüller (Hrsg.), *Ästhetische Bildung* (Jahrbuch Bewegungs- und Sportpädagogik in Theorie und Forschung, Bd. 2, S. 17–37). Butzbach-Griedel: Afra Verlag.

Franke, E. (2005). Körperliche Erkenntnis – Die andere Vernunft. In J. Bietz, R. Laging & M. Roscher (Hrsg.), *Bildungstheoretische Grundlagen der Bewegungs- und Sportpädagogik* (Bewegungspädagogik, Bd. 2, S. 180–201). Baltmannsweiler: Schneider Verlag.

Franke, E. (2006a). Erfahrung von Differenz – Grundlage reflexiver Leiberfahrung. In R. Gugutzer (Hrsg.), *Body Turn: Perspektiven der Soziologie des Körpers und des Sports* (Bd. 2, S. 187–208). Bielefeld: transcript.

Franke, E. (2006b). Ernst Cassirer: Philosophie der symbolischen Formen (1923–1929). In J. Court & E. Meinberg (Hrsg.), *Klassiker und Wegbereiter der Sportwissenschaft* (S. 112–121). Stuttgart: Kohlhammer.

Franke, E. & Bannmüller, E. (Hrsg.). (2003). *Ästhetische Bildung* (Jahrbuch Bewegungs- und Sportpädagogik in Theorie und Forschung, Bd. 2). Butzbach-Griedel: Afra Verlag.

Friedrich, G. (1997). Entwicklung des modernen Sports aus kultursemiotischer Sicht. In E. Hildenbrandt (Hrsg.), *Sport als Kultursegment aus der Sicht der Semiotik* (Bd. 81, S. 25–36). Hamburg: Czwalina.

Friedrich, G. & Hildenbrandt, E. (1997). Sport als Kultursegment aus der Sicht der Semiotik. *Zeitschrift für Semiotik, 19* (4), 349–363.

Frühauf, T. (2008). Von der Integration zur Inklusion – ein Überblick. In A. Hinz, I. Körner & U. Niehoff (Hrsg.), *Von der Integration zur Inklusion. Grundlagen, Perspektiven, Praxis* (S. 11–32). Marburg: Lebenshilfe-Verlag.

Funke-Wieneke, J. (2004). *Bewegungs- und Sportpädagogik: wissenschaftstheoretische Grundlagen, zentrale Ansätze, entwicklungspädagogische Konzeption*. Baltmannsweiler: Schneider Verlag.

Gadamer, H.-G. (1965). *Wahrheit und Methode. Grundzüge einer philosophischen Hermeneutik*. Tübingen: Mohr.

Gebauer, G. & Wulf, C. (1998). *Spiel – Ritual – Geste: mimetisches Handeln in der sozialen Welt* (rororo, 55591). Reinbek: Rowohlt.

Geyer, C. (Hrsg.). (2004). *Hirnforschung und Willensfreiheit: Zur Deutung der neuesten Experimente*. Frankfurt am Main: Suhrkamp.

Gibson, J. J. (1973). *Die Sinne und der Prozeß der Wahrnehmung*. Bern: Huber.

Giese, M. (2007). Hirnforschung und sportpädagogische Theoriebildung? Eine epistemische Chance! *Sportwissenschaft, 37* (4), 440–444.

Giese, M. (2008a). *Erfahrung als Bildungskategorie. Eine sportsemiotische Untersuchung in unterrichtspraktischer Absicht*. Aachen: Meyer und Meyer.

Giese, M. (2008b). Strukturalistische Bildungsdiskurse in der Sport- und Bewegungspädagogik – eine metaanalytische Bestandsaufnahme. *Spectrum der Sportwissenschaften, 20* (1), 6–28.

Giese, M. (2009a). Den Partner selbständig sichern. In M. Giese (Hrsg.), *Erfahrungsorientierter und bildender Sportunterricht. Ein theoriegeleitetes Praxishandbuch* (Bd. 1, S. 263–273). Aachen: Meyer und Meyer.

Giese, M. (2009b). Erfahrungsorientierter und bildender Sportunterricht. In M. Krüger, N. Neuber, M. Brach & K. Reinhart (Hrsg.), *Bildungspotenziale im Sport* (Schriften der Deutschen Vereinigung für Sportwissenschaft, Bd. 191, S. 64–65). Hamburg: Czwalina.

Giese, M. (Hrsg.). (2009c). *Erfahrungsorientierter und bildender Sportunterricht. Ein theoriegeleitetes Praxishandbuch*. Aachen: Meyer und Meyer.

Giese, M. (2009d). Müssen Blinde Fußball spielen? Bewegung als Bedingung der Möglichkeit selbstbestimmter Teilhabe. *Zeitschrift für Heilpädagogik, 60* (1), 20–27.

Giese, M. (2009e). Theoretische Grundlagen eines erfahrungsorientierten und bildenden Sportunterrichts. In M. Giese (Hrsg.), *Erfahrungsorientierter und bildender Sportunterricht. Ein theoriegeleitetes Praxishandbuch* (S. 13–53). Aachen: Meyer und Meyer.

Giese, M. (2010). Der Erfahrungsbegriff in der Didaktik – eine semiotische Analyse. *Zeitschrift für Pädagogik, 56* (1), 69–89.

Giese, M. (2012). Müssen Blinde Fußball spielen? Legitimationslinien im Sport- und Bewegungsunterricht mit Sehbehinderten. In V. Scheid (Hrsg.), *Wege in eine bewegte Zukunft. Positionen – Projekte – Perspektiven* (S. 30–44). Aachen: Meyer und Meyer.

Giese, M. (2013). Weltoffen und lernfähig. *Sportpädagogik, 37* (2), 38–41.

Giese, M. (2015). Überlegungen zu einer anthropologischen und grundlagentheoretischen Fundierung des Inklusionsdiskurses. In S. Meier & S. Ruin (Hrsg.), *Inklusion als Herausforderung, Aufgabe und Chance für den Schulsport* (Schulsportforschung, Bd. 6, S. 19–34). Berlin: Logos Verlag.

Giese, M. (2016a). Behinderte Gerechtigkeit: Exkludierende Potentiale (sport-)anthropologischer Theorien. In C. Heim, R. Prohl & H. Kaboth (Hrsg.), *Bildungsforschung im Sport* (Schriften der Deutschen Vereinigung für Sportwissenschaft, Bd. 256, S. 76–77). Hamburg: Feldhaus Edition Czwalina.

Giese, M. (2016b). Inklusive Fachdidaktik Sport – eine Candide im Spiegel der Disability Studies. *Zeitschrift für Sportpädagogische Forschung, 4* (2), 85–102.

Giese, M. (2016c). Inklusive Sportpädagogik. Kritische Überlegungen zu einer anthropologischen Fundierung. *Sportwissenschaft, 46* (2), 102–109. https://doi.org/10.1007/s12662-015-0382-z.

Giese, M. (2019a). Autonome Selbstbewegung als Grundlage leiborientierter Bildungsprozesse? Inklusionstheoretische Kritik einer sportpädagogischen Schimäre im Spiegel der Körperbehindertenpädagogik. *Vierteljahresschrift für Heilpädagogik und ihre Nachbargebiete, 88 (0)*. https://doi.org/10.2378/vhn2019.art26d.

Giese, M. (2019b). *Skizzen zur kulturanthropologischen Begründung einer inklusiven (Fach-)Didaktik:* Humboldt-Universität zu Berlin.

Giese, M. & Bietz, J. (2005). Klettern mit Blinden? Aber sicher! *Motorik, 28* (2), 102–111.

Giese, M. & Bucher, T. (2019). Ableism als sensibilisierende Folie zur (Selbst-)Reflexion sportunterrichtlicher Angebote. *Sportunterricht, 68* (4), 153–157.

Giese, M., Eichmann, B. & Gießing, J. (2012). Die Bedeutung schulischer Bewegungsangebote für die Mobilität von Sehbehinderten und Blinden (MoBli-Studie). Darstellung erster Ergebnisse. In Verband für Blinden- und Sehbehindertenpädagogik e.V. (Hrsg.), *Vielfalt & Qualität* (S. 31). Würzburg: Edition Bentheim.

Giese, M., Gießing, J. & Eichmann, B. (2014a). Bewegungs- und Gesundheitsorientierung in einem adressatenspezifischen Sportunterricht für sehbehinderte und blinde Schüler. *Zeitschrift für Heilpädagogik, 65* (1), 22–27.

Giese, M., Gießing, J. & Eichmann, B. (2014b). Von der Leistungsfähigkeit eines blinden- und sehbehindertenspezifischen Sportunterrichts. *blind-sehbehindert, 134* (3), 174–181.

Giese, M. & Grotehans, D. (2009). Das obere Zuspiel beim Volleyball zwischen Sollwert- und Erfahrungsorientierung. In M. Giese (Hrsg.), *Erfahrungsorientierter und bildender Sportunterricht. Ein theoriegeleitetes Praxishandbuch* (S. 201–217). Aachen: Meyer und Meyer.

Giese, M., Hasper, J. & Herwig, H. (2010). Spielend Tischtennis spielen lernen. In M. Giese (Hrsg.), *Sport- und Bewegungsunterricht mit Blinden und Sehbehinderten. Band 2: Praktische Handreichungen für den Unterricht* (S. 102–111). Aachen: Meyer und Meyer.

Giese, M. & Hildenbrandt, E. (2010). Sport- und Bewegungsunterricht mit Blinden und Sehbehinderten – eine bewegende Apologie. In M. Giese (Hrsg.), *Sport- und Bewegungsunterricht mit Blinden und Sehbehinderten. Band 1: Theoretische Grundlagen – spezifische und adaptierte Sportarten* (S. 23–37). Aachen: Meyer und Meyer.

Giese, M., Katlun, T. & Bolsinger, A. (2017). Inklusiver Sport- und Bewegungsunterricht im Förderschwerpunkt Sehen – Einführung. In M. Giese & L. Weigelt (Hrsg.), *Inklusiver Sport- und Bewegungsunterricht. Theorie und Praxis aus Sicht der Förderschwerpunkte* (Edition Schulsport, Bd. 34, S. 316–343). Aachen: Meyer und Meyer.

Giese, M. & Ruin, S. (2018). Forgotten bodies – an examination of physical education from the perspective of ableism. *Sport in Society, 21* (1), 152–165. https://doi.org/10.10 80/17430437.2016.1225857.

Giese, M. & Ruin, S. (2019). In shape or out? Zur (sport-)pädagogischen Relevanz exkludierender Momente in gegenwärtigen Körperkulturen. In E. von Stechow, P. Hackstein, K. Müller, M. Esefeld & B. Klocke (Hrsg.), *Inklusion im Spannungsfeld von Normalität und Diversität* (S. 166–174). Bad Heilbrunn: Klinkhardt.

Giese, M. & Sauerbier, E. (2018). Scheitern an der Norm. Ableistische und autoethnographische Reflexionen zum sportpädagogischen Umgang mit Körperbehinderungen. *Vierteljahresschrift für Heilpädagogik und ihre Nachbargebiete, 87* (4), 276–288. https://doi.org/10.2378/vhn2018.art33d.

Giese, M. & Scherer, H.-G. (2010). Sportunterricht mit Sehgeschädigten – ein sinn- und erfahrungsorientierter Ansatz. In M. Giese (Hrsg.), *Sport- und Bewegungsunterricht mit Blinden und Sehbehinderten. Band 1: Theoretische Grundlagen – spezifische und adaptierte Sportarten* (S. 125–149). Aachen: Meyer und Meyer.

Giese, M., Teigland, C. & Gießing, J. (2017). Physical activity, body composition, and wellbeing of school children and youths with visual impairments in Germany. *British Journal of Visual Impairment, 35* (2), 120–129. https://doi.org/10.1177/0264619617689905.

Giese, M., Teigland, C. & Gießing, J. (2019). Physical Activity: Analysen zum Aktivitätsniveau von Schülerinnen und Schülern im Förderschwerpunkt Sehen in Deutschland. *German Journal of Exercise and Sport Research, 49* (1), 37–44. https://doi.org/10.1007/s12662-018-0560-x.

Giese, M. & Weigelt, L. (2013). Sportunterricht auf dem Weg zur Inklusion. *Sportpädagogik, 37* (6), 2–5.

Giese, M. & Weigelt, L. (2015). Konstituierende Elemente einer inklusiven Sportdidaktik. In M. Giese & L. Weigelt (Hrsg.), *Inklusiver Sportunterricht in Theorie und Praxis* (Edition Schulsport, Bd. 27, S. 10–52). Aachen: Meyer und Meyer.

Giese, M. & Weigelt, L. (2016). Inklusion im Schulsport. In C. Kröger & W.-D. Miethling (Hrsg.), *Sporttheorie in der gymnasialen Oberstufe* (2., überarbeitete und erweiterte Auflage, S. 305–315). Schorndorf: Hofmann.

Giese, M. & Weigelt, L. (2017). Die Bedeutung der Förderschwerpunkte im Sportunterricht – eine Debatte zwischen Anachronismus, Stigma und Notwendigkeit. In M. Giese & L. Weigelt (Hrsg.), *Inklusiver Sport- und Bewegungsunterricht. Theorie und Praxis aus Sicht der Förderschwerpunkte* (Edition Schulsport, Bd. 34, S. 12–30). Aachen: Meyer und Meyer.

Gießing, J. & Hildenbrandt, E. (2005). Bodybuilding: Körperbau und Muskelschau. *Sportwissenschaft, 35* (2), 139–151.

Gissel, N. (2007). Von der neuen Theorie des Geistes zu einer neuen Pädagogik des Körpers? *Sportwissenschaft, 37* (1), 3–18.

Göhlich, M. (2007). Aus Erfahrung lernen. In M. Göhlich (Hrsg.), *Pädagogische Theorien des Lernens* (S. 191–202). Basel: Beltz.

Goodman, N. (1990). *Weisen der Welterzeugung* (suhrkamp taschenbuch wissenschaft, Bd. 863). Frankfurt am Main: Suhrkamp.

Grupe, O. (1993). Olympisches Menschenbild und olympische Erziehung. In R. Prohl (Hrsg.), *Facetten der Sportpädagogik: Beiträge zur pädagogischen Diskussion des Sports* (S. 31–38). Schorndorf: Hofmann.

Grupe, O. (2000). *Vom Sinn des Sports. Kulturelle, pädagogische und ethische Aspekte:* Hofmann.

Grupe, O. (2003). Grundzüge und Themen einer sportbezogenen Anthropologie. In M. Krüger (Hrsg.), *Menschenbilder im Sport* (Reihe Sportwissenschaft, Bd. 32, S. 20–37). Schorndorf: Hofmann.

Grupe, O. & Krüger, M. (2002). *Einführung in die Sportpädagogik* (Sport und Sportunterricht. Grundlagen für Studium, Ausbildung und Beruf). Schorndorf: Hofmann.

Gruschka, A. (2011). *Verstehen lehren. Ein Plädoyer für guten Unterricht*. Stuttgart: Reclam.

Gruschka, A. (2014). *Lehren* (Pädagogische Praktiken). Stuttgart: Kohlhammer.

Habermas, J. (1977). Philosophische Anthropologie. In J. Habermas (Hrsg.), *Kultur und Kritik. Verstreute Aufsätze* (Suhrkamp-Taschenbuch, Bd. 125, 2. Aufl., S. 89–111). Frankfurt am Main: Suhrkamp.

Haeberlin, U. (2007). Aufbruch vom Schein zum Sein. *Vierteljahresschrift für Heilpädagogik und ihre Nachbargebiete, 76* (3), 253–255.

Haggard, P. & Eimer, M. (1999). On the Relation between Brain Potentials and the Awareness of Voluntary Movements. *Experimental Brain Research, 126*, 128–133.

Hasper, J. (2009a). Schultennis: Spielen lernen durch Entwicklung sinnvoller Handlungsstrategien. In M. Giese (Hrsg.), *Erfahrungsorientierter und bildender Sportunterricht. Ein theoriegeleitetes Praxishandbuch* (Edition Schulsport, Bd. 11, S. 218–242). Aachen: Meyer und Meyer.

Hasper, J. (2009b). *Tennis. Eine kultursemiotische und bewegungswissenschaftliche Untersuchung mit unterrichtspraktischen Konsequenzen* (Sportwissenschaften). München: Dr. Hut Verlag.

Hegel, G. (1952). *Philosophische Bibliothek Bd. 5., Phänomenologie des Geistes. Nach d. Text d. Orig.-Ausg. hrsg. von Johannes Hoffmeister. 6. Aufl.* Hamburg: Felix Meiner Verlag.

Helmke, A. (2003). *Unterrichtsqualität – Bewerten, Erfassen, Verbessern.* Seelze: Kallmeyer.

Helmke, A. (2009). *Unterrichtsqualität und Lehrerprofessionalität. Diagnose, Evaluation und Verbesserung des Unterrichts* (1. Aufl.). Seelze-Velber: Kallmeyer.

Herwig, H. (1988). Windsurfen mit Blinden – eine Herausforderung für die Methodenkonstruktion. *Motorik, 11* (4), 129–142.

Herwig, H. (2010). Wintersport mit blinden und sehbehinderten Schülern. In M. Giese (Hrsg.), *Sport- und Bewegungsunterricht mit Blinden und Sehbehinderten. Band 2: Praktische Handreichungen für den Unterricht* (S. 174–189). Aachen: Meyer und Meyer.

Herz, B. (2014). Pädagogik bei Verhaltensstörungen: An den Rand gedrängt? *Zeitschrift für Heilpädagogik, 65* (1), 4–14.

Hietzge, M. C. (1997). Sport als Gegenstand der Semiotik. *Zeitschrift für Semiotik, 19* (4), 341–348.

Hildenbrandt, E. (1994a). Einleitung in eine Semiotik des Sports. In G. Friedrich, E. Hildenbrandt & J. Schwier (Hrsg.), *Sport und Semiotik* (Bd. 61, S. 9–20). Sankt Augustin: Academia Verlag.

Hildenbrandt, E. (1994b). Ernst Cassirers ‚Philosophie der symbolischen Formen' und Aspekte einer Semiotik des Sports. In G. Friedrich, E. Hildenbrandt & J. Schwier (Hrsg.), *Sport und Semiotik* (Bd. 61, S. 69–82). Sankt Augustin: Academia Verlag.

Hildenbrandt, E. (1997). Sport aus der Perspektive der Kulturphilosophie von Ernst Cassirer. In E. Hildenbrandt (Hrsg.), *Sport als Kultursegment aus der Sicht der Semiotik* (Bd. 81, S. 15–24). Hamburg: Czwalina.

Hildenbrandt, E. (1998). Sport im Kontext von Kultur und Bildung. In J. Schwier (Hrsg.), *Jugend – Sport – Kultur: Zeichen und Codes jugendlicher Sportszenen* (Bd. 92, S. 31–44). Hamburg: Czwalina.

Hildenbrandt, E. (2000). Bildung als Ausformung von Kulturkompetenz. In H.-G. Scherer & J. Bietz (Hrsg.), *Kultur – Sport – Bildung. Konzepte in Bewegung* (Sportwissenschaft und Sportpraxis, Bd. 125, S. 17–24). Hamburg: Czwalina.

Hildenbrandt, E. (2001). Formstufen des Sports. In G. Friedrich (Hrsg.), *Zeichen und Anzeichen – Analysen und Prognosen des Sports* (Bd. 116, S. 45–60). Hamburg: Czwalina.

Hildenbrandt, E. (2005). Aspekte einer strukturalistischen Bildungstheorie der Bewegungs- und Sportpädagogik. In J. Bietz, R. Laging & M. Roscher (Hrsg.), *Bildungstheoretische Grundlagen der Bewegungs- und Sportpädagogik* (Bewegungspädagogik, Bd. 2, S. 202–212). Baltmannsweiler: Schneider Verlag.

Hildenbrandt, E. & Scherer, H.-G. (2010). Wie Blinde zur Leichtathletik finden und was das für Sehende bedeutet. In M. Giese (Hrsg.), *Sport- und Bewegungsunterricht mit Blinden und Sehbehinderten. Band 2: Praktische Handreichungen für den Unterricht* (S. 59–74). Aachen: Meyer und Meyer.

Hillman, C. H., Erickson, K. I. & Kramer, A. F. (2008). Be smart, exercise your heart: exercise effects on brain and cognition. *Nat. Rev. Neuroscience* (9), 58–65.

Hinz, A. (2002). Von der Integration zur Inklusion – terminologisches Spiel oder konzeptionelle Weiterentwicklung? *Zeitschrift für Heilpädagogik* (9), 354–361.
Hinz, A. (2008). Inklusion – historische Entwicklungslinien und internationale Kontexte. In A. Hinz, I. Körner & U. Niehoff (Hrsg.), *Von der Integration zur Inklusion. Grundlagen, Perspektiven, Praxis* (S. 33–52). Marburg: Lebenshilfe-Verlag.
Hoffmann, J. (1993). *Vorhersage und Erkenntnis: die Funktion von Antizipationen in der menschlichen Verhaltenssteuerung und Wahrnehmung*. Göttingen: Verlag für Psychologie Hogrefe.
Hoffmann, J. (2001). Das ideomotorische Prinzip. ABC, Closed Loops und Schemata. In J. R. Nitsch & H. Allmer (Hrsg.), *Denken – Sprechen – Bewegen. Bericht über die 32. Tagung der Arbeitsgemeinschaft für Sportpsychologie (asp) vom 1. bis 3. Juni 2000 in Köln* (Betrifft, 38, 1. Aufl, S. 69–75). Köln: bps-Verl.
Hölter, G. (2008). Perspektiven einer Sportpädagogik der Vielfalt – Integration und Inklusion. In F. Fediuk (Hrsg.), *Inklusion als bewegungspädagogische Aufgabe. Menschen mit und ohne Behinderungen gemeinsam im Sport* (S. 97–122). Baltmannsweiler: Schneider Verlag.
Horkheimer, M. (2009). *Gesammelte Schriften. Band 3: Schriften 1931–1936* (2. Auflage). Frankfurt am Main: S. Fischer.
Hossner, E.-J. & Künzell, S. (2003). Motorisches Lernen. In H. Mechling & J. Munzert (Hrsg.), *Handbuch Bewegungswissenschaft – Bewegungslehre* (Bd. 141, S. 131–153). Schorndorf: Hofmann.
Hüther, G. (2006). Wie lernen Kinder? Voraussetzungen für gelingende Bildungsprozesse aus neurobiologischer Sicht. In R. Caspary (Hrsg.), *Lernen und Gehirn. Der Weg zu einer neuen Pädagogik* (Bd. 5763, S. 70–84). Freiburg im Breisgau: Herder.
Jakobs, H. (2006). Anthropologie. In G. Antor & U. Bleidick (Hrsg.), *Handlexikon der Behindertenpädagogik. Schlüsselbegriffe aus Theorie und Praxis* (2., überarb. und erw. Aufl, S. 179–181). Stuttgart: Kohlhammer.
Jakobs, H. (2009). Anthropologie/Anthropologiekritik. In M. Dederich & W. Jantzen (Hrsg.), *Behinderung und Anerkennung* (1. Aufl, S. 293–301). Stuttgart: Kohlhammer.
Jakobs, H. (2010). »Mit anderen Augen …« – Bildung für Menschen mit geistiger Behinderung in kritisch-mikrologischer Perspektive. In O. Musenberg & J. Riegert (Hrsg.), *Bildung und geistige Behinderung. Bildungstheoretische Reflexionen und aktuelle Fragestellungen* (Lehren und Lernen mit behinderten Menschen, Bd. 16, 1. Aufl., S. 73–92). Oberhausen: ATHENA-Verlag.
Kibele, A. (2006). Priming von Bewegungshandlungen im Sport. Motorische Reaktionen auf nicht-bewußt repräsentierte Bewegungsmerkmale. In K. Köchy & D. Stederoth (Hrsg.), *Willensfreiheit als interdisziplinäres Problem* (S. 77–102). Freiburg: Verlag Karl Alber.
Kluge, F. (1999). *Etymologisches Wörterbuch der deutschen Sprache. Bearbeitet von Elmar Seebold*. Berlin: Walter de Gruyter.
Köller, W. (2001). Das Phänomen ‚Bewegung' in semiotischer Sicht. In G. Friedrich (Hrsg.), *Zeichen und Anzeichen – Analysen und Prognosen des Sports* (Bd. 116, S. 11–22). Hamburg: Czwalina.
König, H.-J. (1994). Symbole, Mythen und die nationaljüdische Turn- und Sportbewegung. In G. Friedrich, E. Hildenbrandt & J. Schwier (Hrsg.), *Sport und Semiotik* (Bd. 61, S. 127–150). Sankt Augustin: Academia Verlag.

Kraif, U. (2007). *Duden – das große Fremdwörterbuch. Herkunft und Bedeutung der Fremdwörter*. Mannheim: Dudenverlag.

Krampen, M., Oehler, K., Posner, R. & Uexküll, T. v. (Hrsg.). (1983). *Die Welt als Zeichen. Klassiker der modernen Semiotik*. Berlin: Severin und Siedler.

Krois, J. M. (1986). Ernst Cassirers Semiotik der symbolischen Formen. *Zeitschrift für Semiotik, 6* (4), 433–444.

Krois, J. M. (1995). *Cassirer, Ernst: Nachgelassene Manuskripte und Texte. Band 1: Zur Metaphysik der symbolischen Formen* (Cassirer. Ernst: Nachgelassene Manuskripte und Texte, Bd. 1). Hamburg: Felix Meiner Verlag.

Krüger, M. (2013). Braucht unsere Kultur Olympische Spiele als Ersatz für „Brot und Spiele" zur Ablenkung und Opium für das Volk? In E. Emrich, M.-P. Büch & W. Pitsch (Hrsg.), *Olympische Spiele – noch zeitgemäß? Werte, Ziele, Wirklichkeit in multidisziplinärer Betrachtung* (S. 167–192). Saarbrücken: universaar.

Kuhn, T. S. (1976). *Die Struktur wissenschaftlicher Revolutionen* (suhrkamp taschenbuch wissenschaft, Bd. 25). Frankfurt am Main: Suhrkamp.

Kultusministerkonferenz. (2018). *Sonderpädagogische Förderung in Schulen. 2007 bis 2016* (Sekretariat der Ständigen Konferenz der Kultusminister der Länder in der Bundesrepublik Deutschland, Hrsg.) (Statistische Veröffentlichungen der Kultusministerkonferenz Nr. 214), Berlin. Zugriff am 22. Oktober 2018 unter https://www.kmk.org/fileadmin/Dateien/pdf/Statistik/Dokumentationen/Dok_214_SoPaeFoe_2016.pdf

Lampert, T., Mensink, G., Romahn, N. & Woll, A. (2007). Körperlich-sportliche Aktivität von Kindern und Jugendlichen in Deutschland. Ergebnisse des Kinder- und Jugendgesundheitssurvey (KIGGS). *Bundesgesundheitsblatt, Gesundheitsforschung, Gesundheitsschutz, 50* (5/6), 634–642.

Lang, M., Hofer, U. & Beyer, F. (2008). *Didaktik des Unterrichts mit blinden und hochgradig sehbehinderten Schülerinnen und Schülern. Band 1: Grundlagen*. Stuttgart: Kohlhammer.

Leist, K.-H. & Loibl, J. (1991). Zur bewegungspädagogischen Bedeutung der Körpererfahrung. In J. Bielefeld (Hrsg.), *Körpererfahrung. Grundlagen menschlichen Bewegungsverhaltens* (S. 36–57). Göttingen: Verlag für Psychologie Hogrefe.

Lenk, H. (1999). Zum olympischen Menschenbild. In S. Güldenpfennig (Hrsg.), *Deutsches Olympisches Institut. Jahrbuch 1998* (S. 115–124). Sankt Augustin: Deutsches Olympisches Institut.

Libet, B. (2004). Haben wir einen freien Willen? In C. Geyer (Hrsg.), *Hirnforschung und Willensfreiheit: Zur Deutung der neuesten Experimente* (S. 268–290). Frankfurt am Main: Suhrkamp.

Libet, B., Gleason, C. A., Wright, E. W. & Pearl, D. K. (1983). Time of conscious intention to act in relation to onset of cerebral activity (readiness potential). The unconscious initiation of a freely voluntary act. *Brain, 106*, 623–642.

Lindmeier, B. (2008). Entwicklungen der Community Care in internationaler Perspektive. In A. Hinz, I. Körner & U. Niehoff (Hrsg.), *Von der Integration zur Inklusion. Grundlagen, Perspektiven, Praxis* (S. 91–103). Marburg: Lebenshilfe-Verlag.

Luhmann, N. (1987). *Soziale Systeme: Grundriß einer allgemeinen Theorie* (Suhrkamp-Taschenbuch Wissenschaft, 666). Frankfurt am Main: Suhrkamp.

Marthaler, I. (2014). Sport ist Pflicht. Immanuel Kants Tugendlehre revisited. *Sportwissenschaft, 44* (4), 195–202.
Maturana, H. R. & Varela, F. J. (2009). *Der Baum der Erkenntnis: Die biologischen Wurzeln menschlichen Erkennens.* Frankfurt am Main: Fischer.
Meinberg, E. (2003). Homo sportivus – Die Geburt eines neuen Menschen. In M. Krüger (Hrsg.), *Menschenbilder im Sport* (Reihe Sportwissenschaft, Bd. 32, S. 95–114). Schorndorf: Hofmann.
Menne, A. (2001). *Einführung in die Logik.* Tübingen: Francke.
Merleau-Ponty, M. (1966). *Phänomenologie der Wahrnehmung.* Berlin: Walter de Gruyter.
Merz-Atalik, K. (2008). Kooperation – Integration – Inklusion: Schulpädagogische Grundlagen. In F. Fediuk (Hrsg.), *Inklusion als bewegungspädagogische Aufgabe. Menschen mit und ohne Behinderungen gemeinsam im Sport* (S. 13–32). Baltmannsweiler: Schneider Verlag.
Meyer, M. A., Prenzel, M. & Hellekamps, S. (2008). Editorial: Perspektiven der Didaktik. *Zeitschrift für Erziehungswissenschaft, 10* (9), 7–12.
Meyer-Drawe, K. (2003). Lernen als Erfahrung. *Zeitschrift für Erziehungswissenschaft, 6* (4), 505–514.
Meyndt, P., Peters, H., Schulz, A. & Warm, M. (2003). *Der Volleyballtrainer. Lehrpraxis für Lehrer und Trainer.* München: Volleyball-Service GmbH.
Moser, V. (2012). Standards für die Umsetzung von Inklusion im Bereich Schule. In V. Moser (Hrsg.), *Die inklusive Schule. Standards für die Umsetzung* (S. 7–12). Stuttgart: Kohlhammer.
Moser, V. & Horster, D. (2012a). Einleitung: Ethische Argumentationen der Behindertenpädagogik – eine Bestandsaufnahme. In V. Moser & D. Horster (Hrsg.), *Ethik in der Behindertenpädagogik. Menschenrechte, Menschenwürde, Behinderung. Eine Grundlegung* (S. 13–22). Stuttgart: Kohlhammer.
Moser, V. & Horster, D. (Hrsg.). (2012b). *Ethik in der Behindertenpädagogik. Menschenrechte, Menschenwürde, Behinderung. Eine Grundlegung.* Stuttgart: Kohlhammer.
Müller, H. (2010). Kanusport mit Blinden und Sehbehinderten. In M. Giese (Hrsg.), *Sport- und Bewegungsunterricht mit Blinden und Sehbehinderten. Band 2: Praktische Handreichungen für den Unterricht* (S. 190–205). Aachen: Meyer und Meyer.
Müller, N. (2013). Ansprüche an ein olympisches Menschenbild: Idealistische und kritische Gedanken vor London 2012. In E. Emrich, M.-P. Büch & W. Pitsch (Hrsg.), *Olympische Spiele – noch zeitgemäß? Werte, Ziele, Wirklichkeit in multidisziplinärer Betrachtung* (S. 23–34). Saarbrücken: universaar.
Müller-Erichsen, M. (2008). Von der Integration zur Inklusion – Reflexion von 30 Jahren Verbandsarbeit in der Lebenshilfe. In A. Hinz, I. Körner & U. Niehoff (Hrsg.), *Von der Integration zur Inklusion. Grundlagen, Perspektiven, Praxis* (S. 263–289). Marburg: Lebenshilfe-Verlag.
Neisser, U. (1996). *Kognition und Wirklichkeit.* Stuttgart: Klett-Cotta.
Nielsen, L. (1993). *Das Ich und der Raum. Aktives Lernen im „Kleinen Raum".* Würzburg: Ed. Bentheim.
Nielsen, L. (1995). *Greife und du kannst begreifen* (2., unveränd. Aufl). Würzburg: Ed. Bentheim.

Opper, E., Worth, A., Wagner, M. & Bös, K. (2007). Motorik-Modul (MoMo) im Rahmen des Kinder- und Jugendgesundheitssurvey (KIGGS). *Bundesgesundheitsblatt, Gesundheitsforschung, Gesundheitsschutz, 50* (5/6), 879–888.
Paetzold, H. (2002). *Ernst Cassirer zur Einführung.* Hamburg: Junius Verlag.
Piaget, J. (1973). *Einführung in die genetische Erkenntnistheorie.* Frankfurt am Main: Suhrkamp.
Plessner, H. (1982). *Mit anderen Augen: Aspekte einer philosophischen Anthropologie.* Stuttgart: Reclam.
Posner, R. (1994). Der Mensch als Zeichen. *Zeitschrift für Semiotik, 16* (3), 195–216.
Prange, K. (1981). *Pädagogik als Erfahrungsprozeß. Bd III: Die Pathologie der Erfahrung.* Stuttgart: Klett-Cotta.
Prange, K. (1991). *Pädagogik im Leviathan. Ein Versuch über die Lehrbarkeit der Erziehung.* Bad Heilbrunn: Klinkhardt.
Prengel, A. (2006). *Pädagogik der Vielfalt.* Wiesbaden: Springer Fachmedien.
Prohl, R. (1991). *Sportwissenschaft und Sportpädagogik. Ein anthropologischer Aufriß* (Beiträge zur Lehre und Forschung im Sport). Schorndorf: Hofmann.
Prohl, R. (2006). *Grundriss der Sportpädagogik.* Wiesbaden: Limpert.
Prondczynsky, A. von. (1993). *Pädagogik und Poiesis: Eine verdrängte Dimension des Theorie-Praxis-Verhältnisses.* Opladen: Leske und Budrich.
Quante, M. & Schweikard, D. P. (2012). Person. In V. Moser & D. Horster (Hrsg.), *Ethik in der Behindertenpädagogik. Menschenrechte, Menschenwürde, Behinderung. Eine Grundlegung* (S. 90-104). Stuttgart: Kohlhammer.
Reich, K. (2005a). Konstruktivistische Didaktik. Beispiele für eine veränderte Unterrichtspraxis. *Schulmagazin 5-10* (3), 5–8.
Reich, K. (2005b). Konstruktivistische Didaktik auf dem Weg, die Didaktik neu zu erfinden. In R. Voß (Hrsg.), *LernLust und EigenSinn. Systemisch-konstruktivistische Lernwelten* (S. 179–190). Heidelberg: Auer.
Reich, K. (2009). Konstruktivistische Didaktik – Kontexte und handlungsbezogene Perspektiven. In W. Plöger (Hrsg.), *Lernen in der Schule. Dimensionen einer schulpädagogischen Theorie des Lernens* (Münstersche Gespräche zur Pädagogik, Bd. 25, S. 30–47). Münster: Aschendorff.
Reich, K. (2010). *Systemisch-konstruktivistische Pädagogik. Einführung in die Grundlagen einer interaktionistisch-konstruktivistischen Pädagogik* (Pädagogik und Konstruktivismus, 6., neu ausgestattete Aufl). Weinheim: Beltz.
Reich, K. (2012). *Konstruktivistische Didaktik. Das Lehr- und Studienbuch mit Online-Methodenpool* (Beltz Pädagogik, 5., erweiterte Aufl). Weinheim: Beltz.
Reich, K. (2014). *Inklusive Didaktik. Bausteine für eine inklusive Schule* (Pädagogik). Weinheim: Beltz.
Reich, K., Asselhoven, D. & Kargl, S. (Hrsg.). (2015). *Eine inklusive Schule für alle. Das Modell der Inklusiven Universitätsschule Köln* (Inklusive Pädagogik). Weinheim: Beltz.
Reinold, M. (2008). Zur Freiheit des Willens im Sport. *Sportwissenschaft, 38* (4), 404–422.
Riegert, J. & Musenberg, O. (Hrsg.). (2015). *Inklusiver Fachunterricht in der Sekundarstufe.* Stuttgart: Kohlhammer.
Ritter, J. (1976). *Historisches Wörterbuch der Philosophie. Band 4: I-K.* Darmstadt: Wissenschaftliche Buchgesellschaft.

Rösler, F. (2006). Neuronale Korrelate der Handlungsausführung. Zur Validität der Experimente von Libet. In K. Köchy & D. Stederoth (Hrsg.), *Willensfreiheit als interdisziplinäres Problem* (S. 165–190). Freiburg: Verlag Karl Alber.

Roth, G. (2006a). Das Zusammenwirken bewußt und unbewußt arbeitender Hirngebiete bei der Steuerung von Willenshandlungen. In K. Köchy & D. Stederoth (Hrsg.), *Willensfreiheit als interdisziplinäres Problem* (S. 17–38). Freiburg: Verlag Karl Alber.

Roth, G. (2006b). Möglichkeiten und Grenzen von Wissensvermittlung und Wissenserwerb. Erklärungsansätze aus Lernpsychologie und Hirnforschung. In R. Caspary (Hrsg.), *Lernen und Gehirn. Der Weg zu einer neuen Pädagogik* (Bd. 5763, S. 54–69). Freiburg im Breisgau: Herder.

Ruin, S. (2014). Fitter, gesünder, arbeitsfähiger – Die Verengung des Körperbildes in Sportlehrplänen im Zuge der Kompetenzorientierung. *Zeitschrift für Sportpädagogische Forschung, 2* (2), 77–92.

Ruin, S. & Giese, M. (2018a). Diversität – auch in Sportlehrplänen ein hochaktuelles Thema? *Sportunterricht, 67* (12), 547–552.

Ruin, S. & Giese, M. (2018b). (Im-)Perfekte Körper. Ableistische Analysen zu körperbezogenen Normalitätsidealen in der Sportpädagogik. *Vierteljahresschrift für Heilpädagogik und ihre Nachbargebiete, 87* (3), 185–190. https://doi.org/10.2378/vhn2018.art20d.

Saldern, M. v. (Hrsg.). (2012). *Inklusion. Deutschland zwischen Gewohnheit und Menschenrecht*. Norderstedt: Books on Demand.

Saldern, M. v. (2013). Inklusion. Definition, Anspruch und aktuelle politische Umsetzung. *Sportpädagogik, 37* (6), 8–9.

Sander, A. (2002). Von der integrativen zur inklusiven Bildung Internationaler Stand und Konsequenzen für die sonderpädagogische Förderung in Deutschland. In A. Hausotter, W. Boppel & H. Meschenmoser (Hrsg.), *Perspektiven Sonderpädagogischer Förderung in Deutschland. Dokumentation der Nationalen Fachtagung vom 14.–16. November 2001 in Schwerin* (S. 143–164). Middelfart: European Agency.

Sander, A. (2003). *Über Integration zur Inklusion. Entwicklungen der schulischen Integration von Kindern und Jugendlichen mit sonderpädagogischem Förderbedarf auf ökosystemischer Grundlage am Beispiel des Saarlandes*. St. Ingbert: Röhrig.

Scherer, H.-G. (1990). *Schilauf mit blinden Schülern. Konstruktion und Evaluation eines Lernangebots* (Beiträge zur Sportwissenschaft, Bd. 15). Frankfurt am Main: Deutsch.

Scherer, H.-G. (1998). Bewegungslernen im Rahmen eines handlungsorientierten Vermittlungskonzepts. In M. Fikus & L. Müller (Hrsg.), *Sich-Bewegen – Wie Neues entsteht* (S. 161–180). Hamburg: Czwalina.

Scherer, H.-G. (2001a). Jan lernt Speerwerfen. *Sportpädagogik, 23* (4), 2–5.

Scherer, H.-G. (2001b). Sportliches Bewegen als Thema gemeinsamen Handelns blinder und sehbehinderter Menschen. *Sportunterricht, 50* (6), 166–170.

Scherer, H.-G. (2001c). Zwischen Bewegungslernen und Sich-Bewegen-Lernen. *Sportpädagogik, 23* (4), 1–24.

Scherer, H.-G. (2004). Bewegungslernen zwischen Anthropologie und Empirie. In M. Schierz & P. Frei (Hrsg.), *Sportpädagogisches Wissen. Spezifik – Transfer – Transformationen* (Bd. 141, S. 138–145). Hamburg: Czwalina.

Scherer, H.-G. (2005a). Bewegung und Bildung – Relationale Bildung im Bewegungshandeln. In J. Bietz, R. Laging & M. Roscher (Hrsg.), *Bildungstheoretische Grundlagen der Bewegungs- und Sportpädagogik* (Bewegungspädagogik, Bd. 2, S. 123–141). Baltmannsweiler: Schneider Verlag.

Scherer, H.-G. (2005b). Lernen und Lehren von Bewegungen. In R. Laging & R. Prohl (Hrsg.), *Bewegungskompetenz als Bildungsdimension* (Bd. 150, S. 181–192). Hamburg: Czwalina.

Scherer, H.-G. & Bietz, J. (2000). Zwischen Zeichen und primordialem Sinn – Bewegung als Bedeutungsproblem. In H.-G. Scherer & J. Bietz (Hrsg.), *Kultur – Sport – Bildung. Konzepte in Bewegung* (Sportwissenschaft und Sportpraxis, Bd. 125, S. 117–148). Hamburg: Czwalina.

Scherer, H.-G. & Bietz, J. (2001). Bewegungsvorstellung und Bewegungslernen bei Blindheit. *Sportwissenschaft, 31* (3), 317–333.

Scherer, H.-G. & Bietz, J. (2013). *Lehren und Lernen von Bewegungen.* Baltmannsweiler: Schneider Verlag.

Scherer, H.-G. & Herwig, H. (2002). Wege zu Bewegung, Spiel und Sport für blinde und sehbehinderte Menschen. In V. Scheid (Hrsg.), *Facetten des Sports behinderter Menschen: pädagogische und didaktische Grundlagen* (S. 116–154). Aachen: Meyer und Meyer.

Scherler, K. (1975). *Sensomotorische Entwicklung und materiale Erfahrung* (Reihe Sportwissenschaft Ansätze und Ergebnisse). Schorndorf: Goldmann Verlag.

Scherler, K. (1990). Bewegung als Zeichen. In H. Gabler & U. Göhner (Hrsg.), *Für einen besseren Sport* (S. 396–414). Schorndorf: Hofmann.

Schirp, H. (2006). Was können neurobiologische Forschungsergebnisse zur Weiterentwicklung von Lehr- und Lernprozessen beitragen? In R. Caspary (Hrsg.), *Lernen und Gehirn. Der Weg zu einer neuen Pädagogik* (Bd. 5763, S. 99–127). Freiburg im Breisgau: Herder.

Schlieben-Lange, B. (1994). Sport als symbolische Form. In G. Friedrich, E. Hildenbrandt & J. Schwier (Hrsg.), *Sport und Semiotik* (Bd. 61, S. 21–29). Sankt Augustin: Academia Verlag.

Schmidt-Millard, T. (1997). Olympische Pädagogik und Kommerzialisierung. Aspekte der Neuformulierung des Bildungsbegriffs in der Sportpädagogik. *Spektrum Freizeit, 19* (1), 67–77.

Schmidt-Millard, T. (2005). Bildung im Kontext einer Bewegungspädagogik. In J. Bietz, R. Laging & M. Roscher (Hrsg.), *Bildungstheoretische Grundlagen der Bewegungs- und Sportpädagogik* (Bewegungspädagogik, Bd. 2, S. 142–153). Baltmannsweiler: Schneider Verlag.

Schumann, B. (2009). Inklusion: eine Verpflichtung zum Systemwechsel – deutsche Schulverhältnisse auf dem Prüfstand des Völkerrechts, *1*. Abgerufen von http://www.inklusion-online.net/index.php/inklusion/article/view/17/23

Schürmann, V. (2007). „Zurück zu Plessner!". *Sportwissenschaft, 37* (4), 445–450.

Schwemmer, O. (1997a). *Die kulturelle Existenz des Menschen.* Berlin: Akademie Verlag.

Schwemmer, O. (1997b). *Ernst Cassirer. Ein Philosoph der europäischen Moderne.* Berlin: Akademie Verlag.

Schwier, J. (1995). *Spiel- und Bewegungskarrieren sehgeschädigter Kinder und Jugendlicher* (Sportwissenschaftliche Dissertationen und Habilitationen, 36). Hamburg: Czwalina.

Seitz, S. (2004). Forschungslücke Inklusive Fachdidaktik – ein Problemaufriss. In I. Schnell & A. Sander (Hrsg.), *Inklusive Pädagogik* (S. 215–231). Bad Heilbrunn: Klinkhardt.
Seitz, S. (2006). Inklusive Didaktik: Die Frage nach dem ‚Kern der Sache'. Abgerufen von http://www.inklusion-online.net/index.php/inklusion/article/view/15/15
Seitz, S. (2008). Zum Umgang mit Heterogenität: inklusive Didaktik. In J. Ramseger & M. Wagener (Hrsg.), *Chancenungleichheit in der Grundschule – Ursachen und Wege aus der Krise* (S. 175–178). Wiesbaden: Verlag für Sozialwissenschaften.
Seitz, S. (2012). Endlich werden wir normal – Inklusion als notwendige Innovation für Schule und Unterricht. *Sportunterricht, 61* (6), 163-167.
Singer, P. (2013). *Praktische Ethik* (Universal-Bibliothek, 18919, 3., rev. und erw. Aufl). Stuttgart: Reclam.
Singer, W. (Hrsg.). (2002). *Der Beobachter im Gehirn. Essays zur Hirnforschung* (Suhrkamp-Taschenbuch Wissenschaft, Bd. 1571). Frankfurt am Main: Suhrkamp.
Singer, W. (2004). Verschaltungen legen uns fest: Wir sollten aufhören, von Freiheit zu sprechen. In C. Geyer (Hrsg.), *Hirnforschung und Willensfreiheit: Zur Deutung der neuesten Experimente* (S. 30–65). Frankfurt am Main: Suhrkamp.
Sloterdijk, P. (2008). *Du mußt Dein Leben ändern. Über Religion, Artistik und Anthropotechnik* (1. Aufl). Frankfurt am Main: Suhrkamp.
Spitzer, M. (2009). *Lernen. Gehirnforschung und die Schule des Lebens.* Berlin: Spektrum Akademischer Verlag.
Stein, A.-D. (2008). Die Bedeutung des Inklusionsgedanken – Dimensionen und Handlungsperspektiven. In A. Hinz, I. Körner & U. Niehoff (Hrsg.), *Von der Integration zur Inklusion. Grundlagen, Perspektiven, Praxis* (S. 74–90). Marburg: Lebenshilfe-Verlag.
Stichweh, R. (2009). Leitgesichtspunkte einer Soziologie der Inklusion und Exklusion. In R. Stichweh & P. Windolf (Hrsg.), *Inklusion und Exklusion. Analysen zur Sozialstruktur und sozialen Ungleichheit* (S. 29–44). Wiesbaden: Verlag für Sozialwissenschaften.
Tamboer, J. (1994). *Philosophie der Bewegungswissenschaften.* Butzbach-Griedel: Afra Verlag.
Teigland, C., Eichmann, B., Gießing, J. & Giese, M. (2015). Anregungen zum inklusiven Schulsport mit blinden und sehbehinderten Schülern – Empirische Belege zur Bedeutung und zum Potenzial von schulischen Bewegungsangeboten. In M. Giese & L. Weigelt (Hrsg.), *Inklusiver Sportunterricht in Theorie und Praxis* (S. 67–79). Aachen: Meyer und Meyer.
Tenorth, H.-E. (2013). Inklusion im Spannungsfeld von Universalisierung und Individualisierung – Bemerkungen zu einem pädagogischen Dilemma. In K.-E. Ackermann, O. Musenberg & J. Riegert (Hrsg.), *Geistigbehindertenpädagogik!? Disziplin – Profession – Inklusion* (Lehren und Lernen mit behinderten Menschen, 27, 1. Aufl., S. 17–42). Oberhausen: ATHENA-Verlag.
Terhart, E. (2008). Allgemeine Didaktik: Traditionen, Neuanfänge, Herausforderungen. *Zeitschrift für Erziehungswissenschaft, 10* (9), 13–34.
Thiele, J. (1996). *Körpererfahrung – Bewegungserfahrung – leibliche Erfahrung: sportpädagogische Leitideen der Zukunft?* Sankt Augustin: Academia Verlag.
Thiele, J. (1997). Skeptische Sportpädagogik – Überlegungen zu den pädagogischen Herausforderungen der ‚Postmoderne'. *Spectrum der Sportwissenschaften, 9* (1), 6–21.
Trebels, A. (1985). Turnen vermitteln. *Sportpädagogik, 9* (5), 10–19.

Trebels, A. (2001). Sich-Bewegen lernen – Bezugspunkte für eine pädagogische Theorie des Sich-Bewegens. In W. Günzel & R. Laging (Hrsg.), *Neues Taschenbuch des Sportunterrichts* (Bd. 1, S. 193–214). Baltmannsweiler: Schneider Verlag.
Uexküll, J. v. (1921). *Umwelt und Innenwelt der Tiere*. Berlin: Springer.
UNESCO. (1994a). *Die Salamanca Erklärung und der Aktionsrahmen zur Pädagogik für besondere Bedürfnisse. Angenommen von der Weltkonferenz „Pädagogik für besondere Bedürfnisse: Zugang und Qualität"* unter http://www.unesco.at/bildung/basisdokumente/salamanca_erklaerung.pdf
UNESCO. (1994b). *The Salamanca Statement and Framework for Action on Special Needs Education. Adopted by the World Conference on Special Needs Education: Access and Quality. Salamanca, Spain, 7-10 June 1994* unter http://www.unesco.org/education/pdf/SALAMA_E.PDF
United Nations. (2006). *Convention on the Rights of Persons with Disabilities and Optional Protocol* unter http://www.un.org/disabilities/documents/convention/convoptprot-e.pdf
Vedder, C. (2013). Doping, Korruption und andere Verletzungen der Integrität Olympischer Spiele. In E. Emrich, M.-P. Büch & W. Pitsch (Hrsg.), *Olympische Spiele – noch zeitgemäß? Werte, Ziele, Wirklichkeit in multidisziplinärer Betrachtung* (S. 119–165). Saarbrücken: universaar.
Wagenschein, M. (1999). *Verstehen lehren: genetisch – sokratisch – exemplarisch*. Basel: Beltz.
Wagenschein, M. (2003). *Kinder auf dem Wege zur Physik*. Berlin: Beltz.
Waldenfels, B. (2002). *Bruchlinien der Erfahrung: Phänomenologie, Psychoanalyse, Phänomenotechnik*. Frankfurt am Main: Suhrkamp.
Weiler, I. (2003). Der griechische Athlet – Modell eines zeitlosen männlichen Menschenbildes? Bemerkungen zur antiken Physiognomik und ihrer Rezeptionsgeschichte. In M. Krüger (Hrsg.), *Menschenbilder im Sport* (Reihe Sportwissenschaft, Bd. 32, S. 51–83). Schorndorf: Hofmann.
Weizsäcker, V. v. (1947). *Der Gestaltkreis. Theorie der Einheit von Wahrnehmen und Bewegen*. Stuttgart: Thieme Verlag.
Welsch, W. (2002). *Unsere postmoderne Moderne*. Berlin: Akademie Verlag.
Wilhelm, M. (2009). *Integration in der Sek. I und II. Wie die Umsetzung im Fachunterricht gelingt*. Weinheim: Beltz.
Wilhelm, M., Bintinger, G. & Eichelberger, H. (2002). *Eine Schule für dich und mich! Inklusiven Unterricht, Inklusive Schule gestalten. Ein Handbuch zur integrativen Lehrer/innenaus- und -weiterbildung*. Innsbruck: Studien Verlag.
Windolf, P. (2009). Inklusion und soziale Ungleichheit. In R. Stichweh & P. Windolf (Hrsg.), *Inklusion und Exklusion. Analysen zur Sozialstruktur und sozialen Ungleichheit* (S. 11–28). Wiesbaden: Verlag für Sozialwissenschaften.
Zirfas, J. (2004). *Pädagogik und Anthropologie. Eine Einführung* (Kohlhammer Urban-Taschenbücher Grundriss der Pädagogik, Erziehungswissenschaft, Bd. 21). Stuttgart: Kohlhammer.
Zirfas, J. (2012). Eine Pädagogische Anthropologie der Behinderung – Über Selbstbestimmung, Erziehungsbedürftigkeit und Bildungsfähigkeit. In V. Moser & D. Horster (Hrsg.), *Ethik in der Behindertenpädagogik. Menschenrechte, Menschenwürde, Behinderung. Eine Grundlegung* (S. 75–89). Stuttgart: Kohlhammer.

The manufacturer's authorised representative in the EU is Springer Nature Customer Service Centre GmbH, Europaplatz 3, 69115 Heidelberg, Germany. If you have any concerns regarding our products, please contact ProductSafety@springernature.com

Printed and bound by CPI Group (UK) Ltd, Croydon, CR0 4YY
25/03/2026
02078195-0008